Kohlhammer

Analytische Psychologie C. G. Jungs in der Psychotherapie

Herausgegeben von Ralf T. Vogel

Monika Rafalski

Empfinden, Intuieren, Fühlen und Denken

Die vier psychischen Grundfunktionen in Psychotherapie und Individuation

Verlag W. Kohlhammer

Meinem geschätzten Lehranalytiker gewidmet, der mich in die vielfältige Welt der Grundfunktionen einführte.

Dieses Werk einschließlich aller seiner Teile ist urheberrechtlich geschützt. Jede Verwendung außerhalb der engen Grenzen des Urheberrechts ist ohne Zustimmung des Verlags unzulässig und strafbar. Das gilt insbesondere für Vervielfältigungen, Übersetzungen, Mikroverfilmungen und für die Einspeicherung und Verarbeitung in elektronischen Systemen.

Die Wiedergabe von Warenbezeichnungen, Handelsnamen und sonstigen Kennzeichen in diesem Buch berechtigt nicht zu der Annahme, dass diese von jedermann frei benutzt werden dürfen. Vielmehr kann es sich auch dann um eingetragene Warenzeichen oder sonstige geschützte Kennzeichen handeln, wenn sie nicht eigens als solche gekennzeichnet sind.

Es konnten nicht alle Rechtsinhaber von Abbildungen ermittelt werden. Sollte dem Verlag gegenüber der Nachweis der Rechtsinhaberschaft geführt werden, wird das branchenübliche Honorar nachträglich gezahlt.

1. Auflage 2018

Alle Rechte vorbehalten
© W. Kohlhammer GmbH, Stuttgart
Gesamtherstellung: W. Kohlhammer GmbH, Stuttgart

Print:
ISBN 978-3-17-028412-8

E-Book-Formate:
pdf: ISBN 978-3-17-028413-5
epub: ISBN 978-3-17-028414-2
mobi: ISBN 978-3-17-028415-9

Für den Inhalt abgedruckter oder verlinkter Websites ist ausschließlich der jeweilige Betreiber verantwortlich. Die W. Kohlhammer GmbH hat keinen Einfluss auf die verknüpften Seiten und übernimmt hierfür keinerlei Haftung.

Abb. 1: Alles ist Eins

Dank

Dank an K. U. Adam für die Akzeptanz der Ergänzung seines wichtigen, bisher einzigen Grundlagenwerks zu den Funktionen, auf das ich mich stützen konnte. Dank meinen Kollegen für wertvolle Anregungen und allen Fortbildungsteilnehmern, aus deren Imaginationen mir so viele wunderbare Bilder zum archetypischen Hintergrund der Funktionen zuflossen. Dank allen Patienten, deren psychische Prozesse mir Einblicke in das biographische Schicksal ihrer Funktionen und in die Entfaltung von verletzten, verdrängten Funktionen gewährten. Bereichernd war besonders, die ›fremde Welt‹ anderer Funktionen-Konstellationen kennen zu lernen. Besonderen Dank auch an Frau A. Grupp, die das entstehende Buch so engagiert und hilfreich lektorierend betreute.

Geleitwort

In seiner 1920 verfassten Vorrede zu »Psychologische Typen« erläutert C. G. Jung den Ausgangspunkt seiner Typologie. Sie entspringe den »unzähligen Eindrücken und Erfahrungen« seiner ärztlichen Praxis, der »Auseinandersetzung mit Freund und Feind« und der »Kritik der psychologischen Eigenart« seiner selbst. Allen drei Säulen seines Konzepts liegen somit objektivierbare empirische Beobachtungen wie auch zutiefst subjektive Faktoren zugrunde. Sie beruhen auf Jungs Erfahrung, dass eine Reihe von Schwierigkeiten im Individuationsprozess wie auch in der Beziehungsgestaltung offenbar nicht auf pathologische Gründe zurückzuführen ist, sondern auf typische psychische Unterschiede zwischen den Menschen. Nicht zuletzt waren seine eigenen Erfahrungen im unumkehrbaren Zerwürfnis mit Sigmund Freud wahrscheinlich eine zentrale Motivation, sich mit diesen Fragen der persönlichen Passung zu beschäftigen. Die daraus resultierende Typologie wurde eine Erfolgsgeschichte der Analytischen Psychologie. Begriffe wie Introversion und Extraversion sind längst in den allgemeinen Sprachgebrauch übergegangen, das Konzept wird modifiziert in der modernen Personal- und Organisationsentwicklung eingesetzt, und es findet auch noch ein Jahrhundert nach seiner Entstehung praktische Anwendung in tiefenpsychologischen und psychoanalytischen Behandlungen.

Doch bereits im 1937 verfassten Vorwort zur 7. Auflage des Werks äußert C. G. Jung die Hoffnung, dass sein Buch Ergänzungen und Verbesserungen erfahren solle, die Untersuchungen erweitert und die begonnene praktische Anwendung in der therapeutischen Arbeit Berücksichtigung finde.

Mit ihrem nun vorgelegten Beitrag zu den psychischen Grundfunktionen erfüllt Monika Rafalski genau diese Anliegen, indem sie die moderne

Entwicklung aufzeigt, weg von einer traditionellen, mitunter einengenden Festlegung auf Typen mit sog. Hauptfunktionen, hin zu einem flexiblen Umgang mit den vier psychischen Grundfunktionen, die der Orientierung und zentrierenden Ausrichtung des Ichs dienen. Ihre Ausführungen sind die Quintessenz einer langen therapeutischen Erfahrung und Anwendung des ursprünglichen Konzepts der psychischen Grundfunktionen, aber auch einer intensiven theoretischen Auseinandersetzung mit dem Thema und seiner ganz eigenständigen und originellen Weiterentwicklung in der Lehre an zahlreichen deutschsprachigen und internationalen Instituten der Analytischen Psychotherapie. So kann der Text als Lehrbuch zum Verständnis der psychologischen Grundfunktionen dienen, lässt aber gleichzeitig den Leser das Oszillieren zwischen den verschiedenen Qualitäten des Empfindens, Intuierens, Fühlens und Denkens unmittelbar *erleben*. Es ist gelungen, die Funktionen eng eingebunden in einen philosophischen und wissenschaftlichen Kontext zu formulieren, aber ihre Darstellung auch mit den jeweiligen Qualitäten zu verbinden, was ganz besonders deutlich bei der Fühlfunktion wird, wo die Zitate tatsächlich beim Lesen direkt etwas von der Qualität der Funktion vermitteln. Auch für die Denkfunktion – bei aller Kritik an ihrem Übergewicht infolge einer falschen Auslegung in unserer Zeit – wird ein differenziertes Verständnis entwickelt, das weit über die üblichen Betrachtungen hinausgeht. In dieser Form und Dichte wurde das Thema bisher noch nicht beschrieben.

Es finden sich zahlreiche Amplifikationen und Verweise auf bildhafte, symbolische, mythologische und erzählende Bezüge neben einem sehr präzisen Umgang mit den Begrifflichkeiten und einer Einordnung in den historischen, kulturellen und geistesgeschichtlichen Kontext. Daraus ergeben sich immer wieder ganz überraschende Einsichten bis hin zu wichtigen Beiträgen zur aktuellen gesundheitspolitischen Diskussion und Konsequenzen, die aus vereinseitigten Perspektiven auf die Polarität von Gesundheit und Krankheit resultieren können.

Nicht zuletzt wird ausführlich auf die therapeutische Anwendung eingegangen. Anhand anschaulicher praktischer Beispiele und eigens entwickelter Methoden wird aufgezeigt, wie der Zugang zur individuellen Ausrichtung der psychischen Grundfunktionen diagnostisch und therapeutisch genutzt werden kann. Gerade mit diesem Beitrag gelingt es, eine wichtige Lücke in der Literatur zu C. G. Jungs Funktionenlehre zu schließen und den Anschluss eines fast hundert Jahre alten Konzepts an den aktuellen Erkenntnisstand und die Erfordernisse einer modernen Tiefenpsychologie herzustellen. »Empfinden, Intuieren, Fühlen, Denken. Die vier psychischen Grundfunktionen in Psychotherapie und Individuation« wird daher für Therapeuten wie für Studierende und Lehrende und alle an der Tiefenpsychologie Interessierten eine Bereicherung sein.

Konstantin Rößler, Februar 2017

Inhalt

Dank 6

Geleitwort 7

Teil I: Grundsätzliches

Einstimmung 19

1 Das dynamische Zusammenspiel der vier
   Grundfunktionen 21
      Das Modell 22
      Quaternio: Symbol der Ganzheit 22
      Polares Verbundensein der
      Grundfunktionen 25
      Fünfter Pol: Ich-Bewusstsein als Quinta
      Essentia 27
      Historischer und symbolischer Hintergrund
      des Modells 28
      Relevanz für Individuation und
      Psychotherapie 30

2 C. G. Jungs Typologie – Ausgangspunkt 33
      Jungs Intention 34
      Missverständnisse 36

Teil II: Darstellung der einzelnen Funktionen

3 Die wahrnehmende Dimension 39
   3.1 Die Empfindungsfunktion 39
          Exkurs: Gestaltgesetze 41
          Reichtum, Vielfalt der Sinne 42
          Therapeutische Relevanz 43
          Kreativität – Synästhesien 44
          Wahr-nehmend – nicht wertend 45
          Symbolik 45
          Symbolik der einzelnen Sinne 47
          Empfindungsfunktion und Spiritualität 50
          Kollektives Schicksal der
          Empfindungsfunktion 51
   3.2 Die Intuitions-Funktion 52
          Ahnungsvermögen 53
          An der Schwelle zum Unbewussten 53
          Charakteristika und Symbole 54
          Quelle von Ideenreichtum 55
          Die Intuition in anderen
          Wissenschaftsbereichen 55
          Gefahren der Intuition 56
          Nähe zu Komplexfeldern 57
          Intuition und Spiritualität 58

4 Urteilende Dimension 59
   4.1 Fühl-Funktion 59
          Einstimmung 59
          Adäquater Ausdruck 60
          Rehabilitierung des Fühlens 61
          Fühlen und wissenschaftliche Erkenntnis ... 62
          Umschreibung der Fühlfunktion 63
          Konkretes und autonomes Fühlen 63
          Integrationsfähigkeit 64
          Ständiges Fließen 65
       4.1.1 Aspekte des Fühlens 66
          Affekt 67

		Psychischer Kern – somatisches Erleben – symbolisches Bild	67
		Ergriffen-Sein – dissoziierende Wirkung. ...	68
		Affekt und Komplex	69
		Therapeutische Zugänge	70
		Emotion	71
		Die ›verlorene‹ emotionale Energie	71
		Emotion zwischen Affekt und Gefühl	72
		Mittler zwischen Bewusstsein und Unbewusstem	73
		Stimmung	74
		Zeitalter der ›Empfindsamkeit‹	75
		Ursprung in der Musik	75
		Vielfalt der Stimmungen	76
		Kollektiver Schatten ›Stimmungsmache‹. ...	77
		Gefühl	78
		Fühlgedächtnis – archetypische Dimension	78
		Nähe zum Bewusstsein	79
	4.1.2	Beziehungsfunktion Fühlen: Verbundenheit	81
		Gefahren der verdrängten Fühlfunktion. ...	82
	4.1.3	Spiritualität der Fühlfunktion	83
		Zentrales Symbol Herz	83
		Alchemie des Herzens	84
		Das Herz in der christlichen Religion	86
		Maria – Bild der Gefasstheit	86
	4.1.4	Therapeutische und gesellschaftliche Relevanz	87
4.2		Denkfunktion	89
		Eingrenzung	89
		Verallgemeinerung – Verlust des Werts	90
	4.2.1	Die Denkfunktion in der Analytischen Psychologie	91
		Aktives und passives Denken	92
		Zur Kritik des mental-rationalen Denkens	93

		Ein umfassendes Verständnis des Denkens	94
		Wert und Potential der Denkfunktion	95
	4.2.2	Reflexion verschiedener Denkweisen	97
		Denkstil – Denkkollektiv – Denkzwang	97
		Therapeutische Relevanz	98
		Historische Grundlagen	99
		Ursprünge abendländischen Denkens	100
		Entwicklung des rationalen Denkens	101
		»Die Schule von Athen« – Traditionen des Denkens	103
		Der griechische Begriff ›noein‹	104
		Denken in anderen Wissenschaften	105
	4.2.3	Wert der Denkfunktion	107
		Erneuerung des Denkens	108
		Symbolik der Erneuerung	111
	4.2.4	Gefahren der Denkfunktion	113
		Therapeutische Relevanz	116
		Dämonie des kalten, berechnenden Denkens	117
		Epilog	118
	4.2.5	Denken und Spiritualität	119

Teil III: Die Grundfunktionen und ihre Einstellungsmodi

5	Die polaren Einstellungsmodi der Grundfunktionen: Introversion – Extraversion	125
	Libido	125
	Introvertierte und extravertierte Einstellung	126
	Exkurs: Terminologie	126
	Individuelle Funktionenkonstellation	127
	Zusammenspiel der vier Funktionen	128
	Selbstregulation – therapeutische Relevanz	128
	Grundfunktionen im Traum	129
	Vorstufen der Einstellungsmodi	131

5.1	Introvertierter Einstellungsmodus	132
	Subjektiver Faktor	133
	Verbindung mit dem Selbst	134
	Die archetypische Dimension	135
	Jungs Vision vom Grünen Mann	139
	›Schicksale‹ der introvertierten Funktionen	139
	Schöpferisches Potential	141
	Notwendiger Freiraum	141
	Charakteristika	142
	Individualwert: Regeneration und Selbstbegegnung	144
	Therapeutische Relevanz	146
	Kultureller Wert	147
5.2	Extravertierter Einstellungsmodus	147
	Relativ objektiv	147
	Unabhängig vom Subjektiven Faktor	148
	Orientiert am Kollektiv	149
	›Lust auf Welt‹	150
	Verlust der Freiheit	152
	›Umfunktioniert‹ zu Abwehr	154
	Gefahren	155
5.3	Diskussion der Merkmale	155
	Ausgangspunkt	155
	Zwei verschiedene Perspektiven der Beschreibung	156
	Introvertierte Funktionen	157
	Extravertierte Funktionen	159
	Überblick	159
5.4	Introvertierte und extravertierte Modi im Verlauf der Geschichte	161
5.5	Missverständnisse	164
	Therapeutische Relevanz	165
6	Phänomenologie der Funktionen in ihrer jeweiligen Einstellung	167
	Imagination: »Die Schlammpfütze«	168

Inhalt

6.1	Introvertiertes Empfinden	168
	Vorbemerkungen	168
	Geht unter die Haut	170
	Tiefendimension – der Geist der Materie	171
	Traumtexte	172
	Zeiterleben – Eigenzeit	173
6.2	Extravertiertes Empfinden	174
	Relativ objektiv	174
	Differenzierungsfähigkeit	175
	Extravertiertes Empfinden im Traum	177
	Interpretation zur Imagination »Schlammpfütze«	177
6.3	Introvertiertes Intuieren	178
	Zugang zum persönlichen Mythos	180
	Traumserie	181
6.4	Extravertiertes Intuieren	183
	Orientierung in der Zeit	184
6.5	Introvertiertes Fühlen	186
	Paradoxie: Beziehung und Abstraktion	187
	Exkurs: Abstraktionstendenz des introvertierten Modus	187
	Tiefe	188
	Künstlerischer Ausdruck	189
6.6	Extravertiertes Fühlen	190
	Kollektivwert	190
	Gefahren	191
6.7	Introvertiertes Denken	192
	›Schicksal‹ des introvertierten Denkens	193
6.8	Extravertiertes Denken	195
	Orientierung und Urteilsmaßstab	196
	Intention der Denkprozesse	196
	Stärken und Gefahren	197

Teil IV: Ausblick

7	›Schatten‹ und gegenseitige Ergänzung	201

8	Transformation – die ›Mittlere Ebene‹	203
	Integration der Tiefen-Funktion	205
	Therapeutische Relevanz	209
9	Das Rote Buch: »Amor triumphat – Das Rad der vier Funktionen«	211

Literatur 224

Stichwortverzeichnis 231

Teil I: Grundsätzliches

Einstimmung

»Je näher wir uns kennen, umso geheimnisvoller werden wir einander.«
(A. Schweitzer)

Wie von selbst wird der Text – dem Thema und dessen innerer Dynamik entspringend – zu Selbstreflexion anregen. Er wird in allen Funktionen des Lesers[1] ein Echo finden, indem er Einfälle, Gefühle, prüfende und kritische Betrachtungen hervorruft. Das kann zu vorübergehender Irritation führen, wie eine Ausbildungsteilnehmerin formulierte: »Ich kam mir am Anfang vor, wie ein Tausendfüßler, der seine Beine beobachtet und verwechselt!« Logik allein verhilft nicht zum Ausweg aus dem Dilemma. Damit würde das Gefühl durch Denken abgewehrt und die Irritation ihres erkenntnisfördernden Impulses beraubt. Denn der »›unsichere‹ Weg ist der vielversprechende und fruchtbare und ist zugleich der einzige, welcher der Wahrheit gegenüber offen und empfänglich bleibt. ... Diese ›Ungesichertheit‹ bedeutet – trotz des scheinbaren Widerspruchs – zugleich Freiheit, dadurch

---

1 Um der Vereinfachung willen wird hier nur die jeweils männliche Form verwendet, natürlich sind immer Frau und Mann gemeint. Wir bitten um Nachsicht für diese formale Einseitigkeit.

Beziehung und Sinn zu gewinnen.« (Fröbe-Kaptayn, 1950, S. 10). Mit dieser Feststellung beschrieb Fröbe-Kaptayn das Anliegen der von ihr und Jung begründeten Eranos-Tagungen. Und Khalil Gibran formuliert: »Sich verwirrt zu fühlen, ist der Anfang des Wissens.« Diesem offenen Geist fühlt sich dieser Text verpflichtet und möchte ermutigen, sich darauf einzulassen. Tatsächlich kann die Irritation einen unschätzbaren, unerwarteten Wert entfalten, wenn sie ausgehalten wird. Gelingt es, sich unbelastet mit dem Thema zu befassen, so macht sie immer interessanteren Einblicken in ein tieferes Selbst- und Fremdverständnis Platz, indem die eigene Funktionen-Konstellation bewusst wird. Dabei werden auch die eigenen Grenzen konturierter als gewohnt und konfrontieren mit der subjektiven Bedingtheit des eigenen Wahrnehmens und Urteilens. Und sie erhellen, dass die Erlebensweise unseres Nächsten völlig anders geartet sein kann als die eigene, und nicht aus eigener Erfahrung, sondern nur durch Reflexion und wertfreie Akzeptanz des Anders-Seins erschlossen werden kann. Wie der Kleine Prinz leben wir auf unserem eigenen Planeten und müssen durch den Weltraum reisen, um unseren Nachbarn auf dem seinen zu besuchen.

Daraus kann Bescheidenheit und Offenheit für die Andersartigkeit unseres Nächsten erwachsen und die Bereitschaft, sich auf seinen Erfahrungs- und Erkenntnisprozess einzulassen. Diese Bescheidenheit hatte Jung im Sinn, wenn er sagte: »Da ... alles Lebendige immer nur in individueller Form vorkommt, und ich über das Individuelle des anderen immer nur das aussagen kann, was ich in meinem Individuellen vorfinde, so stehe ich in Gefahr, den anderen zu vergewaltigen oder selber dessen Suggestion zu erliegen. Ich muss daher ..., insofern ich überhaupt einen individuellen Menschen psychisch behandeln will, auf alles Besserwissen ... verzichten. Ich muss notwendigerweise ein dialektisches Verfahren einschlagen, welches nämlich in einer Vergleichung der wechselseitigen Befunde besteht.« (Jung, GW 16, § 2)

Um den in der Irritation verborgenen Wert sich entfalten zu lassen, müssen wir den Weg weitergehen, wie Kleist es in einem Gespräch über Grazie seinem Tänzer in den Mund legt: »wenn die Erkenntnis gleichsam durch ein Unendliches gegangen ist, (findet sich) die Grazie wieder ein«, die dem Menschen im Verlauf seines Bewusstwerdens verloren gegangen war (Kleist, 1964, S. 75). Was wir auf diesem Weg u. a. gewinnen, ist die Gewissheit, so einmalig sein zu ›dürfen‹, wie wir es sind.

1 Das dynamische Zusammenspiel der vier Grundfunktionen

Die weitreichenden Impulse, die von dem Begründer der Analytischen Psychologie ausgingen, wirken in vielerlei Richtungen fort und werden durch seine Nachfolger aufgegriffen und weiterentwickelt. Aus Jungs typologischen Studien zu den vier Grundfunktionen wurde ein Modell entwickelt, welches die Dynamik des Zusammenspiels aller vier Funktionen ins Zentrum des Interesses stellt.[2]) Es veranschaulicht das komplexe, dynamische System der vier Grundfunktionen in seiner Mehrdimensionalität. Es ist ein System vernetzter, komplementärer Entitäten psychischer Struktur und Energie, dessen innere Ordnung durch ihre wechselseitigen Beziehungen hervorgerufen wird, die als Relationen, nicht als Kausalitäten wirken. Es ist getragen von innerer Gesetzmäßigkeit, die mit dem Prinzip energetischen Gleichgewichts, Komplementarität und Selbstregulation zusammenhängt. Um mit dem System zu arbeiten, ist eine dynamische Sichtweise angebracht, die kontextuell denkt, um prozessuale, komplexe Phänomene zu erkennen, und sich selbstreflexiv darauf einlässt.

Diese dynamische und ganzheitliche Sicht von Empfinden, Intuieren, Fühlen und Denken in ihrem Zusammenspiel entstand innerhalb der Analytischen Psychologie durch Erfahrungen bei Therapie- und Individuationsprozessen, indem die Essenz von Jungs frühen typologischen Forschungen in das Bezugssystem gebracht wurde, das erst in seinem Spät-

---

2 vgl. Eschenbach, 1996; Adam, 2003. Beide Autoren verwenden den Begriff ›Ich-Funktionen‹. Um der Klarheit willen wurde er von mir aufgegeben, weil er zur Bezeichnung anderer Inhalte in der Psychoanalyse verwendet wird, und Verwechslung vermieden werden sollen. Bereits Jung bezeichnete die vier Funktionen als ›psychische Grundfunktionen‹. Gleichbedeutend ist die Bezeichnung ›Orientierungsfunktionen‹.

werk deutlich wird. Das Modell basiert auf dem essentiellen Wissen, dass der psychische Lebensentwurf von Geburt an auf Verwirklichung der persönlichen Ganzheit eines Menschen angelegt ist, wie etwa in dem antiken Motto »Werde, der du bist« formuliert ist. Bezüglich der Grundfunktionen heißt das, dass jede dieser Funktionen ihrer Anlage gemäß belebt und zu differenziert werden will.

Das Modell

Empfinden, Intuieren, Fühlen und Denken sind grundsätzlich voneinander unterschiedene Grundfunktionen der menschlichen Psyche. Unter energetischem Aspekt betrachtet sind sie unterschiedliche Erscheinungsformen der Libido, unter strukturellem Aspekt gesehen sind sie psychische Strukturen des Ich-Bewusstseins, die im Unbewussten wurzeln. Sie entwickeln sich von Geburt an aus den bereits vorgeburtlich angelegten Keimen in Wechselwirkung mit dem jeweiligen Lebensumfeld und Beziehungsnetz. Jede Funktion enthält den energetischen Entwicklungsimpuls, sich der Ganzheitstendenz der Psyche entsprechend im Verlauf des Lebens zu entfalten und ist lebenslang differenzierbar. Durch die Wechselwirkung von angeborener individueller Konstellation und Einflüssen des Umfelds hat jede ihr ganz spezifisches *Funktionen-Schicksal*, das in komplementärer Beziehung zu den übrigen Funktionen und deren Schicksal steht.

Quaternio: Symbol der Ganzheit[3]

»Vier Elemente
Innig gesellt
Bilden das Leben
Bauen die Welt.«
(F. Schiller)

---

3 Jung befasste sich intensiv mit der Frage, ob das Hervorheben der Zahl Vier lediglich eine »Erdichtung des Bewusstseins« sei und kam zur Auffassung, es handle sich »um eine spontane Produktion des Objektiv-Psychischen«, einen Kernvorgang der objektiven Psyche. (vgl. GW 12, § 247 u. § 328)

1 Das dynamische Zusammenspiel der vier Grundfunktionen

Die vier Grundfunktionen sind Grundlage des Ich-Bewusstseins und dienen ihm, sich gemäß seinen subjektiven Gegebenheiten in der inneren und äußeren Welt zu orientieren. Sie ermöglichen dem Einzelnen, die inneren und äußeren Gegebenheiten durch zwei Funktionen (*Empfinden* und *Intuieren*) wahrzunehmen, und das Wahrgenommene durch zwei wertende Funktionen (*Fühlen* und *Denken*) zu beurteilen. Sie wirken in einem gegenseitigen Ergänzungs-, Kompensations- oder auch Abwehrverhältnis zusammen und sind nicht aufeinander reduzierbar, denn jede Funktion hat ihre eigene Qualität, Dimension, ihren eigenen Inhalt und Erlebensraum, ihr eigenes Gedächtnis. Eine Funktion kann zwar durch andere umschrieben und beschrieben, nicht aber ersetzt oder wesensgemäß verstanden werden. Die Gestaltungen, nicht aber das Wesen einer Funktion, sind durch die anderen Funktionen zu verstehen. So kann z. B. das Wesen des Fühlens nur durch das Fühlen verstanden werden.

»Diese Behauptung steht in …Widerspruch zu der herrschenden Anschauung von der geistigen Allmacht des alles begreifenden Verstandes … Wissenschaftliches Denken kann ein Kunstwerk, also das Ergebnis der Tätigkeit der empfindenden Funktion, einer Betrachtung von allen möglichen Standpunkten aus … unterwerfen … Wer aber behauptet, dass … die Denkfunktion, auch das Wesen und Funktionieren der Empfindung verstehen und begreifen kann, der muss auch das Umgekehrte zugeben und ist dann eingeladen, sich die Möglichkeiten einer Darstellung der … Abstammungstheorie als Sonate oder der Jungschen Funktionenlehre als Wandteppich auszumalen … Die Lehre von den vier Funktionen zeigt uns nicht nur, dass der Mensch diese vier Funktionen als vier verschiedene Möglichkeiten, auf die Umwelt zu reagieren besitzt, sondern vor allem, dass sie zur Ganzheit Mensch gehören und in jedem Augenblick zugleich lebendig sind, wenn auch die Betonung wechseln mag.« (v. Cammerloher, 1934, S. 480)

Der Versuch, die vier Funktionen auf nur eine oder zwei zurück zu führen, dem heutigen Zeitgeist entsprechend etwa auf Sinneswahrnehmung und Denken, ist reduktionistisch, führt zur Einengung des Bewusstseins und blockiert die Entfaltung der psychischen Ganzheit. Dennoch ist im herrschenden kollektiven Bewusstsein die Tendenz verbreitet, ausschließlich Inhalte des Denkens oder der Empfindungsfunktion als ›real‹ anzusehen, Inhalte des Fühlens und der Intuition dagegen als ›irreal‹ und ›subjektive Einbildung‹, womit diesen Grundfunktionen keine eigenständige Bedeutung zuerkannt wird. Tatsächlich ist jede Funktion in ihrer spezifischen

Weise auf subjektiv und objektiv Gegebenes bezogen und stellt eine Verbindung her zwischen Subjekt und Objekt, zwischen Bewusstsein und Unbewusstem zwischen Ich und Selbst.

Die Vierzahl (Quaternio)der Grundfunktionen ist Ausdruck der archetypischen Ordnungsstruktur der Ganzheit, die grundsätzlich aus vier unterschiedlichen Komponenten besteht. Sie bildet die Basis des Ich-Bewusstseins und kann von ihm reflektiert und entwickelt werden. Die Zahl Vier diente seit Beginn der menschlichen Entwicklung zur Orientierung in der Welt, sie ist eines der ältesten Ordnungsschemata, das die Menschheitsgeschichte kennt (vgl. Jung GW, 14 / I, § 255). Bereits in der Altsteinzeit wurde das gleichseitige Kreuz der Weltachsen in Stein graviert als Symbol des vierfach strukturierten Weltganzen. Später wurde das kreuzförmig unterteilte Viereck zum universellen Ideogramm des Grundprinzips der Weltordnung.

Die Archäologin König hierzu:

> »Die Vier bildete einen großen Zuwachs an bestimmenden Ordnungen ... Da Kosmos und Mensch noch nicht differenziert gedacht wurden, ergab die Vier zugleich ein ungeschriebenes Gesetz für das geistig-sittliche Verhalten und kann vielleicht als Archetyp angesprochen werden ... Da die geistige Genese durch diese Grundprinzipien bestimmt wurde, ... bekam sie durch diese Weltordnung ein bestimmendes Gesetz mit auf den Weg. Das Einhalten der Vorschrift des rechten Winkels ist uns durch die Bautätigkeit der Neandertalerzeit überliefert worden.« (König, 1981, S. 43)

Grundlegende Voraussetzung dafür war die Aufrichtung des Menschen, Markstein der beginnenden Entwicklung des menschlichen Bewusstseins. Dadurch ergab sich die grundlegende Strukturierung des Raumes in vorne, hinten, rechts und links, ausgehend vom menschlichen Körper als Zentralachse.

> »Diese Erfahrung des um einen ›Mittelpunkt‹ orientierten Raumes erklärt die Gliederungen und exemplarischen Unterteilungen von Territorien, Siedlungen und Wohnstätten, wie auch ihren kosmologischen Symbolismus.« (Eliade, 1978, S. 15)

Schon in der Frühzeit zelebrierten die Menschen ›Riten der Orientierung‹, bei welchen ein heiliger Stab als Mittelpunkt für die Gliederung des Horizontes in vier Himmelsrichtungen aufgerichtet wurde. Seit den Anfängen der Kultur symbolisiert die Vier Ganzheit, Vollständigkeit, Vollendung in der materiellen Dimension, Zusammengehörigkeit und Ordnung. Sie spielt in allen Religionen eine besondere Rolle: Alle Paradiesvorstellungen enthalten vier Flüsse, die im Mittelpunkt entspringen und kreuzförmig angeordnet sind. Der Lebensbaum des Buddhismus hat vier Zweige. Den Pythagoräern galt die Vier als ›Heilige Zahl‹. Im Neuen Testament spielen vier Evangelien eine zentrale Rolle, sie stellen aus vier verschiedenen Blickwinkeln Leben und Wirken von Jesus dar. Psychologische Modelle bedienen sich ebenfalls der Vier, wie etwa das motivationspsychologische »Rubikonmodell« von Heckhausen, wonach eine Handlung in vier Phasen unterteilt ist. Jung widmete sein ganzes Lebenswerk der grundlegenden Bedeutung der Vier für die Bewusstseinsentwicklung der Menschheit. (vgl. v. Franz, 1980, S. 109)

Polares Verbundensein der Grundfunktionen

Das dynamische, variationsreiche und entwicklungsfähige System der vier Funktionen wird im modellhaften Bild des gleichseitigen Achsenkreuzes anschaulich. Letzteres ist eine der Figuren der Heiligen Geometrie, die im kollektiven Unbewussten seit frühester Zeit enthalten sind. Es ist universelles Symbol der Gegensätze des Lebens ist, die aus einer gemeinsamen Mitte entspringen und zu ihr zurückführen. In seiner individuellen Ausprägung bildet dieses strukturierte, energetische Feld die je persönliche Grundlage des *Ich-Bewusstseins*.

Die umgebende Uroboros-Schlange veranschaulicht die Ganzheit des Funktionensystems sowie den sich wiederholenden Kreisprozess der Differenzierung und Wandlung der Funktionen (▶ Abb. 2). Das Auge in der Mitte repräsentiert das Ich-Bewusstsein als übergeordnete Instanz, die – idealerweise – frei über sie verfügt. Eine Achse bildet die Fähigkeit ab wahrzunehmen mit den Polen des *sinnlich-konkreten Empfindens* und dem *übersinnlich-immateriellem* Wahrnehmen der *Intuition*. Sie wird ergänzt durch die Achse des *Urteilens*, die auf der vitalen Notwendigkeit beruht, das Wahrgenommene in seiner Bedeutung für das Individuum zu beurteilen. Sie besteht aus den komplementären Funktionen des *Fühlens* und *Denkens*. Schon auf vegetativer und animalischer Ebene sind diese

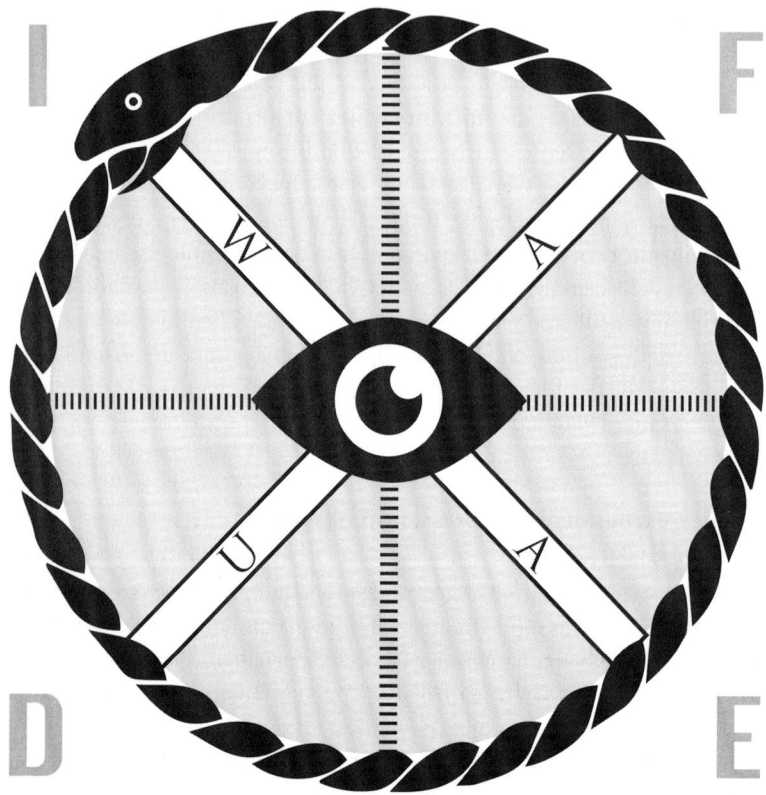

Abb. 2: Modell der 4 Grundfunktionen. WA = Wahrnehmende Achse, UA = Urteilende Achse, E = Empfindungsfunktion, I = Intuition, F = Fühlfunktion, D = Denkfunktion

unterschiedlichen Vermögen vorhanden. Das Diagramm veranschaulicht die qualitative Gegensätzlichkeit der beiden Funktionspaare mit ihren jeweils komplementären Polen und ihre Verbundenheit im Schnittpunkt der Achsen in einem System, das auf energetisches Gleichgewicht ausgerichtet ist.

Fünfter Pol: Ich-Bewusstsein als Quinta Essentia[4]

Kreuzungspunkte zweier Linien werden seit Urzeiten als energiegeladenes, wirkmächtiges Feld erlebt, an welchem sich spannungsreiche Gegensätze begegnen:

»Kreuzungen sind eine Matrix von Vereinigung, aber auch von Trennung, Scheiden, Aufteilung, Begegnung und Versabschieden ... Eine Kreuzung repräsentiert die Möglichkeit zu vielen Wegen und auch die Bindung an den individuellen Weg... An Kreuzwegen wird man mit der Notwendigkeit der Wahl und der Unermesslichkeit des Schicksals konfrontiert, ... (an denen) das Bewusstsein das Unbewusste berücksichtigen muss und gegenüber dem ... Selbst...verantwortlich ist.« (Ronnberg & Martin, 2011, S. 716)

Der *fünfte Pol* in der Mitte repräsentiert das *Ich-Bewusstsein* als *Quinta Essentia* auf einer den vier Funktionen übergeordneten Ebene. Es vereinigt sie als bewusst unterschiedene Qualitäten. Figürlich dargestellt wird die Quinta Essentia als *Quincunx*[5] in der quadratische Anordnung von vier Punkten und dem fünften in der Mitte, der das Halt und Balance gebende Zentrum symbolisiert. Das Bewusstsein ist die übergeordnete Instanz, die spielerisch und autonom über alle Funktionen verfügt, wenn es sich gleichmäßig entwickeln kann und mit keiner einzelnen identifiziert ist. Die *Zahl Fünf* als Qualität fügt der Ganzheit der Vier die Eins der Ureinheit hinzu, stellt also nicht die nur quantitative Addition eines weiteren Elements dar (vgl. v. Franz, 1980, S. 64 ff und S. 114 ff). Damit zentriert sie die Vier in sich und symbolisiert die Integration der Gegensätze. Sie lässt die Fülle zu, gibt jedoch Maß, Ausgleich und Gleichgewicht.[6]

---

4 ›Das fünfte Seiende‹ bei Aristoteles, den vier irdischen Elementen als masselose, unveränderliche, ewige Substanz des Äthers übergeordnet. In der Alchemie ein Auszug im Sinne von ›feinste Kraft‹, ›Grund- oder Kernstoff‹, vom 18. Jahrhundert an allgemeiner Begriff für ›Ergebnis, Eigentliches, Wesenhaftes‹. Das Bemühen der Alchemisten, die Quinta Essentia zu extrahieren oder herzustellen, galt – unbewusst – der Verbindung des Bewusstseins mit dem Selbst.

5 Von lat. ›quinque‹ (fünf) und uncia (Unze), womit eine Münzeinheit mit dieser Figur bezeichnet wurde.

6 In der Pflanzenheilkunde gelten die fünf-blättrigen Rosengewächse als besonders hilfreich, um die innere Mitte des Menschen zu stärken bzw. sie wieder zu erlangen. (vgl. Haindl, 2000, S. 312.)

Die Zahlenqualitäten und ihre symbolische Bedeutung ermöglichen somit im Modell ein grundlegendes Verständnis der wechselseitigen Bedingtheit von Bewusstsein und Grundfunktionen:

»Die Vier bilden ... gleichsam den Rahmen des als Zentrum hervorgehobenen Einen. Die Vierheit erscheint daher symbolgeschichtlich als die Entfaltung des Einen ...Mit der Entfaltung zur Vier gewinnt es ein Minimum von Eigenschaften und kann daher erkannt werden... Wenn aber der unbewusste Inhalt erscheint, d. h. in den Bereich des Bewusstseins tritt, so ist er auch schon in die ›Vier‹ zerfallen, d. h. er kann nur vermöge der vier Grundfunktionen des Bewusstseins Gegenstand der Erfahrung werden: er wird als etwas Vorhandenes *wahrgenommen*, er wird als dieses *erkannt* und von jenem *unterschieden*, er erweist sich als *annehmbar* ›angenehm‹ oder das Gegenteil, und schließlich wird geahnt, woher er kommt und wohin es geht.« (Jung, zit. n. v. Franz, 1980, S. 114 f)

Historischer und symbolischer Hintergrund des Modells

Das Modell entspricht dem archetypischen Grundmuster des *Radkreuzes*, das bereits in der Jungsteinzeit als Ideogramm kosmischer Ordnung rituell gestaltet und verwendet wurde, längst vor einer praktischen Verwendung des Rades. Es ist ein weltweit verehrtes Licht- und Sonnensymbol, dessen vier Segmente die Abschnitte von Tag und Nacht, der Jahreszeiten und des menschlichen Lebens darstellten. In der christlichen Kunst ist es Zeichen der leben- und lichtbringenden Herrschaft von Christus über die Welt, meist als goldener Kreuznimbus hinter seinem Kopf zu sehen. Die Form des Radkreuzes veranschaulicht die Bewegung der sich wiederholenden Wiederkehr. Es symbolisiert das gleichwertige Nebeneinander verschiedener Aspekte, deren Wechselbeziehung im Gegenüber der Positionen sichtbar wird als immer gegenwärtige Potentiale und komplementäre Ereignisse eines fortlaufenden Prozesses.

Bemerkenswert ist bezüglich des *fünften Pols* in der Mitte der Zusammenhang von Bewusstseinsentwicklung und den *fünf Fingern*: Zwar haben seit über 340 Millionen Jahren fast alle Landwirbeltiere fünf Zehen, doch erst an der Schwelle zur menschlichen Bewusstseinsentwicklung bildete sich der opponierbare Daumen als *Gegenpol* zu den vier Fingern. Voraussetzung dafür war die Aufrichtung der Körperachse, womit die Vordergliedmaßen von der Last des Körpergewichts befreit und von der

1 Das dynamische Zusammenspiel der vier Grundfunktionen

unmittelbaren Verbundenheit mit dem Erdboden gelöst wurden. Dadurch wurde Greifen, Halten und - im übertragenen Sinn - Begreifen möglich. Die Bedeutung der Hand für die Bewusstseinsentwicklung zeigt sich u. a. darin, dass das Herstellen von Werkzeugen und deren Gebrauch dieser Anordnung der fünf Finger erfordert. Dafür spricht auch, dass im menschlichen Gehirn die neuronale Repräsentation von Hand und Fingern einen überproportional großen Raum einnimmt. Hände symbolisieren somit »die souveräne, welterschaffende Reichweite des Bewusstseins, sie verkörpern ... Erfindungsgabe, Selbstdarstellung und das Verfügen über einen Willen, der schöpferische oder zerstörerische Ziele verfolgen kann.« (Ronnberg & Martin, 2011, S. 380) Durch ihre umfassende Bedeutung steht die Hand mit allen vier Grundfunktionen in Verbindung. Die kunstvolle Abbildung von Händen in vielen altsteinzeitlichen Höhlen verweist auf den engen Zusammenhang des sich entwickelnden Selbstbewusstseins der frühen Menschen mit der Symbolik der Hand: »die fünf erhobenen Finger (deuten) das expressive Potential des sich herausbildenden menschlichen Bewusstseins an, das durch die Hände wie jene, die diese unvergleichlichen Bildwerke schufen, in Gang gesetzt wurde.« (ebd.) Die ältesten Bilder von Händen wurden vor ca. 40.000 Jahren in einer Höhle in Spanien gestaltet, ihre Wandmalereien gelten als bisher ältestes Kunstwerk der Welt.

Die frühesten Darstellungen der *Quincunx*, Hinweis auf die Differenzierung des vorher im Bild der Vier dargestellten Weltplans, finden sich in der Mittelsteinzeit. Ihr Bild begleitet seitdem die spirituellen und religiösen Traditionen der Menschheit als Symbol der hervorgehobenen Qualität des Mittelpunkts innerhalb quaternärer Mandala-Strukturen. Eindrucksvoll beschreibt es *Ezechiel* in seiner Thronvision: Er sieht »die Herrlichkeit des Herrn« auf einem Thronwagen, der von *vier* Lebewesen mit je *vier* Gesichtern und Flügeln umgeben ist. Ihre Flügel berühren sich und bilden ein verbundenes Ganzes. »Jedes Lebewesen ging in die Richtung, in die eines seiner Gesichter wies. Sie gingen, wohin der Geist sie trieb, und änderten beim Gehen ihre Richtung nicht.«[7] Die Räder des Wagens »konn-

---

7 »Die vier Seraphim (Lebewesen) stellen das Bewusstsein Gottes mit seinen vier funktionellen Aspekten dar.« (Jung, GW 11, § 727)

ten *nach allen vier Seiten* laufen und änderten beim Laufen ihre Richtung nicht... sie waren voll Augen, ringsum bei allen vier Rädern...Sie liefen, wohin der Geist sie trieb.«[8] (Ez, 1-20, gekürzt.) Die Vervielfachung der Zahl Vier als Attribut »des Einen« (Ez, 1, 26) und die Fülle der Augen drücken Allwissen und Allsicht des *Einen* aus, der von der Mitte aus alles lenkt. (Vgl. Jung, GW 13, § 362 ff) Allsicht bedeutet, dass er *alle* Perspektiven kennt und über sie verfügt, - also über der relativen Sicht des Individuums steht, das durch seine Funktionen-Konstellation begrenzt ist.[9] Die spirituelle Bedeutung der Quincunx bezieht sich psychologisch auf das *Selbst*, das *allsichtig* die Ganzheit der Psyche ›im Blick hat‹. Ihr Bild erscheint erneut in der Thronvision des Johannes (Off. Kap. 4) und in Darstellungen von Christus im Zentrum der vier Evangelisten, die »sozusagen die Säulen des Thrones Christi« darstellen. (Jung, GW 13, § 366)

Relevanz für Individuation und Psychotherapie

Das Funktionensystem ist bestimmt durch die Selbstregulationskräfte der Psyche, die in der Ganzheitstendenz des individuellen Lebensentwurfs wurzeln und als Impulse aus dem Selbst[10] nach dem Motto »*Werde der du bist*« wirksam werden. Das Bewusstwerden der eigenen Funktionenkonstellation trägt damit wesentlich zur Selbsterkenntnis bei. Das Ich wird flexibler, wenn es sich aus einer unbewussten Identität mit nur ein oder zwei Funktionen befreit und jede Funktion aktiviert. Jung zeigte an einer Traumserie, wie nachdrücklich der Individuationsprozess die bewusste

---

8 Zur Bedeutung der göttlichen Augen im Zusammenhang von Selbsterkenntnis vgl. v. Franz, 1978, S. 153 ff.
9 Auf diese Begrenztheit durch die Grundfunktionen könnte das rätselhafte Bild »*Amor triumphat*« im *Roten Buch* von Jung (2009, Faksimile S. 127) verweisen (▶ Kap. 9).
10 Der Selbst-Begriff der Analytischen Psychologie als Bezeichnung einer transzendenten Größe ist nicht zu verwechseln mit dem gleichlautenden Begriff der Selbst-Psychologie. »Das Selbst ist nicht nur der Mittelpunkt, sondern auch jener Umfang, der Bewusstsein und Unbewusstes einschließt; es ist das Zentrum dieser Totalität, wie das Ich das Bewusstseinszentrum ist.« (Jung, GW 12, § 44)

1 Das dynamische Zusammenspiel der vier Grundfunktionen

Integration aller vier Funktionen fordert. (Vgl. Jung, GW 12, insbes. 10. Traum § 136 ff, 51. Traum § 286 ff) Der eigene Bewusstseinshorizont erweitert und öffnet sich damit auch für die erstaunlich ›andere‹ Erlebensweise der Nächsten. Zwischenmenschliche Konflikte können besser verstanden und entschärft werden, wenn die meist gegensätzliche Funktionenkonstellation der Partner – ›*Gegensätze ziehen sich an*‹ – erkannt und mit Akzeptanz beantwortet wird.

Für den klinischen Bereich ist das Modell *zweifach* relevant: Es ermöglicht ein genaueres Verstehen von Psychodynamik, Diagnostik und Therapie psychischer Störungen. Und es ermöglicht dem Therapeuten, seine Haltung behutsam und genau auf die Funktionenkonstellation des Patienten abzustimmen, um nicht komplexbesetzte und / oder verletzte Funktionen des Patienten mit den entsprechenden eigenen zu überrollen. Grundsätzlich gilt für eine adäquate therapeutische Haltung, dass der Therapeut vorrangig in seinen *introvertierten Funktionen* im Prozess präsent sein sollte, um das interpersonelle Feld frei zu machen für die introvertierten Funktionen des Patienten anstatt es, mit seinen extravertierten Energien zu besetzen. Und er ist durch diese mit seiner Mitte und seinem Unbewussten verbunden, woraus ihm tiefe Einsichten zufließen können. Wenn Therapeuten vorrangig in ihren extravertierten Funktionen präsent sind, geraten sie in die Gefahr, mit dem Patienten mit zu agieren. Diesen Aspekt gilt es auch in Ausbildung und Supervision von Therapeuten zu beachten, wobei sich interessante Konstellationen ergeben, wenn Supervisor und Supervisand eine gegensätzliche Konstellation der Funktionen haben. Für die Kinder- und Jugendlichen-Psychotherapie gibt das Modell Hinweise, welche Funktionen eines jungen Menschen besonders geschützt und gestärkt werden sollten, wenn sie in dessen sozialen Umfeld nicht genügend Entfaltungsraum bekommen. Bei Begegnung und Therapie mit Menschen aus fremden Kulturen ist zu beachten, dass die Ausformung und Wertschätzung der Funktionen sehr verschieden sein kann von der uns vertrauten. In manchen Balkanländern ist die Intuition sehr viel mehr im kollektiven und individuellen Bewusstsein präsent, im Iran, in arabischen Ländern, auch Italien ist es die Fühlfunktion.

Das Beachten des Zusammenspiels der Funktionen ermöglicht somit ein differenziertes und ressourcenorientiertes therapeutisches Arbeiten.

Die notwendige Ich-Stabilisierung des Patienten geschieht vorrangig durch die Arbeit mit den Funktionen, u. a. der Entfaltung der verdrängten Funktionen. Im derzeitigen therapeutischen Diskurs wird häufig das Bewusstwerden der Emotionen fokussiert. Diese Haltung steht im Zusammenhang mit der kollektiven Dominanz des extravertierten Denkens und hat ihre Berechtigung als Gegenbewegung dazu, ist bei Patienten mit introvertiertem Fühlen durchaus indiziert. Bei Menschen mit extravertiertem Fühlen ist sie wenig hilfreich, weil sie dadurch nicht zu ihrer eigenen Subjektivität gelangen. Ihr Mit-Fühlen ist ihnen meist durchaus bewusst. Dagegen sollte ihr introvertiertes Denken mehr Raum bekommen, weil dieses im gesellschaftlichen Rahmen meist als zu langsam, zu subjektiv, zu bizarr abgewertet wird.

2 C. G. Jungs Typologie – Ausgangspunkt

»Tradition heißt nicht die Asche aufheben, sondern die Flamme weiterreichen.«
(R. Huch)

An der Schwelle zum 21. Jahrhundert machte Kast darauf aufmerksam, dass das reiche, kreative Werk von Jung viele noch nicht gehobene Goldkörner enthalte, die sehr anregend auf Klinik und Forschung wirken könnten (Vortrag zum 125. Geburtstag von Jung). Solche Goldkörner sind u. a. in Jungs Untersuchungen zu den vier Funktionen enthalten, die er 1921 unter dem Titel »Psychologische Typen« veröffentlichte, sowie verstreut in seinem späteren Werk.

Persönlicher Hintergrund seiner Forschungen war die als schmerzlich erlebte Trennung von Freud. Anlass dazu war Jungs Relativierung und Erweiterung der Grundannahmen Freuds, insbesondere der Libido-Theorie und der Auffassung des Unbewussten. Jung wollte nun verstehen, wie es dazu kommen konnte, dass nach Jahren der Freundschaft und des intensiven Austausches diese Erweiterung Freud veranlasste, Jung aus der psychoanalytischen Bewegung auszugrenzen. Diese Erfahrung setzte bei Jung einen Erkenntnisprozess in Gang, der sich auf seine Arbeit und sein Leben auswirkte und ihm ermöglichte zu verstehen, wieweit die individuelle Persönlichkeit eines Wissenschaftlers in dessen Theorie eingeht. Er prägte dafür den Begriff der *persönlichen Gleichung*, womit er die persönlichen Gegebenheiten, u. a. auch die Funktionenkonstellation, bezeichnete. Gerade in der Psychologie bestehe die große Gefahr, »dass der Forscher seinen subjektiven Voraussetzungen zum Opfer fällt ... (Er) muss ... in erhöhtem Masse seiner persönlichen Gleichung bewusst bleiben.« (Jung, GW 14 / I, S. 15)

Typologien halfen Menschen seit frühen Zeiten, ihre Erfahrungen zu ordnen und sich selbst darin zu positionieren. Sie haben jedoch immer etwas Schematisches, Vereinfachend-Kollektivierendes an sich. Jung studierte sie auf verschiedenen Gebieten, um seine eigenen Erkenntnisse zu überprüfen und seine Auffassung der vier Grundfunktionen zu entwickeln: »Als Grundfunktionen, d. h. als Funktionen, die sich sowohl genuin wie auch essentiell von andern Funktionen unterscheiden, ergaben sich meiner Erfahrung das *Denken*, das *Fühlen*, das *Empfinden* und das *Intuieren*.« (Jung, GW 6, 1981. § 7,). Er betonte, dass es sich dabei um eine deduktive Darstellung empirisch gewonnener Einsichten handele.

Jungs Intention

>»Wissenschaftliche Theorien sind nur Vorschläge,
> wie man die Dinge betrachten könnte.«
> (Jung, GW 4, § 241)

Aus heutiger Sicht ist zu erkennen, dass Jungs Interesse war, typische Gesetzmäßigkeiten der nicht aufeinander reduzierbaren Grundfunktionen zu erkennen, um das Wesen jeder Funktion zu ergründen und ihrer durch extravertierte oder introvertierte Einstellung bedingten Unterschiede.

Er untersuchte mit diesem Ziel jede Funktion in einer auffälligen Ausprägung, also dominierend in der Erscheinung einer Person, und bezeichnete diese Funktion als *Hauptfunktion,* die entgegengesetzte als *minore* bzw. *minderwertige Funktion*[11]. Um das Charakteristische einer Funktion herauszuarbeiten, zeichnete er ein typisierendes Bild von Menschen mit jeweils dominanter Hauptfunktion und kam so zu acht verschiedenen Typen. Es ging Jung dabei ausdrücklich *nicht* um eine

---

11 Die Bezeichnung ›minderwertig‹ besagt, dass diese Funktion gering mit bewusster Energie besetzt ist, wurde jedoch häufig als qualitativ wertend missverstanden. Um dieses zu vermeiden und der tatsächlichen Qualität dieser Funktion gerecht zu werden, bezeichne ich sie als ›*Tiefen-Funktion*‹, weil sie über den subjektiven Faktor mit dem Unbewussten verbunden ist (▶ Kap. 5.1 und ▶ Kap. 8, Abschn. »Integration der Tiefen-Funktion«).

individuelle Diagnostik: »Meine Typologie hat ... gar keine Absicht, Persönlichkeiten zu charakterisieren, sondern das psychologische Erfahrungsmaterial ... in relativ einfache und übersichtliche Kategorien zu fassen. *Als charakterologische Methode habe ich meine Typisierung nie gedacht und so auch in dieser Hinsicht nie verwendet.*« (Jung, zit. nach Blomeyer, 1988, S. 100; Hervorheb. M. R.).

Aus Jungs Schriften geht hervor, dass er hinsichtlich der individuellen Entwicklung eines Menschen die einseitige Dominanz einer Funktion als Grundlage psychischer Störungen sah und die habituelle Identifikation des Ichs mit nur einer Funktion als zur Neurose führend. Die übrigen Funktionen bleiben dabei relativ unbewusst, brechen situativ mit unbewussten Inhalten aufgeladen ins Bewusstsein ein und werden nach außen projiziert. Jung betonte, dass es eine psychische Notwendigkeit für jeden einzelnen ist, alle Grundfunktionen gleichmäßig zu verwenden, denn durch

> »einseitige (»typische«) Einstellung bleibt ein Fehlbetrag in der psychologischen Anpassungsleistung, der sich im Laufe des Lebens aufhäuft, wodurch sich früher oder später eine Anpassungsstörung entwickelt, welche das Subjekt zu einer Kompensation drängt. ... Das Anpassungsdefizit, ... macht sich subjektiv bemerkbar als Gefühl einer unbestimmten Unbefriedigtheit.« (Jung, GW 6, § 22)

Ein ausgewogenes Zusammenspiel der Funktionen im Verlauf des Lebens ist somit ein wichtiges Orientierungskriterium für den Individuationsprozess. Jung, ebenso von Franz, erläuterten die Bedeutung der bewussten Integration und Differenzierung der wenig genutzten sogenannten minoren Funktion als ein Hauptelement der Individuation, denn gerade sie führt zum Selbst. In »Psychologie und Alchemie« beschrieb Jung anhand einer Traumserie, wie das Ungleichgewicht zwischen den Funktionen den Individuationsprozess stört. Die Träume zeigen dem Träumer, dass er »offenbar zuviel mit dem Intellekt navigiere (Jung, GW 12, § 150) und er soll veranlasst werden, sein Fühlen zu entwickeln. Dass Jung gerade in diesem zentralen Werk den Blick auf die Grundfunktionen lenkte, zeigt, dass er deren Ausbalancierung und Wandlung als psychisches Pendant des alchemistischen Wandlungsprozesses sah. Auch in letzterem geht es um das Ausbalancieren der Zustände, wie etwa der Naturphilosoph und Alchemist Geber (Gabir Ibn Hyyan) in seinem Traktat »*Die Wissenschaft vom Gleichgewicht*« beschrieb.

Teil I: Grundsätzliches

Missverständnisse

Trotz dieser Hinweise auf die Notwendigkeit, alle vier Funktionen zu entwickeln und dem Bewusstsein zu integrieren, entstand eine Tendenz, die Funktionenlehre als ein praktisch-diagnostisches Klassifikationsinstrument zu verwenden, was zu vereinfachender Typisierung von Individualität führte. Darüber gingen die ›Goldkörner‹ des progressiven Impetus von Jung verloren, der so wertvoll ist für das Verstehen psychischer Störungen und deren Heilung. Die Festlegung eines Menschen auf einen ›Typ‹ läuft dem Wirken des Selbst im Prozess von Individuation und Therapie zuwider, dem wesentlichen Faktor von Salutogenese. Jung legte Wert darauf, dass die Funktionenlehre das Erfassen der individuellen Persönlichkeit nicht einschränken dürfe, denn gerade »*das den Rahmen des Typischen sprengende Einmalige des Individuellen (rückt mit den Funktionen) in Sichtweite*«. (Wehr, 1969. S. 50)

Wir leben in Polaritäten - jeder Mensch ist sowohl gleich wie auch unterschieden von den anderen. Das ist paradox und manchmal schwer auszuhalten, wenn wir uns einsam und nicht zugehörig erleben. Daraus kann das Verlangen entstehen, zu einem ›Typ‹ zu gehören. Damit scheinen wir auch Eindeutigkeit zu gewinnen, sowohl bezüglich unserer Selbsterkenntnis, wie der Erkenntnis unserer Mitmenschen. In diesem Spannungsfeld bewegte sich Jungs Typologie: Indem er die Grundfunktionen der menschlichen Psyche erforschte, beschäftigte er sich mit Allgemeinem und Individuellem zugleich. Die Funktionenlehre befreit uns somit nur scheinbar aus dem Dilemma der Paradoxie, wenn wir sie als typologisches Klassifikationsinstrument missverstehen.

Teil II: Darstellung der einzelnen Funktionen

›Funktion‹ bezeichnet in der Analytischen Psychologie eine bestimmte, auch unter verschiedenen Umständen gleichbleibende Tätigkeitsform. Energetisch betrachtet ist sie eine Erscheinungsform psychischer Energie. (Jung, GW 6, § 807) Das deutsche Wort Funktion geht auf lat. *fungi* = *verrichten, ausüben, vollbringen* zurück. Über seine Sanskrit-Wurzel (bhunj) ist es mit ›*Vergnügen*‹ verbunden, sodass diese Aktivität ursprünglich etwas ist, »was Vergnügen bereiten soll, im Sinne einer angenehmen und gesunden Aktivität« (Hillman, 1980, S. 106). Im heutigen Gebrauch des Wortes scheint das verloren gegangen zu sein. Häufig erleben sich Menschen als ausgebrannt, weil ›nur funktionierend‹ wie eine Maschine. Umso wichtiger erscheint es, das Vergnügen zu erleben, wenn ein Gleichgewicht zwischen den Funktionen besteht, was v. a. bei Kindern spontan entsteht. Umgekehrt leidet die Psyche, wenn eine oder mehrere Funktionen langfristig unterdrückt oder verdrängt werden, da es ein psychisches Grundbedürfnis ist, alle Funktionen zu realisieren.

Die folgende Beschreibung der Grundfunktionen ist abstrakt, denn empirisch existiert eine Funktion immer in introvertiertem oder extravertiertem Einstellungsmodus. Es erscheint jedoch zunächst sinnvoll zu klären, was grundsätzlich unter Empfinden oder Fühlen, Intuieren oder Denken zu verstehen ist, und wie diese voneinander abzugrenzen sind. In der Alltagssprache werden häufig einer Funktion Inhalte zugeschrieben, die zu einer anderen gehören. Es wird von ›Empfindung‹ gesprochen wird, wo Fühlen gemeint ist. Die heute beliebte Metapher des ›*Bauchefühls*‹, das einem etwas ›sagt‹, ist meist die Stimme der Intuition. Zeitgenössische Philosophen monieren, dass in der Neurowissenschaft Begriffe wie »denken«, »fühlen« und »handeln« häufig falsch verwendet werden. Wir brauchen daher einen ›Übersetzers im Ohr‹, der jeweils prüft, von welcher Funktion tatsächlich gesprochen wird.

Die Grundfunktionen werden in einem weiten Rahmen dargestellt, der ihre Thematisierung in anderen Bereichen einbezieht. Auch der gesellschaftliche Kontext einer Funktion ist von Bedeutung, der ihren kollektiven Wert und ihre Realisierung mitbestimmt. Das ist in der Psychotherapie zu beachten, denn das ›Schicksal der Funktionen‹ eines Patienten ist immer auch geprägt vom kollektiven Umfeld. Nicht übernommen wurde Jungs Unterscheidung von ›*rationalen*‹ und ›*irrationalen*‹ Funktionen, da die Adjektive heute teilweise abwertende Bedeutung haben und in unserem Zusammenhang missverstanden werden könnten.

3 Die wahrnehmende Dimension

Dem herrschenden Bewusstsein ist nicht geläufig, dass das menschliche Wahrnehmungsvermögen aus zwei qualitativ unterschiedlichen Funktionen des Wahrnehmens besteht. Psychologische Definitionen von Wahrnehmen verstehen darunter ausschließlich die Aufnahme und Verarbeitung von Sinnesdaten, welche über die konkrete materielle Welt informieren. Wissenschaftler wie Einstein, Planck, Heisenberg und Pauli betonen jedoch den Wert intuitiven Wahrnehmens, um Einsichten in physikalische Zusammenhänge zu gewinnen. Bemerkenswert ist, welchen Wert Einstein der Intuition beimisst: »*Die Verknüpfung der elementaren Begriffe des Alltagsdenkens mit Komplexen von Sinnen-Erlebnissen ist nur intuitiv erfassbar und wissenschaftlicher (logischer) Fixierung unzugänglich.*« (Einstein, 1935, S. 3)

In der Analytischen Psychologie ist das Wahrnehmen nicht auf die Sinnesempfindung der konkreten materiellen Realität beschränkt, sondern bezieht sich ebenso auf das intuitive Wahrnehmen der immateriellen psychisch-geistigen Realität. Diese beiden Wahrnehmungsfunktionen ergänzen sich komplementär.

3.1 Die Empfindungsfunktion

»Die Sinne leben von der Vielfalt der Welt«
(Kamper, 1998, S. 12)

Empfindung ist in der Umgangssprache wie in der Philosophie ein mehrdeutiger Begriff. Er geht auf mhd. *ent-vinden,* ahd. *intfindan* = ›etwas in sich finden‹ zurück. In der Analytischen Psychologie bezeichnet er das sinnliche Wahrnehmen der konkreten materiellen Welt und ihre Gestaltung zu innerpsychischen Eindrücken.

»Empfinden ist ein psychodynamisch aktiver, auswählender, gestaltender und gestaltungsfähiger Vorgang. Psychologisch können die Sinnesorgane transzendierend eine Sinnfindung bewirken, indem die Fülle einzelner Empfindungen vom Ich-Bewusstsein[12] in ein sinnvolles Ganzes geformt wird. Theoretisch wird hier die Schwelle der Sinnesphysiologie überschritten und der Bereich der Wahrnehmungspsychologie erreicht.« (Eschenbach, 1996, S. 349)

Über die Sinne werden Reize *wahr*genommen und zu inneren Repräsentanzen gestaltet, wodurch es dem Individuum möglich wird, sich in dieser Welt zu orientieren. Bemerkenswert ist, dass die Wahrnehmungsprozesse bereits unbewusst entsprechend den Erfordernissen der Orientierung im jeweiligen Lebensraum angepasst sind durch unbewusste Strukturierungsprozesse. Experimentell gut belegt ist etwa die sogen. ›*Visuelle Anisotropie*‹, wonach z. B. die drei Hauptrichtungen des Raums – abweichend vom euklidischen Raum - funktional nicht gleichwertig wahrgenommen werden: Die Senkrechte wird gegenüber der Horizontalen überschätzt, während eine Neigung um eine horizontale Achse eher wahrgenommen wird als eine Neigung um eine vertikale Achse, was der horizontalen Ausrichtung des menschlichen Lebensraums entspricht.

Die Empfindungsfunktion integriert die Informationen, die über Auge, Ohr, Nase, Haut, Zunge, Mundhöhle, innere Organe, Muskeln und Gelenke, Lage-, Gliederstellungs- und Gleichgewichtssinn, Schmerz- und Temperaturempfinden aufgenommen werden. Diese Integration gilt im Buddhismus als ein weiterer eigenständiger Sinn. Damit wird diese zentrale Fähigkeit der Empfindungsfunktion gewürdigt entsprechend dem Wissen, dass das Ganze mehr ist als die Summe seiner Teile. Nur mit dieser Sichtweise ist die essentielle Gestaltungsfähigkeit der Empfindungsfunktion zu verstehen. Die einzelnen Sinne wirken ständig und subtil zusam-

---

12 auch bereits im Unbewussten (▶ Kap. 3.1, Exkurs: Gestaltgesetze)

men, unterstützen sich gegenseitig, kompensieren Schwächen oder Ausfall eines Sinnes und sind in großem Maße differenzierbar. Obgleich die Sinne auf körperlichen Prozessen basieren, ist Empfinden ein komplexer psychischer Vorgang, der sowohl unbewusste wie bewusste Prozesse enthält.

Grundlage der Gestaltungskraft der Empfindungsfunktion sind unbewusste archetypische Ordnungsmuster, wonach sie aufgenommene Sinnesreize, die auf physiologischer Ebene als Erregungsmuster erscheinen, zu strukturierten, sinnvollen Ganzheiten gestaltet. In der Wahrnehmungspsychologie sind diese als Gestaltgesetze bekannt.

Exkurs: Gestaltgesetze

Zeitgleich mit der Analytischen Psychologie, zu Beginn des 20. Jahrhunderts, erforschte die Gestaltpsychologie die psychischen Gesetzmäßigkeiten der Wahrnehmung. Sie machte deutlich, dass wir unsere Umwelt entsprechend bestimmter archetypischer Ordnungsstrukturen wahrnehmen, die bereits unbewusst die aufgenommenen Sinnesreize zu sinnvollen ›Gestalten‹ strukturieren.

Grundlegend ist die als *Figur-Grund-Organisation* bezeichnete spontane Segmentierung des Wahrnehmungsfeldes: ein Teil entspricht etwas Begrenztem und gegenstandsartig Hervortretendem (Figur), der andere stellt etwas Unbegrenztes, gleichsam Zurückweichendes (Grund) dar. Für diese Form-Grund-Unterscheidung ist immer eine trennende Linie konstitutiv.[13] Die gut strukturierten Elemente werden eher als Figur, weniger strukturierte Teile eher als Hintergrund wahrgenommen. Dennoch kann man bei geeigneten Bildern Figur und Grund wechseln lassen, was zeigt, dass die Empfindungsfunktion durch das Ich willentlich zu beeinflussen ist. Zusammen mit der Gliederung von Figur und Grund wirkt das grundlegende Prinzip der *Prägnanz* bzw. der *guten (einfachen) Gestalt*: Bevorzugt werden Gestalten wahrgenommen, die eine einprägsame und einfache Struktur haben, und es bilden sich Wahrnehmungseinheiten so

---

13 Vgl. Die grundlegende Bedeutung der Ur-Trennung in den Schöpfungsmythen und als archetypischer Kern des Trennungskomplexes.

aus, dass sie eine möglichst einfache und einprägsame geometrische Gestalt darstellen wie Kreis, Quadrat, Gerade, Punkt, Sinus-Kurve, Rhythmus etc. Bei geringfügigen Abweichungen werden sie den ›*guten Gestalten*‹ unbewusst angeglichen. Aufgrund dieser angelegten archetypischen Strukturierungsmuster unterscheiden Kinder schon im ersten Lebensjahr Quadrate, Kreise und Dreiecke. Weitere Strukturierungsprinzipien sind das Gesetz des *gemeinsamen Schicksals* (Objekte, die räumlich gleich ausgerichtet sind oder sich in dieselbe Richtung bewegen, werden als Einheit oder Gestalt wahrgenommen), das Gesetz der *Ähnlichkeit* (ähnliche oder gleiche Elemente werden als zusammengehörig erlebt und entsprechend gruppiert) und das Gesetz der *Nähe* (Elemente, die nahe beisammen liegen, werden als zusammengehörend wahrgenommen). Die Ganzheitstendenz der Psyche zeigt sich v.a. im Gesetz der *Geschlossenheit*: Geschlossene Figuren werden besser erkannt, unvollständige unbewusst zu einer Figur vervollständigt.

Reichtum, Vielfalt der Sinne

Seit Aristoteles' Unterscheidung der fünf Sinne Sehen, Hören, Riechen, Schmecken und Tasten/Spüren (oft fälschlicherweise als ›Fühlen‹ bezeichnet) galt dies bis in die Neuzeit als ausreichende Bestimmung. Erst in den letzten Jahrhunderten wurden weitere Sinnesmodalitäten bewusst und erforscht, Steiner unterscheidet z. B. zwölf Sinne, aus der Tierwelt ist eine Vielfalt von weiteren Potentialen bekannt. Gleichwohl wird an der Anzahl Fünf durch die Metapher vom ›Sechsten Sinn‹ festgehalten, der darüber hinausgeht. Damit wird bereits der Gegenpol der Empfindungsfunktion, die Intuition als übersinnliches Wahrnehmungsvermögen, benannt und gewürdigt. Statt wechselnder Quantifizierungsversuche ist es sinnvoller, den großen Reichtum der Sinne im Auge zu behalten, in deren komplexem Netzwerk sich die einzelnen Modalitäten als ›Sinfonie der Sinne‹ gegenseitig ergänzen. Deutlich wird dies etwa beim Gleichgewichtssinn: er wird von anderen Sinnen, z. B. den Augen unterstützt, gleichzeitig sind bei Gleichgewichtsstörungen auch andere Sinne beeinträchtigt. Signale eines Sinnes allein können u. U. täuschen und werden erst im Zusammenspiel der Sinne verifiziert sowie mit bisherigen Erfahrungen in Beziehung gesetzt. Jeder dritte Mensch, dem ein Körperteil amputiert werden musste, hat weiterhin Empfindungen in diesem Körperteil. Sinneswahrnehmungen sind zudem nicht auf von außen kommende Reize beschränkt, auch wenn die Signale aus dem Inneren des Körpers seltener bewusst werden. Lippen, Zunge und Geschlechtsorgane haben dabei eine bemerkenswerte Mittlerposition, da sie sowohl von außen wie innen Reize empfangen und aussenden. Sie prägen auf besondere Weise unsere Vorstellung von ›Sinnlichkeit‹. Die Mundhöhle ist für den Säugling die zentrale Wahrnehmungszone, »in der sich die Elemente der inneren und der äußeren Wahrnehmung vereinigen« (Kollbrunner, 2001. S. 284). Sie ist das früheste, energetisch geladene Orientierungsorgan, markiert also den Beginn der Entwicklung der Empfindungsfunktion, zunächst ausschließlich instinktgesteuert, allmählich – in Verbindung mit Augen und Händen – Ort der ersten, bereits mit dem Fühlen verbundenen, bewussten Impulse. Die Zunge ist von besonderem Belang bei der Entdeckung des Unterschieds von innen und außen und ist später maßgeblich beteiligt am Sprechen, welches innere Befindlichkeiten und Vorstellungen nach außen vermittelt. Nur in diesem umfassenden Zusammenhang ist der Begriff Oralität und orale Störung zu verstehen.

Therapeutische Relevanz

> »Das ist eines der Geheimnisse des Lebens:
> die Seele durch die Sinne heilen können
> und die Sinne durch die Seele.«
> (O. Wilde)

Mit zunehmender Anpassung an die Anforderungen der Außenwelt in der persönlichen Entwicklung reduziert sich die Wahrnehmung der Signale aus dem Körperinneren, sie werden meist nur als Störsignale bewusst bzw. interpretiert. Die Beziehung des Ichs zum eigenen Körper prägt nachhaltig die Interozeption und spiegelt sich darin wieder. Da dieser Teil der Empfindungsfunktion von großer Bedeutung ist für unsere Orientierung in Innen- und Außenwelt, für Selbsterfahrung, Lebensentfaltung und Selbstfürsorge ergibt sich hier ein fruchtbares Feld der therapeutischen Bearbeitung psychosomatischer Störungen. Auch alle Arten von Ess- und Körperschemastörungen verweisen auf ein gestörtes Verhältnis der Betroffenen zur Empfindungsfunktion. Darin ist u. a. die therapeutische Relevanz dieser Funktion begründet, die u. U. in intellektuell ausgerichteten Psychotherapien unzureichend beachtet wird, während Körpertherapien den Zugang eröffnen. Bei Einbezug aller Funktion in die Therapie wird diese Trennung überwunden.

Kreativität – Synästhesien

In handwerklichem Geschick, Künsten, Tanz, Sport, etc. zeigt sich der große Spielraum von angeborenem Potential und Entwicklungsmöglichkeiten der Empfindungsfunktion und in welchem Maß die Sinne differenziert werden können. Bei *Synästhesien*[14] wirken verschiedene Sinnesmodalitäten in einem Wahrnehmungsakt zusammen, etwa, wenn Stimmen als hell oder dunkel, dumpf, tonlos oder strahlend, Töne als voll, weich, zart, farbig oder hart, spitz, schneidend gehört werden. Zahlen, Wochentag, Namen etc. können farbig erscheinen, Farben als warm oder kalt, als schreiend oder zart erlebt werden. Keinem dieser Phänomene liegt eine psychische oder physiologische Störung zugrunde, vielmehr sind sie Ausdruck des eng verflochtenen Netzwerks der Sinne. In vielen sprachlichen Wendungen ist diese Verbundenheit bewahrt. Am deutlichsten verfügen Kindern und kreativ-schöpferische Menschen über synästhetische Empfindung, da bei ihnen das Zusammenwirken der Sinne (noch) nicht so stark getrennt ist durch Spezialisierung und Fokussierung der einzelnen Sinnesmodalitäten, u.U. auch durch die kritische Kontrolle des Denkens. Psychoaktive Drogen können zur Verstärkung synästhetischer Wahrnehmungen führen.

Davon zu unterscheiden sind Synästhesien im *weiteren* Sinne, bei welchen Inhalte anderer Funktionen, meist der Intuition und des Fühlens, unmittelbar in das Empfinden einbezogen sind, wenn eine Farbe z. B. mit einem bestimmten Gefühlston eins zu sein scheint.

---

14 Von griech. synaísthēsis = zugleich wahrnehmen, zugleich empfinden

Wahr-nehmend – nicht wertend

Mir hend Mäus uffm Dach, mei Katz moag Mäus – etzt i moag se net![15]
Der schwäbische Spruch bringt den Unterschied von sachlicher Feststellung der Empfindungsfunktion (Mäuse auf dem Dachboden) und sekundärer Bewertung durch das Fühlen (mögen) lapidar auf den Punkt. Angesichts der alltagssprachlichen Vermischung von ›Empfindung‹ und ›Gefühl‹, ist es wichtig, diesen Unterschied zu beachten, um beiden Funktionen gerecht zu werden. Beispielsweise ist die sinnliche Wahrnehmung ›kalt‹ neutral und bekommt erst durch das individuelle emotionale Erleben im jeweiligen Kontext ihren spezifischen Fühlwert: Manche Menschen lieben Spaziergänge bei kaltem Wetter oder trinken im Sommer gerne Eiskaffee – für andere trifft das Gegenteil zu. Besteht Unsicherheit, ob ein Patient von seinem Fühlen oder Empfinden spricht, wenn sie/er sagt: »Ich habe die Empfindung…«, ist es hilfreich nachzufragen: »Ist das eher angenehm oder unangenehm – oder neutral?« Lautet die Antwort: »Angenehm (bzw. unangenehm)«, so liegt ein Fühlurteil zugrunde, lautet sie »neutral«, ist eher ein Wahrnehmen gemeint.

Symbolik

Aufgrund ihrer Fülle bietet die Symbolik dieser Funktion viele Aspekte: Sie symbolisiert sich als ganze Funktion in Bildern, Metaphern, Traditionen, Riten, göttlichen Aspekten oder Gottheiten. Zahlreiche Schöpfungsmythen schildern die Schöpfung als einen handwerklichen Vorgang. Der Schöpfergott wird als Schmied, Töpfer, Weber, Baumeister und Künstler beschrieben, der aus Urmaterie, Lehm, Urholz oder aus sich selbst durch Formen, Schnitzen, Reiben, Glätten, Zurechtbiegen, Einebnen, Zusammenbinden usw. die Welt erschafft. In künstlerischen Darstellungen kommt der schöpferisch Charakter und göttliche Wert dieses Aspekts der Empfindungsfunktion zum Ausdruck und wird rituell von den ›Geschöpfen‹ nachvollzogen.

---

15 Wir haben Mäuse auf dem Dachboden, meine Katze mag Mäuse - ich dagegen nicht

Symbolische Farbe der Empfindungsfunktion ist das *Grün* als Farbe der Vegetation, des Frühlings, der sich erneuernden Lebensenergie und der Wandlung.[16] In der kirchlichen Symbolik gilt Grün als Farbe des Heiligen Geistes oder der Anima Mundi, in der Sprache der Mystiker als Farbe der Gottheit. Hildegard von Bingen prägte den Ausdruck ›Nobilissia Viriditas‹[17], die Grünkraft, der göttliche ›grüne Finger‹, die lebensnotwendige Grundkraft, die der gesamten Natur innewohnt. In ihr sind Körper und Seele eins, denn die Seele ist die grünende Kraft des Leibes. Visionär schrieb Hildegard: »Du edelstes Grün, das seine Wurzeln in der Sonne hat und das in heiterem hellem Glanz im Kreis leuchtet, von keiner irdischen Intelligenz zu begreifen«, was erst Jahrhunderte später naturwissenschaftlich begriffen wurde: *Chlorophyll* (Blattgrün) ermöglicht der Pflanze die Absorption des Sonnenlichtes und leitet trichterförmig (!) die absorbierte Energie weiter. Es ist grundlegend für den bedeutendsten biochemischen Prozess der Erde, die Umwandlung von Licht in organisch verfügbare Energie und Voraussetzung für die Existenz höherer Lebewesen. Biochemische Forschungen heute bestätigen den vitalisierenden und heilenden Wert von Chlorophyll. Immer jedoch gab es das Wissen, dass das Überleben nur dann gesichert ist, wenn wieder frisches Grün aus der Erde sprießt. In alchemistischen Texten gilt »die ›benedicta viriditas‹ (die gesegnete Grüne) als Zeichen beginnender Wiederbelebung der Materie.« (Jung, E. und v. Franz, 1983, S. 171) In der Grallegende sind viele grüne Gegenstände im Umkreis des verwundeten Gralskönigs symbolisch bedeutsam, denn erst als die entscheidende Frage nach seiner Verwundung gestellt wird, kann das verdorrte Land wieder grünen, die stagnierende Lebensenergie wieder fließen. (vgl. a. a. O., S. 170)[18]

---

16 (▶ Kap. 5.1, Traum vom Grünen Mann, Abschn. Jungs Vision vom Grünen Mann, ▶ Abb. 3, ▶ Abb. 4)
17 Von lat. viridis = grün
18 Gauguin malte einen Grünen Christus (1889). Chagall gestaltete einen Grünen Christus in einem grünen Glasfenster (Frauenmünster/Zürich; vgl. hierzu erhellende Ausführungen bei Riedel, 1985). Jung beschreibt eine Vision von einem grün-goldenen Christus. (Jung/Jaffé, 1982, S. 214 f.)

Ein markantes *gegenständliches* Symbol der Empfindungsfunktion ist der *Tisch*, auf den ›alles gelegt‹ wird, worüber der Mensch sich Rechenschaft ablegen, was er wahrnehmen muss. »Der Tisch (in der Gralslegende) ließe sich ... mit der Empfindungsfunktion in Zusammenhang bringen, einerseits weil er materielle Speise trägt, andererseits weil er, als kosmischer Tisch, die Wahrnehmung der universalen Wirklichkeit darstellt.« (Jung, E. und v. Franz, 1983, S. 171)
Auch in folgendem Traum symbolisiert der Tisch diese Funktion:

> »Wir sitzen an einem ca. 2x2 m Tisch (schwarz) mit Essen und Trinken. Ich liege schon halb, da kommen noch mehr Gäste. Ich merke es erst nicht, dann mache ich Platz. Gleichzeitig wird mir von einem Bekannten gesagt: »Mach doch mal Platz, Du Egoist!«

Der Traum macht den Träumer – subjektstufig verstanden – darauf aufmerksam, dass sich das Ich unbewusst zu sehr mit seiner Empfindungsfunktion identifiziert. Auch die exakten Maßangaben verweisen auf die Empfindungsfunktion (▶ Kap. 5, Abschn. Grundfunktionen im Traum).

Symbolik der einzelnen Sinne[19]

> »Wer Einsicht hat, der gebraucht sein inneres Auge, sein inneres Ohr,
> um die Dinge zu durchdringen,
> und bedarf nicht des verstandesmäßigen Erkennens.«
> (Ch'uang Tse)

Jeder Sinn symbolisiert spezifische psychische Inhalte, deren Verständnis hilfreich ist bei der Therapie sogen. Funktionsstörungen der Sinnesorgane. In Träumen, Imaginationen, Sandspiel, auf Bildern, selbst in spontanen Redewendungen und Gesten erscheinen Hinweise auf die Symbolik und tragen im jeweiligen Kontext zum Verständnis der aktuellen Therapiethematik bei.

Das *Auge* gilt als ›Spiegel der Seele‹. Der *Glanz im Auge der Mutter* vermittelt dem Säugling die Botschaft seines Werts und Angenommen-

---

19 Vgl. die künstlerische Darstellung der einzelnen Sinne auf dem vermutlich aus 16. Jh. stammende Bildteppich-Zyklus »Die Dame mit dem Einhorn«.

seins. Psychologisch verstanden, symbolisiert das Auge Bewusstwerdung und Einsicht, das *reine, ungetrübte* Auge Lauterkeit, Freiheit von negativen Absichten und Projektionen. Das *dritte* Auge veranschaulicht – in der indischen und tibetischen Kultur sichtbar betont – Erleuchtung, mit Innenschau verbundene Erkenntnis. Ein Auge in der Kuppel von Gotteshäusern symbolisiert die Öffnung zum Himmel, in der christlichen Ikonographie das allgegenwärtigen *Auge Gottes*. Ein *Augen-Amulett* schützt gegen den ›bösen Blick‹, signalisiert ›ich habe dich erkannt!‹ und gibt ihn zurück.

Das *Ohr* hat aufnehmende, empfangende Funktion und verweist durch seine anatomische Beschaffenheit (Spirale, Schnecke, Labyrinth) auf die Bewegung nach innen. Gelegentlich wird die Befruchtung der Jungfrau Maria als Eindringen des Heiligen Geistes in ihr Ohr durch den Schnabel der Taube dargestellt. Doch auch der Teufel kann uns ›etwas einblasen‹; wir können *hörig* werden oder auch nur zum *Gehorchen* veranlasst werden. Das künstlerisch hervorgehobene Ohr symbolisiert die Hörbereitschaft gegenüber dem eigenen Inneren, der Offenbarung der Natur, des Göttlichen und Menschlichen, der Not und Bitte anderer gegenüber. Das ›*dritte Ohr*‹ symbolisiert das Hören nach innen und darauf, was ›zwischen den Worten‹ mitgeteilt wird. In ostasiatischen Kulturen werden große Ohren mit Offenheit, Weisheit und Empathie verbunden. Im therapeutischen Dialog ›leihen wir uns gegenseitig das Ohr‹.

Die *Nase* symbolisiert Neugier (›seine Nase in etwas hineinstecken‹), Spürsinn und bereits die Intuition als übersinnliches Wahrnehmen (›einen guten Riecher haben‹). Sie kann auch die Person als solche symbolisieren: ›pro Nase‹, ›jemandem passt dessen Nase nicht‹. Ihre Haltung sagt etwas über denjenigen aus, der sie ›zu hoch‹ hält oder ›immer vorne haben muss‹. Der Zusammenhang von Nase und Sexualität beruht auf dem besonderen Geruch, der mit sexueller Erregung verbunden ist, in der Tierwelt ein wichtiges Orientierungsmerkmal.

Die Symbolik der *Zunge* ist vielfältig wie ihre Funktion: sie steht für die Manifestation einer transzendenten Stimme oder Gottheit, für Sprache und Wortgewandtheit, aber auch als ›spitze Zunge‹ für verletzende Worte. An Pfingsten erschienen über den Aposteln Zungen ›wie von Feuer‹ und erfüllten sie mit dem Heiligen Geist (Apg, 2,3–4). Satan wurde mit dicker herausgestreckter Zunge dargestellt, Zeichen von Unflätigkeit und sexuellen Anzüglichkeiten. Die Zunge kann ein phallisches Symbol sein, aber auch das Mana[20] einer Mana-Persönlichkeit übertragen wie etwa bei Hathor, der ägyptischen Kuh-Göttin, die den Verstorbenen mit ihrer Zunge zu neuem Leben erweckt. Tiermütter lecken das Neugeborene trocken und ›erwecken‹ es so zum Leben. Das ›Lecken der Wunden‹ heilt im konkreten wie übertragenen Sinn. Gegenseitige Berührung der Zungen stellt größte Nähe her. Die heraushängende Zunge zeigt Erschöpfung und Mangel an Lebensenergie und Wasser an.

Der *Geschmack* wird als Zeichen verfeinerter Sinne im »Prozess der Zivilisation« (Norbert Elias) zum Symbol tatsächlicher oder scheinbarer Kultiviertheit, bei letzterer Attribut der Persona.

Die *Haut* verfügt über die komplementären Fähigkeiten des aktiven Tastens und passiven Spürens. Die Vieldeutigkeit ihrer Symbolik »gründet in ihrer paradoxen Funktion, zu trennen und zu verbinden, abzugrenzen und zu berühren, zu verbergen und zu zeigen, wahrzunehmen und wahrnehmbar zu machen, aufzunehmen und abzugeben...« (Rafalski, 2011, S. 475). Sie bedeutet sowohl *Schutz* wie *Blöße*. Als nackte Haut steht sie für das unverhüllte Menschsein. »Dies scheint der tiefe Sinn zu sein, weshalb Christus zu Lebensbeginn und -ende nackt dargestellt wird.« (a. a. O. S. 481) Auch ist sie schützende Hülle, in der man sich wohl fühlt, kann jedoch auch zum Zeichen des Gefangenseins in sich selbst werden, aus dem man heraus möchte, wie es die Schlange vermag, oder aus der man affektgeladen herausfahren möchte wie eine Rakete. Sie ist Hülle und doch Teil unserer Identität: Im Mythos von Marsyas schreit dieser auf: »Warum reißest du mich von mir weg?«, als er auf Apolls Befehl hin gehäutet wird (▶ Kap. 4.2.2 Reflexion verschiedener Denkweisen, Abschn. »Die Schule von Athen« – Traditionen des Denkens). Der Götz von Berlichingen fasst die paradoxe Vieldeutigkeit der Haut genial in einem Wortspiel: »Unsere Haut davon zu bringen, setzen wir unsere Haut daran!« (Goethe, o. J., S. 353)

---

20 geheimnisvolle, übernatürliche Kraft

Empfindungsfunktion und Spiritualität

> »Wer die Natur betrachtet,
> wird vom Geheimnis des Lebens
> gefangen genommen.«
> (Albert Schweitzer)

Heisenbergs Feststellung, das Naturbild der exakten Naturwissenschaften stelle nicht ein Bild der Natur sondern das Bild unserer Beziehungen zu ihr dar, gilt auch für die Empfindungsfunktion: Sie spiegelt die Einstellung eines Menschen zur Materie. Wo die Erde als ›Dreck‹, Materie als toter Stoff, als grenzenlos manipulierbar und ausbeutbar auf- und angefasst wird, spiegelt sich dieses in einer verarmten, ›grobschlächtigen Empfindungsfunktion‹ wieder. Die anthropozentrische Auslegung des alttestamentarischen Mottos »Macht euch die Erde untertan« (Genesis 1,28) verengte die Funktion und verdrängte das Wissen um die spirituelle Dimension der Materie, das noch bei indigenen Kulturen anzutreffen ist. Die daraus entstandene Herrschaftshaltung veränderte die Qualität der Sinne, die in vorangegangenen Jahrhunderten »über Wunden und Wunder zuständig (waren) für das Transzendente.« (Kamper, S. 13). Das Empfinden war darauf ausgerichtet, den Geist in der Materie, das Göttliche in der Natur zu erfassen, im wahrsten Sinne des Wortes zu begreifen.

Die Sinnlichkeit von Kindern enthält diese Dimension am ursprünglichsten, etwa wenn ein Kind verzückt in das Fell eines Tieres greift. Auch in dem Abendlied: »Ihr aber, meine Sinnen, auf, auf, ihr sollt beginnen, was eurem Schöpfer wohlgefällt« (P. Gerhardt) wird das spirituelle Potential der Empfindungsfunktion aufgerufen. Vor dem Hintergrund der schlafenden Welt soll der wache Geist sich auf die Essenz der sinnlichen Sphäre be-sinnen. Als »dummes und törichtes Zeug« hatte Friedrich der Große – der Aufklärung verpflichtet - abfällig das Abendlied bezeichnet. Die dualistische Trennung von Geist und Natur der Aufklärung führte zu einem mechanistischen Verständnis der Sinne, zur Negation ihrer symbolischen und spirituellen Dimension und damit zur Verarmung der Empfindungsfunktion.

Eine spirituell bezogene Empfindungsfunktion realisiert sich im respektvollen Umgang mit der Natur im Bewusstsein, »dass in allem Geschaffenen etwas Heiliges ist« (Wartenberg-Potter). Die Bischöfin forderte beim

Kirchentag 2012 dazu auf, die Trennung von Geist und Natur, Weltlichem und Göttlichem zu überwinden, welche der Brutalität des Umgangs mit der Natur heute zugrunde liege, und die Sakralität der Natur wieder zu realisieren. Angesichts der Krisen produzierenden Zerstörung des Gleichgewichts der Natur hat diese Forderung existentielle Bedeutung.

Kollektives Schicksal der Empfindungsfunktion

In seiner Studie »Die Zerstörung der Sinnlichkeit« analysiert Nitzschke diese als Folge der »in der abendländischen Denktradition verwurzelte(n) ... Feindschaft zwischen den Sinnen und dem Geist« (Nitzschke, 1981, S. 8). Die industriellen, auf rationale Effizienz ausgerichteten Arbeitsprozesse werden demnach durch einen zweckrationalen, von den Sinnen losgelösten Geist bestimmt. Die Sinne stumpfen ab und werden gesundheitlich geschädigt, die Menschen notgedrungen von ihrem sensiblen Empfindungsvermögen entfremdet. Familiär und sozial wird vielfach eine verarmte, grobschlächtige Empfindungsfunktion tradiert und in der Vorbereitung auf Arbeitsprozesse konditioniert. Die kollektive Orientierung an größtmöglicher Geschwindigkeit in Arbeitsprozessen wie in der Freizeit überfordert häufig die Rhythmen der menschlichen Sinne und Handlungsmöglichkeiten. Das Tempo wird von Maschinen, technischen und elektronischen Prozessen vorgegeben.[21] Die Auswirkungen all dessen belasten heute die Beziehung der Menschen zur Natur und zu ihrer Leiblichkeit. Körperliche Beschwerden werden häufig wie Funktionsstörungen einer Maschine interpretiert als Anzeichen für das ›Kaputtgehen‹ von Organen, Gelenken usw. Die ironische Bezeichnung ›Reparatur-Medizin‹ spiegelt diese Tendenz, den Körper als mechanischen Apparat

---

21 Vgl. die Ausführungen von Fitzthum zu den psychischen Auswirkungen des Auto›rausches‹: Die »Sehnsucht nach Langsamkeit, ganzheitlicher Sinneserfahrung, weniger Lärm und saubere Luft dünkt ... (den Menschen) selbst irgendwie peinlich, naiv und kindisch, als Ausdruck allzu menschlicher, niederer Bedürfnisse. Da ist man in der Lage, sich in seinem Privat-Boliden mit 250 Stundenkilometern von A nach B zu katapultieren und unser primitiver Organismus reagiert schon bei Tempo 180 mit Schwindel, Bluthochdruck und Angstgefühlen!« (Fitzthum, 2017, S. 13)

zu verstehen. Initiativen, um diesen Tendenzen entgegen zu wirken, berichten von der Feinheit der Sinne in fremden Kulturen und regen zur Neubesinnung an:

»Generationen, in denen er in Beobachtung geschult wurde, lehrten den Indianer, eine Übersensibilität für die Abläufe der Natur und eine tiefe Empfindung für die Einheit mit allem Leben zu entwickeln.« (Villaseñor, 1981, S. 103)

3.2 Die Intuitions-Funktion

Die Intuition ist die Funktion des übersinnlichen Wahrnehmens. Sie erfasst den immateriell geistig-psychischen Gehalt der inneren und äußeren Realität, der nicht sinnlich wahrnehmbar ist. Intuition und Empfinden ergänzen sich auf komplementäre Weise. Jung beschreibt die Intuition als ein Wahrnehmen, welches »das *Subliminale* erfasst, nämlich die mögliche Beziehung zu Objekten, die nicht im Blickfeld erscheinen, und die möglichen Wandlungen in Vergangenheit und Zukunft, über welche das Objekt keine Aussage macht. Intuition ist ein unmittelbares Innewerden von Zusammenhängen, welche von den drei anderen Funktionen im Moment der Orientierung nicht hergestellt werden können.« (Jung, GW 8, § 257)

Ihre Bezeichnung geht auf lat. ›intuitio‹ = »unmittelbare Anschauung«, ›intueri‹ = »anschauen, erkennen« zurück. Im Lateinischen werden zwei Arten von Sehen unterschieden: ›videre‹ als optische Sinnesaktivität, dagegen ›*intueri*‹ als etwas, was sich *im* Subjekt ereignet und *ihm geschieht*. Die Form des Verbs drückt dieses Zweifache auf subtile Weise aus: es ist grammatikalisch passiv, auch wenn es eine Aktivität des Subjekts bezeichnet. Es gehört zur kleinen Gruppe lateinischer Verben, die ein Geschehen zwischen passiv und aktiv benennen. Das Subjekt ist zwar Urheber des Geschehens, das jedoch direkt oder indirekt auf das Subjekt zurückwirkt. Die grammatische Form von intueri entspricht präzise dem Wesen der Intuition, die sich als ein Geschehen an der ›Schnittstelle‹ zwischen Bewusstsein und Unbewusstem ereignet. Subjekt ist die unbewusste Psyche, die dem Bewusstsein »Wahrnehmungen auf unbewusstem Wege vermittelt« (Jung, GW 6, § 834), sodass das Ich eher in einem empfangenden Modus ist: »mir fällt ein...«. Die Inhalte der Intuition werden dem Ich als Eingebung, Ahnung, Idee, Einfall, als plötzlich vorhandene Einsicht bewusst. Die Realität jenseits der zeitlich-räumlichen und kausalen Kategorien kann nur durch die Intuition wahrgenommen werden. Sie vermittelt ein inneres Wissen, das nicht logisch erschlossen ist, wodurch es weder kausal abgeleitet noch logisch begründbar ist, was u. U. zu interpersonellen Konflikten führt, wenn das Gegenüber rationale Begründungen fordert.

Ahnungsvermögen

Auf tragische Weise zeigt sich das Vermögen der Intuition als Erahnen kommenden Unheils auf Lasersteins Gemälde »Abend über Potsdam« (1930): hoch über der Stadt verharren fünf Personen auf einem Balkon in ahnungsvoller Melancholie an einem Tisch. Ihre Haltung, ihr Ausdruck zeigen, dass sie das kommende Unheil erahnen, das ›in der Luft‹ vor dem fernen Horizont ›liegt‹. Die Malerin musste später vor den Nationalsozialisten fliehen, ihre Mutter wurde im KZ ermordet, ihre Schwester überlebte traumatisiert. Von Bildaufbau und Thematik her besteht eine Verbindung zu Leonardo da Vincis Abendmahlsdarstellung: Am Tisch sitzt eine weibliche Gestalt zwischen vier Künstlerfreunden, wie Jesus in der Mitte der Jünger. Sie trägt eine gelbe Bluse, symbolische Farbe der Intuition, die Freunde sind in stummer Trauer miteinander verbunden und auf sie bezogen.

An der Schwelle zum Unbewussten

Die Intuition ist die dem persönlichen und kollektiven Unbewussten am direktesten verbundene Funktion und vermittelt dem Ich dessen Wissen. Sie kann durch äußere Einflüsse und innerpsychische Konstellationen aktiviert werden, da sie nicht notwendigerweise auf sinnliche Stimulation angewiesen ist. Entsprechend der Grenzenlosigkeit des Unbewussten ist die Intuition nicht an die Kategorien von Raum und Zeit gebunden, sie ist vom ›freien Fließen‹ des Unbewussten bestimmt. Daher erahnt sie nicht nur die latenten Potentiale der Gegenwart sowie die nicht realisierten der Vergangenheit, sondern auch zukünftige Möglichkeiten. Wenn Schiller vom grenzenlose Reich der Möglichkeiten spricht, in das ›*in erhabnem Flug der freie Geist*‹ getragen werde (»*Poesie des Lebens*«), so macht dieses poetische Bild Wesentliches der Intuition sichtbar: Sie hat etwas Luftiges, Schwebendes an sich, weshalb ihr Festlegung, Konkretisierung widerstreben. Das Schillernde kann zu Missverständnissen führen, wenn allein auf der Ebene der Intuition kommuniziert wird und die Betreffenden unbewusst davon ausgehen, der andere wisse ja (intuitiv), was gemeint sei, ohne dass es ausgesprochen werden müsse.

Charakteristika und Symbole

Charakteristisch für die Intuition ist eine weite, offene Bewusstseinshaltung, der ›*weite, umfassende Blick*‹, der inneres und äußeres Geschehen holistisch wahrnimmt. In dieser Haltung ist das Bewusstsein empfänglich für die Ahnungen aus dem Unbewussten.

> »Die Intuition muss die Dinge von weitem oder ungenau anschauen, um zu funktionieren, weil sie so vom Unbewussten gewisse Hinweise bekommt, mit halb geschlossenen Augen und nicht zu nah bei den Tatsachen. Wenn man die Dinge zu genau betrachtet, liegt der Focus auf den Tatsachen, und die Ahnung kann nicht durchbrechen. Das ist der Grund, warum Intuitive dazu neigen, unpünktlich und unbestimmt zu sein...« (v. Franz et al., 1980a, S. 48).

Freuds Empfehlung der ›gleichschwebenden Aufmerksamkeit‹ als adäquate analytische Haltung entspricht der Intuition. Diese Haltung ist vorrangig für Therapeuten mit einer introvertierten Intuition passend, was Freuds eigener Konstellation entspricht. Therapeuten mit extravertiert eingestellter Intuition würden Patienten mit vielen Einfällen überrollen, den interpersonellen Raum mit ihrer extravertierten Energie erfüllen und zu wenig mit ihrer Mitte verbunden sein.

Das blitzartige Auftauchen intuitiver Einfälle verbindet sich mit dem symbolischen Bild des *Blitzes* und mit der Farbe *Gelb*. In Märchen und Mythen kann die Intuition als ›Riecher‹ für die Zukunft oder Wahrnehmen des Unsichtbaren auch im symbolischen Bild der *Nase* oder des *Hundes*, der am Boden eine Spur verfolgt, anschaulich werden.

Quelle von Ideenreichtum

Die Intuition ist Quelle von Phantasie, Kreativität und Spiel, was besonders bei spielenden Kindern auffällt. Die Leichtigkeit, Situationen zu verändern, neue Lösungen zu finden, zwanghaft Festgezurrtes aufzulockern, resultiert daraus – möglicherweise zielt die Aufforderung Jesu, wieder zu werden wie die Kinder, auch auf diese Fähigkeit. Tatsächlich hat die Intuition eine besondere Bedeutung für die Vorbereitung des Sterbens, sie ermöglicht, das Fixiertsein an erstarrte Strukturen und materielle Werte zu lösen, macht mit einer immateriellen Dimension vertraut. Als Einbildungskraft gibt sie den Rahmen für Aktive Imagination und Katathymes Bilderleben, auch wenn dabei die anderen Funktionen tätig werden und im anschließenden therapeutischen Dialog beachtet werden sollten.

Die Intuition in anderen Wissenschaftsbereichen

Kognitionspsychologie und *Neurophysiologie* erforschten in den letzten Jahren experimentell Wahrnehmungen und Entscheidungsfindungen, welche sie der Intuition zuschreiben und als Bestätigung eines hohen Erkenntnisgewinns beschreiben. Diese Forschungen ergänzen das Verständnis dieser Grundfunktion. Allerdings werden Begriffe teilweise vermischt, Intuition wird auch als Gefühl oder generell als ›*das Unbewusste*‹ bezeichnet, sodass zu prüfen ist, ob es sich bei den Darstellungen um Inhalte der Intuition handelt oder ob sie aus anderen Grundfunktionen stammen.

Psychologische Richtungen, die das Unbewussten ausklammern, tun sich schwer, die Intuition zu verstehen und als eigene psychische Grundfunktion anzuerkennen. Ein drastisches Beispiel zitieren Seifert & Seifert aus einem Lehrbuch der Psychologie: die Intuition sei »ein eher subjektives belangloses Urteil«, das Schlussfolgerungen auf der Basis statistischer Belege unterlegen sei. (Seifert & Seifert, 2006, S. 52).

In der *Philosophie* wird unter Intuition Unterschiedliches verstanden, meist wird die Unmittelbarkeit und Ganzheitlichkeit ihrer Anschauung betont und festgestellt, dass sie wesentliche philosophische Einsichten ermögliche. Die Unterscheidung von Empfinden und Intuition in der Analytischen Psychologie entspricht auf bemerkenswerte Weise der Auffassung *Plotins*, der intuitives Erkennen als eine rein geistige Anschauung unterscheidet von diskursivem Erkennen, das auf Sinneswahrnehmungen und darauf aufbauenden Schlussfolgerungen beruhe. Er begreift die Intuition als eine transzendente Funktion, was ihr Transzendieren der konkreten materiellen Welt und ihren Ursprung im Unbewussten charakterisiert.

Descartes bezeichnet als Intuition die grundlegende, rein geistige Verstandesaktivität, die sich auf nicht-materielle, intelligible (nicht sinnlich wahrnehmbare) Objekte richte. Diese Definition entspricht eher der Denkfunktion, auch wenn sich Überschneidungen mit unserem Verständnis der Intuition ergeben. Basis seiner Wertung der Intuition als höchste Erkenntnisweise ist seine dualistische Trennung von Körper und Geist, wonach Körper-Sinne und die darauf basierende Erkenntnis sich auch täuschen könnten.

Spinoza grenzt Vorstellung, Vernunft und Intuition voneinander ab und hebt den Charakter des Gegebenen der intuitiven Erkenntnis hervor, was dem empfangenden Modus des Ich-Bewusstseins entspricht. Er betrachtet sie als die höchste Weise des Erkennens, das allein Gott zu erkennen vermag.

In der *indischen Philosophie* ist die Intuition von zentraler Bedeutung, allein durch sie könne Gott oder Atman erkannt werden. Das ›Dritte Auge‹ gilt als spirituelles Wahrnehmungsorgan der Intuition, um es zu öffnen, muss das Herz geläutert, Intellekt und Sinne zur Ruhe gekommen sein.

Gefahren der Intuition

»Nicht in die ferne Zeit verliere dich! Den Augenblick ergreife! Der ist dein.«
(F. Schiller)

Da die Intuition an der Unbegrenztheit und dem Nicht-Gebunden-sein an die materiell-konkrete Wirklichkeit des Unbewussten teilhat, kann sie das Ich mit einer Fülle von Ideen, Einfällen und Ahnungen überrollen. Dies geschieht v. a. in Situationen von Erschöpfung, Krankheit oder akuter Traumatisierung, wodurch das geschwächte Ich nicht stabil genug ist, um die Flut zu begrenzen. Auch unter dem Einfluss von halluzinogenen Drogen können Inhalte der Intuition das Ich überwältigen. Im Extremfall kann eine energetisch aufgeladene Intuition zu psychotischer Dekompensation führen. Im Vorfeld kündigt sich eine derartige Gefährdung meist durch Träume von riesigen Wellen, sich ausbreitendem Feuer, aufflackernden Irrlichtern usw. an. (vgl. hierzu Adam, 2011, S. 282 ff).

Weniger dramatisch, wenngleich die Lebensbewältigung beeinträchtigend, wirkt die Intuition, wenn sich das Ich mit ihr identifiziert, wodurch es die Verbindung mit den anderen Funktionen, v. a. dem Empfinden, verliert. Der Betreffende vernachlässigt seine körperlichen Bedürfnisse und Grenzen, verliert den Bezug zur konkreten Wirklichkeit. Derartige inflationäre Tendenzen zeigen sich etwa in Träumen, man fliege durch den Weltraum. Zu einseitiger Überbewertung der Intuition kann es bei Einzelnen auch aus Protest gegen eine kollektive Abwertung der Intuition kommen.

Nähe zu Komplexfeldern

Aufgrund ihrer Nähe zum Unbewussten ist die Intuition u. U. mit Komplexfeldern des persönlichen Unbewussten verbunden und bezieht diese in ihre Wahrnehmungen ein. Sofern Komplexfelder virulent sind, kann das Ich kaum unterscheiden, ob ein intuitiver Eindruck ein komplexbestimmter unbewusster Inhalt ist, der auf das Gegenüber projiziert wird, oder tatsächlich authentisch das Gegenüber erfasst. Diese Gefahr sollte Therapeuten bewusst sein, wie folgende Vignette zeigt:

> Ein angehender Therapeut, der sich vorrangig von seiner Intuition bestimmen lässt, bringt das Foto eines Patienten mit in die Supervision, um zu zeigen, dass dieser abweisend aussehe. Bei gemeinsamem Betrachten des Fotos wird jedoch die Unsicherheit des Patienten erkennbar. Es stellt sich heraus, dass der Studierende seine eigene abweisende Tendenz auf den Patienten projiziert und er selbst die Tendenz hatte, den Patienten abzuweisen, weil er befürchtete, in der Therapie zu versagen. Die Dynamik seines virulenten Versagenskomplexes hatte seine – von der Intuition bestimmte - Wahrnehmung des Patienten verzerrt.

Intuition und Spiritualität

Als Anschauung der immateriellen Wirklichkeit ist die Intuition prädestiniert, einen Zugang zur spirituellen Dimension zu eröffnen. Mit ihrer unmittelbaren Verbindung zum Unbewussten ist sie geeignet, dem Ich Signale aus dem Selbst zu vermitteln. Vielfach wird sie als ›*innere Stimme*‹ wahrgenommen, die richtungweisend und sinnerhellend wirkt. Viele Überlieferungen berichten von intuitiven Eingebungen, die in gefährlichen Situationen schützen und u. U. als Wirken eines Schutzengels erlebt werden.

In allen Religionen gibt es Persönlichkeiten, die in intuitiver Schau Bilder des Göttlichen sehen und daraus prophetisches Wissen schöpfen. V. a. in östlichen Religionen wird die Intuition als Tor zur immateriellen Dimension geschätzt, als Weg, um das Absolute zu erkennen und die göttliche Wirklichkeit zu erahnen. Durch innere Achtsamkeit soll die Intuition gestärkt und ›rein‹ gehalten (von persönlichen Komplexen befreit) werden. Dagegen ist in Gesellschaften oder bei Einzelnen, bei denen die Intuition abgewertet, abgewehrt oder tabuisiert ist, häufig der Bezug zu Spiritualität und Religion eingeschränkt.[22] Ein typisches Beispiel war das psychische Klima in der DDR, wo unter dem Druck der atheistischen Staatsideologie innerhalb von 40 Jahren die Volkskirche mit ca. 90 % Bevölkerungsanteil auf eine Minderheitenkirche von etwa 20 % schrumpfte – die Wende wurde jedoch eingeleitet von den Montagsdemonstrationen, die ihren Ursprung in den kirchlichen Friedensgebete hatten.

---

22 Freud, der offensichtlich seine introvertierte Intuition abwehrte, bezeichnete sich als Atheist, obgleich er aus einer orthodox-jüdischen Familie stammte.

4 Urteilende Dimension

Wie die wahrnehmende Grundfähigkeit des Menschen besteht auch die urteilende Dimension aus zwei sich polar ergänzenden Grundfunktionen, die das vom Subjekt Wahrgenommene beurteilen hinsichtlich seines Wertes.

4.1 Fühl-Funktion

Einstimmung

> »Wir denken zu viel und fühlen zu wenig.«
> (C. Chaplin)

Um das Fühlen im gesellschaftlichen Kontext zu verstehen, vergegenwärtigen wir uns, dass kollektiv im Land der ›Dichter und Denker‹ dem logischen Denken seit der Aufklärung höchster Wert beigemessen wird. Von Schulbeginn an wird vorrangig die Denkfunktion gefördert, die in den meisten Lebensbereichen dominiert, begriffliches Denken wird mit Bewusstsein gleichgesetzt, obwohl dieses als übergeordneter Begriff ebenso Fühlen, Empfinden und Intuieren beinhaltet. In diesem gesellschaftlichen Klima wird das Fühlen wenig geschätzt und verstanden, was besonders auffällt bei der Begegnung mit Menschen aus Kulturen, in denen das Fühlen hohen Wert hat.

Adäquater Ausdruck

»Mit einem kurzen Schweifwedeln kann ein Hund mehr Gefühl ausdrücken, als mancher Mensch mit stundenlangem Gerede.«
(L. Armstrong)

Bei Beschreibung des Fühlens geraten wir in das Dilemma, dass Begriffe vorrangig durch das Denken definiert werden. Adäquater wäre es, durch Poesie, Musik oder darstellende Kunst das Fühlen sich ausdrücken zu lassen und fühlbar zu machen. An Kindern und Tieren wird deutlich, dass Fühlen dem vorsprachlichen Bereich der Psyche entspringt. Ein Jauchzen des Kindes drückt es vor allem Spracherwerb aus. Wie auch das »Jauchzet, frohlocket ...« in Bachs Weihnachtsoratorium überwältigend-mitreißend auf die Freude über die Geburt des himmlischen Kindes einstimmt.

Es ist schwer, das Fühlen in adäquate Worte zu fassen, Lyriker ringen oft lange darum. Es gilt, die vorsprachliche Atmosphäre des Fühlens immer im Bewusstsein zu halten. Am schönsten wird sie erfahrbar in Situationen wortlosen Verbundenseins mit einem geliebten Menschen, dessen früheste Manifestation der *Eros-Raum* der frühen Mutter-Kind-Beziehung ist (vgl. Neumann, 1980, S. 14 ff). Zunächst drückt sich das Fühlen unbewusst in körperlichen Phänomenen und Gesten aus. Es ist faszinierend zu erleben, wie sich bei Kleinkindern ihr Fühlen in ihrer ganzen körperlichen Erscheinung ausdrückt. Viel geht verloren, wenn Kindern von Erwachsenen ›Worthülsen‹ für ihre Gefühle untergeschoben werden, die dem Erwachsenenbewusstsein entstammen, aber nicht dem ›unaussprechlichen‹ Fühlen des Kindes entsprechen. Geradezu übergriffig ist das Negieren oder Zensieren der kindlichen Gefühle und erschreckend die Androhung: »Wenn du nicht aufhörst zu weinen, kriegst du eine, damit du weißt, warum du weinst!« Derartige ›Schwarze Pädagogik‹ entfremdet das Kind seinem authentischen Fühlen und veranlasst es, seine Fühlfunktion zu verdrängen.

Begriffliches, intellektuelles Verstehen des Fühlens reicht nicht aus, vielmehr geht es darum, mit zu fühlen, um das Fühlen zu verstehen. Im Therapieprozess kann es hilfreich sein, sich selbst in die Körperhaltung des Patienten zu begeben, um mitfühlend zu verstehen. Jung weist darauf hin, dass mit intellektueller Begrifflichkeit das Wesen des Fühlens nicht erfasst und verstanden, sondern nur äußerlich umschrieben wird, da Denken inkommensurabel dem Fühlen ist:

> »Diesem Umstand ist es zuzuschreiben, dass keine intellektuelle Definition jemals in der Lage sein wird, das Spezifische des Gefühls in einer nur einigermaßen genügenden Weise wiederzugeben. Damit, dass die Gefühle klassifiziert werden, ist für die Erfassung ihres Wesens nichts gewonnen, denn auch die genaueste Klassifikation wird immer nur jenen intellektuell fassbaren Inhalt angeben können, mit welchem verbundene Gefühle auftreten, ohne aber das Spezifische des Gefühls damit erfasst zu haben.« (Jung, GW 6, § 804)

Rehabilitierung des Fühlens

Zum Thema »*Die Rehabilitierung des Gefühls durch C. G. Jung*« hielt von Franz 1982 einen Vortrag, der wie eine Erlaubnis klang, eine Terra Incognita zu betreten. Sie zitierte u. a. Jungs Feststellung, dass es keine Vivisektion gäbe, wenn die Wissenschaftler mit ihrer Fühlfunktion verbunden wären. Das Fühlen hatte zu dieser Zeit keinen Raum im kollektiven Bewusstsein, wie ein zeitgleich erschienener Zeitungsbericht nach einem Busunglück überschrieben war: »Die Trauerfeier verlief ohne Emotionen«.

1967 hatten A. und M. Mitscherlich die ›auffallende Gefühlsstarre‹ im Deutschland der Nachkriegszeit beschrieben als Folge der kollektiven Abwehr von Schuld, Scham, Angst und Trauer (vgl. Mitscherlich & Mitscherlich, 1967). Titel und Thesen ihrer Studie wurden zu einem wichtigen Signal, jedoch auch missverstanden und kritisiert. Asper stellte 1987 fest, dass »*der Verlust der Gefühle* ... recht eigentlich *die Neurosenform* der heutigen Zeit« ist, die von Kopflastigkeit und Rationalität bestimmt sei (Asper, 1987, S. 43). Auf diesem Hintergrund wird ersichtlich, wie bahnbrechend Jungs Untersuchungen zur Fühlfunktion sind. 1989 fügte von Franz hinzu:

> »Es erscheint mir, ... dass heute Jungs Anliegen allmählich besser verstanden wird als zu seinen Lebzeiten, aber dass dieser wesentlichste Punkt, die Rehabilitation des zwischenmenschlichen Eros und einer differenzierteren Ge-

fühlsbezogenheit zum Transzendenten, noch viel zu wenig beachtet wird.« (v. Franz, 1991, S. 31)[23]

Um diesem zu entsprechen wird hier der Fühlfunktion mehr Raum als den anderen Funktionen gegeben.

Fühlen und wissenschaftliche Erkenntnis

Jung entdeckte die Bedeutung des Fühlens durch seine frühen Studien zum Assoziationsexperiment (1903/4), als ihm auffiel, dass Probanden auf gegebene Worte eher mit affektiven Reaktionen als mit Assoziationen antworteten. Dabei wurden zwei Aspekte erkennbar: ein wertender, der das Genannte mit der eigenen Person in Beziehung bringt, und ein Feld unbewusster Affekte, die durch das Reizwort provoziert werden. Das Beachten der Fühlfunktion hat damit grundlegende Bedeutung in der Analytischen Psychologie. Weder Komplextheorie, noch Archetypenlehre, Symbolik, Beziehung zwischen Ich und Selbst, Psychodynamik u. a. sind ohne Kenntnis dieser Funktion zu verstehen. Anima und Animus basieren wesentlich auf dem Beziehungscharakter der Fühlfunktion. Grundlegend für ein Verstehen der Analytischen Psychologie ist daher, das eigene Fühlen lebendig zu erhalten, denn

> »Jung lässt sich nicht nur mit dem Intellekt lesen. In Jungs Psychologie bedeutet bewusstes Verstehen auch das Verstehen durch das Fühlen... Man kann die Bedeutung, die Jung dem Fühlen beigemessen hat, auch in seiner ziemlich freien und offenen Art der Therapiegestaltung erkennen, die er nicht mit der Sturheit intellektuell entwickelter Techniken belastet hat... Es ist das Verdienst Jungs, viel für die Wiederbelebung des Fühlens und dessen Befreiung von kollektiven Vorurteilen geleistet zu haben.« (Hillman, 1980, S. 118 f).

---

23 Bemerkenswert ist, dass ungefähr zeitgleich die Psychologie sich der Erforschung von Emotionen zuwandte. Unter dem Einfluss von Behaviorismus, Verhaltens- und Lerntheorien wurden hauptsächlich Emotionstheorien entwickelt, in denen Emotionen nicht als autonome Phänomene betrachtet werden, sondern als erlernt und/oder durch äußere ›Reize‹ ausgelöst und meist als der Kognition untergeordnet. Inzwischen befassen sich auch andere Wissenschaften mit dem Thema wie Kunstgeschichte und Geschichtswissenschaft, die Gefühle als Ergebnisse von historischen Prozessen betrachten.

Umschreibung der Fühlfunktion

Die Fühlfunktion ist eine wertende, urteilende Funktion und bildet zusammen mit der Denkfunktion die urteilende Grundfähigkeit, wobei sich die Wert-Kriterien beider Funktionen grundsätzlich unterscheiden. Die Kriterien des Fühlens bewegen sich zwischen den Polen ›sicher–unsicher‹, ›angenehm–unangenehm‹ als ihre Basis. Auf dieser entfaltet sich ein reiches, vielfältiges Spektrum von Fühlurteilen, das in seiner Gegensatzspannung die Lebendigkeit dieser Funktion ausmacht. Sie ist jenes Agens in uns, das innerpsychische Zustände und äußere Gegebenheiten sowie deren Beziehungen untereinander nach Fühlkriterien bewertet.

Konkretes und autonomes Fühlen

Angesichts der tradierten Unterordnung des Fühlens unter das Denken oder Empfinden ist Jungs Differenzierung von *konkretem* und *abstraktem* Fühlen hilfreich. *Konkretes Fühlen* ist vermischt mit Inhalten anderer Funktionen, etwa mit dem Empfinden. Ist dieses Fühlen den anderen Funktionen untergeordnet, etwa dem Denken, so kann die Fühlfunktion ihr wahres Potential nicht entfalten, ihre Entwicklung und Differenzierung werden behindert. Diese eingeschränkte Autonomie »findet sich überall da, wo das F. sich als nicht differenzierte Funktion erweist, am deutlichsten in der Psyche eines Neurotikers mit differenziertem Denken.« (Jung, GW 6, § 801). Sie kann sich darin zeigen, dass der Betreffende meint, seine Gefühle vor sich und anderen begründen zu müssen, um sie akzeptieren zu können, oder glaubt, Gefühle, für die es keinen Grund gebe, nicht haben zu dürfen. Dem liegt meist die Erfahrung zugrunde, als Kind nicht vorbehaltlos in seinem Fühlen angenommen worden zu sein. Dies gilt es in der Psychotherapie zu beachten, wenn an *Affektdifferenzierung* gearbeitet wird.

Das *autonome Fühlen* bezeichnet Jung als *abstrakt*, es ist nicht an Sinneseindrücke, an Gedanken oder intuitiv Erahntes gebunden, auch wenn diese es möglicherweise begleiten. Ausschließlich Energien der Fühlfunktion bestimmen seine Inhalte, die dann vom Ich-Bewusstsein gestaltet werden können, woran auch andere Funktionen beteiligt sind. Künstlerisch-gestaltende Prozesse lassen das erkennbar werden, etwa, wenn Komponisten ihrem Fühlen in der Musik Ausdruck geben. Ihr ursprüngliches Fühlen entspringt der eigenen Seele, es entsteht nicht durch Instrument oder Tonart, sondern wird vermittels dieser gestaltet.[24] Abstraktes Fühlen realisiert das integrative Potential dieser Funktion, indem es Vielfalt und Fließen des Gefühlten zu einem Ganzen vereinigt. Es transzendiert »die Unterschiede der einzelnen von ihm bewerteten Inhalte und stellt eine »Stimmung« oder Gefühlslage her, welche die einzelnen Einzelbewertungen in sich begreift und damit aufhebt.« (Jung, GW 6, § 803, S. 469). Zwischen konkretem und abstraktem Fühlen entfaltet sich das Entwicklungs- und Differenzierungspotential der Fühlfunktion in fließenden Übergängen.

Integrationsfähigkeit

> »Schmerz und Freude liegt in einer Schale;
> ihre Mischung ist der Menschen Los.«
> (J. G. Seume)

Das Potential der Fühlfunktion zur Integration unterschiedlicher Gefühle entwickelt sich im *Eros-Raum* der Urbeziehung zwischen Mutter[25] und Kind, indem das positiv Mütterliche trotz notwendiger Versagungen überwiegt und somit dem Kind ermöglicht, in einer tragenden Vertrauensbeziehung Unsicherheit, Angst und Aggression vorübergehend zu ertragen (vgl. Neumann, 1980, S. 123). Diese Geborgenheit ist das symbolische Gefäß, welches das Andrängen der Affekte, das Auf und Ab der Stimmungen auch in ihrer Gegensätzlichkeit aufnimmt und hält. Diese Erfahrung im interpersonellen Raum ist die Voraussetzung für die Integrationsfähigkeit der Fühlfunktion im späteren Leben. Psychische Erkrankungen, die

---

24 Vgl. »Meine Grundthese ist, dass Atmosphären zu erzeugen ein Grundzug von Musik überhaupt ist, ja die Wirklichkeit von Musik im wesentlichen bestimmt.« (Böhme, 1998, S. 73). Im zeitgenössischen philosophischen Diskurs wird Atmosphäre in Verbindung mit Stimmung und Gefühl gesehen.
25 U. U. kann dieser – ganz vom Archetypisch-Mütterlichen bestimmte – frühe Beziehungsraum natürlich auch von anderen Personen für das Kind geschaffen werden. Es geht hier nicht um das biologische Geschlecht, sondern um die Qualität ›Mütterlichkeit‹, die auch von Vätern vermittelt werden kann.

auf markante Störungen der Urbeziehung zurückgehen, wie Borderline- und früh entstandene narzisstische Störungen, sind immer auch durch mangelnde Integrationsfähigkeit der Fühlfunktion gekennzeichnet. In der psychoanalytischen Objektbeziehungstheorie wird diese integrative Fähigkeit, das Aushalten-können der Erfahrung, dass die Mutter ›gute‹ *und* ›schlechte Anteile‹ hat, als Verzicht auf das ›vollkommene Objekt‹ beschrieben.[26] Nach unserer Auffassung handelt es sich bei diesem Entwicklungsschritt jedoch nicht um eine ›depressive Position‹ des Kindes, wie von Klein angenommen, sondern um einen progressiven Prozess beginnender Strukturierung und Stabilisierung der Fühlfunktion und des kindlichen Bewusstseins.

Ständiges Fließen

»Weil sie beständiger Fluss sind, lassen sich Gefühle nicht anhalten; sie lassen sich also auch nicht ›unter die Lupe‹ nehmen.
D.h. je genauer wir sie beobachten, desto weniger wissen wir, was wir fühlen.
Die Aufmerksamkeit ist schon eine Veränderung des Gefühls.«
(R. Musil)

Musils Feststellung entspricht der Erkenntnis der Quantentheorie, wonach bereits die Beobachtung eines Phänomens dieses beeinflusst. Es wird ersichtlich, wieviel adäquater Künstler die Fühlfunktion zu erfassen vermögen im Unterschied zu einer Psychologie, die sich auf die positivistische Annahme stützt, eine objektive Beobachtung sei möglich. Symbolische Bilder des Fließens und Rhythmen der Musik entsprechen am ehesten der fließenden Qualität des Fühlens. Durch naturwissenschaftliche Messmethoden das Fühlen bestimmen, erkennen und verstehen zu

---

26 Der Begriff ›Objekt‹ wird hier widerstrebend aufgegriffen, da er Psychisches verdinglicht und Menschen zu ›Objekten‹ erklärt. Bekanntermaßen erlebt das Kind seine Umwelt als belebt und nicht als totes Objekt und seine nächsten Bezugspersonen als belebend für sich selbst. Dafür Begriffe wie ›Objekt‹ bzw. ›Objektbeziehung‹ zu kreieren, scheint eher der Projektion eines verdinglichten Erwachsenenbewusstseins zu entspringen, als dem realen kindlichen Erleben zu entsprechen. Vgl. dazu die Aufforderung von Hüther, Menschen (wieder) als Subjekte zu achten und nicht zu Objekten zu degradieren.

wollen, ist daher inadäquat. Psyche ist wie das ganze Sein ein offener Prozess und immer im Fluss.

Ohne uns dessen immer bewusst zu sein, trägt die Fühlfunktion dazu bei, dass wir mit der ontologischen Grundbedingung des ständigen Wandels verbunden bleiben. So schwierig es erscheinen mag, das kontinuierliche Fließen im Bewusstsein und die Balance zu halten, so sehr wir dem Sog des »*Verweile doch – du bist so schön!*« ausgesetzt sind, so ist es doch jener Faktor, der uns lebendig erhält und davor schützt, zur Salzsäule zu erstarren. Das Verharren in starren Lebensmustern ist immer begleitet von emotionalem Rückzug und Stagnation, der Betroffene fühlt nicht mehr, was in ihm und seinem Umfeld auftaucht. Nur in einem kontinuierlichen Prozess kann sich Individuation vollziehen, können wir erkennen, wer wir sind, und zu dem werden, was in uns angelegt ist. Das fließende Fühlen anzunehmen hat im Therapieprozess große Bedeutung als »Hervorbringung eines seelischen Zustandes, … wo nichts mehr für immer gegeben und hoffnungslos versteinert ist, eines Zustandes der Flüssigkeit, der Veränderung des Werdens.« (Jung, GW 16, § 99)

Zwar sind auch die anderen Grundfunktionen in beständigem Fluss – doch in keiner anderen wird er so deutlich erlebbar wie im Fühlen, etwa als Wandel von ›heißen Gefühlen‹ bis zu deren ›Erkalten‹. Die Empfindungsfunktion vermittelt die Temperatur der Objekte vor aller Wertung, doch ›warm ums Herz‹ wird uns, wenn wir liebevolle Gefühle haben. Diese Wärme des Fühlens ist Ausdruck der Temperatur unseres psychischen Lebens. Wirkt ein Mensch ›kalt‹, ist sein Ich von seinem Fühlen und seiner warmen Lebendigkeit getrennt.[27]

4.1.1 Aspekte des Fühlens

Affekt, Emotion, Stimmung und Gefühl sind Aspekte des Fühlens, die sich voneinander unterscheiden, doch auch ineinander übergehen, sodass sie

---

[27] Vgl. Hauffs Märchen »Das Kalte Herz«: Der Held tauscht um des materiellen Reichtums willen sein Herz gegen einen kalten Stein in der Brust ein. Er kann sich daraufhin an nichts mehr erfreuen, nicht mehr lachen, weinen und keine Liebe fühlen.

nur relativ abgrenzbar sind. In Übereinstimmung mit Damasio verstehen wir sie als Kontinuum von bewusstseinsfernen Affekten über Emotionen zu bewusstseinsnahen Gefühlen. Der Neurowissenschaftler fand, »dass es keinen zentralen Gefühlszustand gibt, bevor die entsprechende Emotion auftritt, das heißt, dass der Ausdruck (Emotion) dem Gefühl vorangeht.« (Damasio, 2001, S. 340).

Die folgenden Definitionen umreißen *Bedeutungskerne* und ihren weiteren *Bedeutungshof* (vgl. Vogel, 2013, S. 2 f).

Affekt

Das seit dem 18. Jahrhundert geläufige Wort bezeichnet eine heftige Erregung, einen Zustand außergewöhnlicher psychischer Angespanntheit. Es stammt von lat. affectus = ›Gemütszustand, Gemütsbewegung, Leidenschaft, Verlangen‹ (Substantiv zu lat. afficere = ›hinzutun, einwirken, in eine Stimmung versetzen, anregen‹). Affekt ist demnach ein Geschehen, das an den Betreffenden herankommt, etwas mit ihm macht. Bereits sprachlich kommt zum Ausdruck, dass der Ursprung des Affekts nicht im bewussten Ich liegt, sondern außerhalb seines Bereichs – im Unbewussten.

Psychischer Kern – somatisches Erleben – symbolisches Bild

Im Spektrum der Fühlfunktion beinhalten Affekte jenen Bereich, der am intensivsten mit der somatischen Dimension verbunden ist. Bei überwältigenden Affekten stehen körperliche Reaktionen gegenüber psychischen Repräsentationen im Vordergrund. Der Affekt wird als Erregung erlebt, welche die Person körperlich ergreift. Es ist ein »Gefühlszustand, der einerseits durch merkbare Körperinnervation, andererseits durch eine eigentümliche Störung des Vorstellungsablaufs gekennzeichnet ist.« (Jung, GW 6, § 750). Zu Affekten gehören heftiges Liebesverlangen, Leidenschaft, Angst, Panik, Wut, Hass, Verzweiflung, Neid, Scham, überwältigende Trauer etc.

Jungs Zuordnung der Affekte zur Empfindungsfunktion (vgl. Jung, GW 6, § 750) basiert auf dem Vorrang der somatischen Komponente. Wir halten dies für nicht adäquat, denn Affekte bewegen sich wie alle Inhalte des Fühlens auf einer Werteskala, und angesichts der grundlegenden Einheit von Körper und Psyche ist die somatische Komponente in allem Fühlen wirksam.[28] Affekte haben immer eine psychische und physiologische Komponente, die beide das Bewusstsein bedrängen und in Aufruhr versetzen. Mit ihrer starken psychosomatischen Energie brechen sie abrupt ins Bewusstsein ein und erscheinen in Träumen, Imaginationen etc. in symbolischen Bildern wie Vulkan, Bombe, Orkan... Je weniger bewusst und strukturiert die Fühlfunktion ist, desto eher wird das Ich von Affekten überrollt, es kann sie kaum steuern und wird zu Affekthandlungen hingerissen, die als ein ›Außer-Sich-Sein‹ erlebt werden.

Ergriffen-Sein – dissoziierende Wirkung

Affekte stellen die größte Herausforderung an die Fühlfunktion und an das Ich dar. Die auszehrende Wirkung eines Affekts, der sich wie eine Wolke auf das Bewusstsein legt, wird treffend im Filmtitel »*Angst essen Seelen auf*« (Faßbinder) benannt. Eine weitgehend verdrängte Fühlfunktion ist strukturell nicht in der Lage, die Affektenergie zu halten und gestalten. Darauf könnte sich die psychoanalytische Metapher der ›*frei flottierenden Angst*‹ beziehen. Die Energie drängt in andere Funktionen und beeinflusst diese. Die strukturierende und integrative Fähigkeit des Ichs verliert dadurch weiter an Energie, das Ich nimmt vorrangig die somatische Erregung wahr und steht unter dem Druck, diese auszuagieren, oft bis zur Erschöpfung. Darauf kann ein Umschwung des Affekts erfolgen hin zu Gefühlen von Trauer und Erschrecken über das eigene Tun und einen Selbstreflexionsprozess einleiten. Im Unterschied der Formulierungen: ›Angst (Wut...) überwältigt mich‹ oder ›ich habe Angst (ich bin wütend)‹ drückt sich das energetische Verhältnis zwischen Affekt und Ich aus.

Heftige *Angstaffekte*, die nicht in der Fühlfunktion gehalten werden können, steigern sich zu *Panik*, in dessen Bezeichnung der archetypische

---

28 Im zeitgenössischen Diskurs der philosophischen Gefühlstheorie betont Schmitz, dass Gefühle als räumlich ergossene, leiblich ergreifende Mächte zu begreifen sind. (Vgl. Andermann et al., 2011. S. 10)

Kern anklingt[29]. Sie wird vom Ich als übermächtiges Geschehen erlebt, das den Körper in beängstigende Erregung versetzt, wodurch ein Circulus Vitiosus in Gang kommt: Der Körper wird als eigenmächtig, unkontrollierbar, feindlich erlebt, kaum willentlich zu beeinflussen. Durch die dissoziierende Entfremdung wird das Ich zusätzlich destabilisiert und erlebt sich dem eigenen Körper ausgeliefert, wodurch weitere Angst und Misstrauen diesem gegenüber entstehen. Das Ausgeliefertsein an eine Bedrohung im Außen wiederholt sich auf der inneren Ebene und verstärkt die traumatisierende Wirkung.

Auch bei anderen überwältigenden Affekten ordnet das Ich irrtümlich die überwältigende Macht der somatischen Ebene zu, wodurch der Körper zum unkontrollierbaren Gegenüber wird. Im Affekt der *Trauer* wird der Tränenfluss als unkontrollierbar erlebt, was zusätzliche Schamgefühle auslöst. Im Affekt der *Verzweiflung* wird der Körper als bleierne Last erlebt, der das Leben schwermacht. Im Affekt der *Liebessehnsucht* wird der Körper erlebt als ständig sexuelle Erregung fordernd bis hin zu schmerzender Erschöpfung, tragisches Missverständnis des emotionalen Liebesverlangens.

Affekt und Komplex

Komplexe sind als zentrale emotionsbetonte Strukturelemente Wirkkräfte der Psyche. Sie bestehen aus dem zweifachen Kern von affektgeladener, oft traumatischer Erfahrung und archetypischem Inhalt. Unbewusste Komplexe wirken wie autonome Teilpsychen, die ins Bewusstsein einbrechen und das Erleben bestimmen, wenn ihr Bedeutungsgehalt durch eine Situation tangiert ist. Werden sie dem Ich als ein nicht adäquates Erleben bewusst, kann das Ich in Beziehung zu ihnen treten und ihre Übermacht allmählich auflösen, wodurch es stabiler und autonomer wird.

---

29 Griech. panikos = zu Pan gehörig, von Pan herrührend. Pan ist in der griechischen Mythologie Gott des Waldes, der Natur und Schutzpatron weidender Herden. Die Mittagsstunde ist ihm heilig und er verbreitet Furcht und Schrecken unter jenen, die sie stören.

Affekte spielen in der Komplexdynamik eine zentrale Rolle: Jedes stark affektgeladene Ereignis kann zu einem Komplex werden bzw. einen bestehenden verstärken, ebenso kann das Überwältigt-werden durch Affekte auf die Aktualisierung eines Komplexes hinweisen. Je größer dessen energetische Spannung ist, desto heftiger ist die affektive Erregung. Komplex und Affekt bestimmen in der betreffenden Situation das Erleben, überrollen das Ich und schränken seine Handlungsfreiheit ein. Ist das Ich mit der Fühlfunktion verbunden, was strukturelle Stabilität bedeutet, kann der Affekt verstanden und energetisch dem Bewusstsein integriert werden, was wiederum zur Lockerung des Komplexes beiträgt. Bei habitueller Affektivität, einem ständigen latenten ›Geladen-sein‹, ist das Erleben und Handeln des Betreffenden durchgängig von virulenten Komplexen bestimmt. Dabei bestärken sich verzerrtes Erleben und Komplex beständig in fatalem Kreislauf, ohne dass sich das Ich dessen bewusst wird. Die therapeutische Arbeit am Affekt sollte daher die Komplexbearbeitung miteinschließen.

Therapeutische Zugänge

Affekte sind immer psychische und physische Erregung in einem. Durch eine sich steigernde Wechselwirkung zwischen beiden kann es zum physiologischen Schock und nicht mehr steuerbarer psychischer Erregung kommen. Obgleich in medizinischer Sicht Adrenalinausschüttung, Herzrasen, Schweißausbruch, Starre, Zittern, Sprachlosigkeit usw. im Vordergrund affektiver Dekompensation stehen und daher medikamentös behandelt werden müssen, müssen beide Komponenten beachtet werden. Psyche und Soma wirken beständig aufeinander, wie auch Forschungen zum Thema ›*Embodiment*‹ zeigen. Affektive Erregungszustände sollten immer von psychischer *und* körperlicher Seite her therapeutisch behandelt werden. Atem- und Körpertherapien eröffnen über den somatischen Pol den Zugang zur Beruhigung der Erregung, Traumatherapie verbindet beide Möglichkeiten, ebenso die Analytische Psychotherapie. Mindell prägte für die auf der Einheit von psychischen und somatischen Prozessen basierende therapeutische Arbeit die Bezeichnung ›*Traumkörper-Arbeit*‹. Der Traumkörper ist eine ganzheitliche Erfahrung, »die dann eintritt, wenn wir innere Bilder mit Körperempfindungen und Symptomen in Verbindungen bringen.« (Mindell, 2005, S. 170) Ergibt sich in einem therapeutischen Prozess die Notwendigkeit, Affekte bewusst zu machen und zu integrieren, stellt das körperliche Erleben ein ›Tor‹ dar, um zum psychischen Pol des Affektes zu gelangen, indem diesem Erleben und den auftauchenden innerpsychischen Inhalten vermehrte Aufmerksamkeit – etwa durch Malen oder innere Dialoge – gegeben wird. Erst dadurch wird es möglich, die Spannung zu lösen und dem Ich die Komplex-Energie zu integrieren, wodurch es stabiler wird.

Emotion

Der Begriff wurde um 1700 aus dem französischen *émotion*, *émouvoir* (bewegen, erregen) übernommen und geht auf lat. *emovere* (herausbewegen), *motio* (Bewegung, Erregung) zurück. Er wird ähnlich mehrdeutig verwendet wie die Begriffe Affekt und Gefühl, teilweise auch synonym. Im Diskurs der Analytischen Psychologie wird er auf zweifache Weise verwandt:

- In einem *weiten* Sinn als Oberbegriff für alle Aspekte der Fühlfunktion, also Affekt, Fühlen, Gefühl, Leidenschaft, Stimmung.[30]
- Im Sinne Jungs, dem wir uns anschließen, als spezifischer Aspekt des Fühlens, der seine eigene Qualität hat. Sie ist heute in Gefahr, dem Bewusstsein verloren zu gehen und muss aus ihrem Versunken-Sein im Unbewussten befreit werden.

Die ›verlorene‹ emotionale Energie

Jung bemerkte, dass im Verlauf der Menschheitsentwicklung durch Fokussierung auf Rationalität und Zweckorientierung die emotionale Energie weitgehend im Unbewussten versank. Das Wissen um die Verbun-

---

30 Als Oberbegriff für die Aktivität der Fühlfunktion in all ihren Aspekten verwenden wir ›Fühlen‹, weil er deren Prozesshaftigkeit enthält.

denheit alles Lebendigen, die emotionale Beziehung zur Natur gingen unter der Vorherrschaft einer rational analysierenden Erfassung der Welt verloren, der Mensch isolierte sich vom kosmischen Ganzen. Er ist nicht mehr in die Natur verwoben, wodurch er seine emotionale Teilhabe an den Naturerscheinungen einbüßte, die immer auch eine symbolische Bedeutung für ihn hatten.

> »Es sprechen keine Stimmen mehr aus Steinen, Pflanzen und Tieren zu den Menschen, und er selbst redet nicht mehr zu ihnen in dem Glauben, sie verständen ihn. Sein Kontakt mit der Natur ist verlorengegangen und damit auch die starke emotionale Energie, die diese symbolische Verbindung bewirkt hatte.« ... »Wir haben keine Buschseele mehr... Unsere direkte Kommunikation mit der Natur ist zusammen mit der damit verbundenen beträchtlichen emotionalen Energie im Unbewussten versunken.« (Jung, von Franz, Henderson, Jacobi & Jaffé, 2015, S. 95)

Die emotionale Energie verband die Menschen mit der umgebenden Natur unmittelbar und unbewusst, später bewusst und in Riten, künstlerischen Darstellungen usw. kultiviert. Auch Tiere und Pflanzen sind emotional verbunden, was wesentlich zur homöostatischen Regulation der Natur beiträgt. (vgl. Damasio, 2001, S. 55 sowie Bird & Tompkins, 1977). Ebenso haben Emotionen eine zentrale Bedeutung für die Homöostase zwischen Mensch und Natur, zwischen Bewusstsein und innerer Natur. Kinder reagieren spontan emotional auf Tiere und realisieren deren Emotionalität, wie auch Tiere die emotionale Verfassung der Menschen spiegeln und beeinflussen, worauf die tiergestützte Therapie basiert.[31]

Emotion zwischen Affekt und Gefühl

Die verschiedenen Aspekte der Fühlfunktion gehen an ihren Grenzen ineinander über, sind jedoch in ihrem Bedeutungskern voneinander zu unterscheiden. Die unterschiedliche Stärke der psychosomatischen Erre-

---

31 Studien belegen die positive Wirkung, die (Haus-) Tiere allein durch ihre Anwesenheit haben. Z.B. reguliert sich der Blutdruck bei Anwesenheit von Hunden, reduzieren sich Spannungszustände und wird die Kommunikation angeregt, durch Anwesenheit von Kaninchen werden Gehirnströme beeinflusst, durch die von Katzen die Überlebenschance von Herzpatienten erhöht.

gung markiert den Übergang zwischen Affekt und Emotion. Heftig und schnell setzt sie ein, ihrer drängenden, explosiven Qualität entsprechend, bei Affekten mit starker Wirkung auf das Ich, wobei die somatische Erregung vorrangig das Erleben bestimmt.

Bei Emotionen steht ihr psychischer *Fühlton* im Vordergrund, die somatische Komponente ist subtiler wahrnehmbar. Das energetische Erregungsmuster entfaltet sich ansteigend, ist vielfältig und variabel, gleicht Wellen mit unterschiedlicher Länge und Amplitude, weshalb Musik dem emotionalen Erleben entspricht. In ihrem Nuancenreichtum gelangen Emotionen allmählich sich ausbreitend und verstärkend ins Bewusstsein. Sie sind wie Affekte mit den instinktnahen Bereichen der Psyche verbunden, jedoch bewusstseinsnäher, sodass sie eine Mittelstellung zwischen Affekten einerseits und den bewusstseinsnahen Stimmungen und Gefühlen einnehmen. Damasio unterscheidet drei Stadien neuronaler Verarbeitung beim Übergang von Emotion zu Gefühl, die sich entlang eines Kontinuums anordnen:

»einen *emotionalen Zustand*, der nichtbewusst ausgelöst und ausgeführt werden kann; einen *Gefühlszustand*, der nicht bewusst repräsentiert werden kann; und einen *bewusst gemachten Gefühlszustand*, das heißt, einen Zustand, in dem der Organismus weiß, dass er sowohl Emotion als auch Gefühl hat.« (Damasio, 2001, S. 51)

Mittler zwischen Bewusstsein und Unbewusstem

Emotionen sind zweifach mit unbewussten Inhalten verbunden: letztere lösen Emotionen aus, wie umgekehrt Emotionen unbewusste Inhalte beleben. Dadurch haben Emotionen eine wichtige Mittlerfunktion zwischen Bewusstsein und Unbewusstem und tragen zur Lebendigkeit dieser Beziehung bei:

»Viele psychische Stufen werden aktiviert, und das Bewusstsein wird durch die Emotionen umgewandelt in eine Art symbolhaftes Bewusstsein. Emotionen sind Zustände von größter Bedeutung. Sie führen in die Tiefe, geben und bringen Sinn; sie bringen alles durcheinander und sind gleichzeitig schöpferisch, und sie lassen uns den Körper bewusst erfahren.« (Hillman, 1980, S. 122)

Emotionen lassen unbewusste emotionale Grundbefindlichkeiten wie auch länger anhaltende oder wechselnde emotionale Zustände ins Bewusstsein gelangen, sofern dieses offen ist für seine innere Wirklichkeit. In therapeutischen Prozess sollte die Wechselwirkung zwischen Emotionen und unbewussten Inhalten besonders beachtet werden, sowohl beim analytischen Sondieren des Unbewussten wie bei der Arbeit auf der Ich-Ebene. Häufig bringt eine subtile Körpersprache die emotionalen Gestimmtheiten oder Veränderungen zum Ausdruck.

Emotionale Gestimmtheiten führen zum nächsten Aspekt: der Stimmung.

Stimmung

> »Verstimmt sind wir, weil wir eine Stimmung haben.
> Schlecht gelaunt sind wir, weil wir einen Stolz haben.
> Wir haben in der Gestalt von Eulen Königsfalken
> Wir haben im Vergehen dauerndes Leben.«
>
> (Dschalaluddin Rumi)

Stimmungen sind emotionale Gestimmtheiten, die eine Komposition aus verschiedenen Emotionen bilden, vergleichbar einem Bild, das einzelne Farben und Formen zu einem Ganzen fügt, oder einer ganzen Melodie. Sie ist die Melange verschiedener Gefühle, die u.U. auch divergieren. Stimmungen können spontan und aktuell fühlbar sein oder als durchgängige Grundstimmung oder wechselnde Stimmungsschwankungen. Sie sind mit äußeren *und* inneren Gegebenheiten verbunden, gleiche Situationen rufen bei verschiedenen Menschen nicht unbedingt gleiche Stimmungen hervor. Häufig wirken sie zunächst an der Schwelle zwischen Bewusstsein und Unbewusstem und bilden einen Erlebenshintergrund, ohne dass (zunächst) ein Bezug zur aktuellen Situation besteht. Kreative Methoden wie Malen, Aktive Imagination u. a. sind hilfreich in Therapieprozessen, um lebensgeschichtliche Grundstimmungen, die zu Verstimmtheit führen, bewusst werden zu lassen und zu wandeln, sodass der *Königsfalke* (s. o.) zum Vorschein kommen kann. Unserem Verständnis von Stimmung entspricht Damasios Begriff der Hintergrundgefühle, die aus Hintergrundemotionen entstehen und auf »eine oder andere Weise... dazu bei(tragen), unsere Geistesverfassung zu definieren und unserem Leben eine bestimmte Färbung zu verleihen.« (Damasio, 2001, S. 343)

Zeitalter der ›Empfindsamkeit‹

Angesichts der Verarmung der Fühlfunktion durch die Dominanz des Denkens im kollektiven Bewusstsein lässt der Rückblick auf Zeiten, in denen das Fühlen beachtet und geschätzt wurde, eine Vielfalt von Stimmungen sichtbar werden. In Gegenbewegung zur Aufklärung, in der alles, was dem Denken nicht zugänglich war, als unvereinbar mit der Würde des Menschen angesehen wurde, brachte die Romantik neben der Intuition das Fühlen ins Zentrum des Interesses. Diese Wandlung fand ihren intensivsten Ausdruck in der sogenannten *Empfindsamkeit* als Fähigkeit seelischer Anteilnahme. Dieser Ausdruck bezieht sich somit nicht auf die Empfindungsfunktion, ihm entspricht heute das Wort ›Feinfühligkeit‹. Kant hatte Empfindsamkeit als emotionale Offenheit bestimmt, als freies Verhalten gegenüber Gefühlen, als »ein Vermögen und eine Stärke, den Zustand sowohl der Lust als der Unlust zuzulassen.« (Kant zit. nach Regenbogen & Meyer, 2005, S. 180). Sie realisierte sich in intensiv gepflegten Freundschaften und künstlerischem Schaffen. Gegen die drohende ›*Verknöcherung des Herzens*‹ und die ›*Seelenauszehrung*‹ sollte die ›*Herzenstätigkeit*‹ durch Poesie als ›*Gemüther-Erregungskunst*‹ belebt werden, die etwas ›*Transcendentales*‹ sei (vgl. Novalis, 2006, S. 72 ff). Es lässt sich erahnen, dass die Sehnsucht als romantische Grundstimmung auf das *Selbst* ausgerichtet war, Formulierbares transzendierte und etwas Unaussprechliches intendierte. E. T. A. Hoffmann bezeichnete Instrumentalmusik als die romantischste aller Künste, denn sie lasse alle begrifflich bestimmbaren Gefühle hinter sich, um sich dem Unaussprechlichen hinzugeben. Eröffnet sich hier nicht eine Welt fast verlorenen Reichtums des Fühlens?

Ursprung in der Musik

›Stimmung‹ geht etymologisch auf ›*Stimme, stimmen*‹ zurück und entstammt als Begriff der Musik zur Bezeichnung der Schwingungszahl eines Tones, nach dem die übrigen *gestimmt* werden. Er charakterisiert ein Zusammenwirken von Elementen, wodurch emotionale Qualitäten entstehen. Diese Bedeutung wurde Ende des 18. Jahrhunderts auf die ›inneren Kräfte des Menschen‹ übertragen, im Sinne einer »*anwandlung des gemüts, im gegensatz zur intellektuellen haltung«* (vgl. DWB, 13, 3128). Der ursprüngliche Sinn von musikalischer ›Gestimmtheit‹ wird bei der späteren Wortbedeutung ausdrücklich betont: »das musikalische bild tritt auch sekundär öfter hervor« (ebd.). In Meyers Großem Konversationslexikon wird der Bezug zu Farbe und Musik deutlich: »Stimmung bezeichnet jenen relativ beharrlichen Zustand des Gemütes, in dem allen einzelnen Erlebnissen eine (von ihrer Beschaffenheit unabhängige) gleichmäßige Gefühlsfärbung sich mitteilt.... Im besondern laufen fast alle heftigern Gemütsbewegungen in eine ihnen selbst verwandte (also z. B. freudige, traurige, zornige etc.) S. aus, die gewissermaßen auf einem *Nachklingen* der betreffenden Gefühlszustände beruht« (Meyers, 6, 43).

Die philologischen Erörterungen *stimmen* überein mit Beobachtungen der Bindungsforschung:

> »Die frühe Kommunikation von Mutter und Kind ist wie Musik. Da gibt es wechselnde harmonische Zustände, Resonanzen, Konsonanzen, Rhythmen, Abstimmungen und komplementäre Bewegungen, die Suche nach gemeinsamen und unterschiedlichen Klängen und Melodien. Die Muster dieser Musik werden später zur Basis der Verständigung mit Worten, und sie wirken weiter unser ganzes Leben. Sie verbinden Gefühle mit Bewegungen, mit Beziehungsmustern« (Rasche, unveröff. Manuskript. 2015).

Dieses früh entstehende Muster des Sich-Einstimmens bedingt, dass jeder Mensch »*ein eignes maas, gleichsam eine eigene stimmung aller sinnlichen gefühle zu einander*« hat, wie Herder formulierte (vgl. DWB, 13, 3128). In diesem quasi-musikalischen Bereich ist das Schwingen, Mit- und Einschwingen, Einstimmen auf das Gegenüber und Taktgefühl verwurzelt. Die Schwingungsfähigkeit eines Menschen, seine Resonanzfähigkeit für eigene und fremde Schwingungen, als Diagnosemerkmal therapeutisch relevant, ist Zeichen einer sensiblen Fühlfunktion. Die ursprüngliche Verbindung von Stimmung und Musik gibt der Musiktherapie ihren besonderen Wert, verständlicherweise v. a. bei Therapie früher Störungen, die Worten nicht zugänglich sind.

Vielfalt der Stimmungen

Einzelne Stimmungen sind vom *Gestimmtsein* als solchem zu unterscheiden. Letzteres ist ein stimmiges, störungsfreies Zusammenspiel bewusster und unbewusster Energien, welches das Ich intendiert, um sich in einen bestimmten, meist kreativen Zustand zu versetzen, wie es Goethe beschrieb: »*ich fühle recht gut, dasz meine natur nur nach sammlung und stimmung strebt und an allem keinen genusz hat, was diese hindert*« (I 34, 1, 238 W., zit. in DWB, 13, 3128).

Spezifische Stimmungen sind charakterisiert durch eigene Gefühlstöne und Qualitäten. Je nach Intensität bestimmen sie bewusst oder subliminal das situative Erleben. Formulierungen früherer Jahrhunderte zeigen deren Beachtung auch im öffentlichen Raum: »in allen fällen …war es von hoher wichtigkeit, ob die stimmung, die wir bei unsern gegnern hinterlieszen, unversöhnlich« sein würde (BISMARCK ged. u. erinn. 2, 56 volksausg. zit. in DWB, 13, 3132). Und: »bei der verzweifelten stimmung der emigranten…« (MOMMSEN röm. gesch. (1874) 2, 31; zit. in DWB, 13, 3133). Wo gibt es noch ein Bewusstsein für das ›glückliche Gleichmaß der Stimmung‹ oder dafür, dass sich »grosze alte häuser… schwer auf die stimmung ihrer bewohner« legen (JUSTI Winckelmann 2, 1, 114. zit. in DWB, 13, 3131). Nicht in nostalgischer Sehnsucht sei daran erinnert, sondern um die Fühlfunktion zu beleben.

Kollektiver Schatten ›Stimmungsmache‹

Im Schatten einer entwerteten Fühlfunktion ›gedeiht‹ die politische Stimmungsmache zur Manipulation kollektiver Stimmungen für politische und ökonomische Zwecke. Sie provoziert gezielt Affekte, wodurch komplexgenährte, meist aggressive Stimmungen entstehen. Deren grauenhaften Auswirkungen im Faschismus führen uns diese Gefahren vor Augen. Die dezidierte Unterdrückung persönlichen Fühlens durch die Nazi-Propaganda wie etwa ›*Du bist nichts – dein Volk ist alles*‹ machte Menschen anfällig für die Stimmungsmache der Kriegstreiber. In einer Rede wenige Monate vor Kriegsbeginn beschwor Göring suggestiv: »*eine festlich hohe Stimmung liegt über deutschem Land*« (vgl. DWB, 13, 3133). Auch die faschistischen Inszenierungen dienten der Stimmungsmache, wie ein junger Soldat schilderte: »Ein oder zwei Tage vor Kriegsbeginn gab es dann vor dem Schloss einen Gottesdienst – zwischen den Feldhaubitzen. Gewehrpyramiden wurden aufgestellt, Priester in Uniform segneten unsere Waffen, ...ein sehr deutliches Signal... Die Stimmung war dementsprechend emotional aufgeladen, fast pathetisch.« (Becker, 2014. S.1)

Gefühl

»Gefühl kann ganz verschieden sitzen: Der hat es in den Fingerspitzen, bei jenem aber ist's verzogen hinauf bis an den Ellenbogen. Es ist zwar dann nicht mehr ganz fein, doch soll es sehr von Vorteil sein.«
(E. Rot)

In der sprachlichen Gestalt des Wortes drückt sich aus, dass Gefühl Resümee des Fühlens und der dem Bewusstsein naheste Aspekt der Fühlfunktion ist. Es geht auf mittelhochdeutsch ›gevūlichkeit‹, ›gevūlunge‹ zurück, was sinnliche Wahrnehmung wie Tasten, Spüren miteinschloss, die wir heute als Inhalt der Empfindungsfunktion verstehen, während die Metapher des ›Fingerspitzengefühls‹ noch beide Komponenten enthält.

Substantive mit dem Präfix ›Ge-‹ bezeichnen einen Inhalt, der Ergebnis einer Tätigkeit ist, die im zugrundeliegenden Verb ausgedrückt wird (vgl. auch Gedicht, Gesang, Gespinst usw.) Das ›Ge-‹ ist eine Zusammenfügung und Kollektivbildung, der ein Prozess vorausging und dem Wort Intensität verleiht. Dieser Prozess ist das ›Fühlen‹ als Aktivität der Fühlfunktion. ›Gefühl‹ ist das Ergebnis psychischer Verdichtungsprozesse, die meist subtil und subliminal vor sich gehen und zu einem Gefühl verdichtet ins Bewusstsein gelangen – poetisch gefasst:

»am östlichen Fenster erscheint ihm zur Nachtzeit die schmale Wandergestalt des Gefühls.« (Paul Celan)

Fühlgedächtnis – archetypische Dimension

Wie jede Funktion hat die Fühlfunktion ihr eigenes Gedächtnis, das individuelle wie kollektive Inhalte bewahrt. Es bildet sich im Verlauf der persönlichen Entwicklung und speichert die erlebten Fühlqualitäten. Es ermöglicht das (Wieder-)Erkennen des zu Gefühlen verdichteten Fühlens, das mit Worten wie »Angst«, »Freude«, »Ärger«, »Liebe« usw. benannt und kommuniziert wird. Der energetische Prozess und die zu Struktur gewordenen Erfahrungen sind beständig miteinander verbunden, das aktuelle Fühlen wird auch beeinflusst durch die Struktur des Fühlgedächtnisses. Dieses wiederum wird kontinuierlich strukturiert von weiteren Erfahrungen. Somit wird verständlich, dass neue Erfahrungen in der therapeutischen Beziehung, die immer das Fühlen betreffen, möglich und ausschlaggebend sind für das Gelingen. Erfolgreiche Therapieprozesse basieren auf Umstrukturierungsprozessen, wie die PAL-Studie gezeigt hat. (vgl. Mattanza et al. 2005)

Existentielle Gefühle der Menschheit werden je nach Kultur und Religion durch einzelne Gottheiten symbolisiert. Im kollektiven Unbewussten sind diese Bilder enthalten und bilden archetypische Kernbereiche des Fühlgedächtnisses und mithin der Gefühle, auch wenn sie nicht immer bewusst werden. *Christus* als Symbol der Liebe bildet den Mittelpunkt der christlichen Heilslehre. Im Buddhismus gilt die Göttin *Tara* als Essenz des Mitgefühls. Sie entstand aus einer Träne eines Bodhisattvas, die er aus Mitgefühl mit allen Wesen vergoss. Als *Grüne Tara* oder *Kuan-yin* verkörpert sie den aktiven Aspekt des Mitgefühls und wird als Nothelferin angerufen. Der griechische Gott *Eros* symbolisiert die Liebe in einem vom christlichen Verständnis unterschiedenen Sinn. Zusammen mit *Himeros*, dem Gott liebender Sehnsucht, begleitet er seine Mutter *Aphrodite*, Göttin der Liebe, die Züge älterer Fruchtbarkeits-, Mutter- und Schöpfungsgöttinnen in sich vereint. Der griechische Gott *Pan* verbreitet Angst und Schrecken, ›macht‹ panisch. Gottheiten des Zorns und der Wut sind *Ares und Wotan*, in bestimmten Situationen auch *Zeus* und der *alttestamentarische Gott*.

Nähe zum Bewusstsein

Gefühle sind als »*willkürlich disponible Funktion(en)*« (Jung) diejenigen Aspekte des Fühlens, die dem Bewusstsein am ehesten zugänglich sind, im Unterschied zu Affekten, die ihm gegenüber eigenmächtig erscheinen. Das Ich kann sich willentlich seinen Gefühlen zuwenden, sie energetisch in den Vordergrund oder Hintergrund des aktuellen Bewusstseinsfeldes bringen, ohne sie jedoch ins Unbewusste zu verdrängen. Die Achtsamkeit des Ichs fördert die strukturelle Stabilität der Fühlfunktion, um auch bewusstseinsfernere Aspekte des Fühlens halten zu können. Dieses ist der Prozess der therapeutisch intendierten *Affektregulierung*, jedoch ohne die Konnotation von *Kontrolle*, die diesem Terminus (›Affektkontrolle‹) anhaftet. Meist haben therapiebedürftige Menschen ein Zuviel an Kontrolle ihrer Fühlfunktion erfahren, was häufig zu Entwertung und möglicherweise Verdrängen des Fühlens führte. Kann sich das Ich im geschützten Raum der Therapie den Affekten nähern und sie dem Bewusstsein integrieren, so verändert sich bereits ihre Energetik, sie wandeln sich in ›heftige Gefühle‹.

Die Aufmerksamkeit des Ichs seinen Gefühlen gegenüber verhilft zu fortwährender Differenzierung des Fühlens und des Bewusstseins:

> »Der einfache Prozess des Fühlens liefert dem Organismus einen *Anreiz*, auf die Ergebnisse des emotionalen Prozesses Acht zu geben (Leiden beginnt mit Gefühlen, obwohl es durch Erkennen verstärkt wird, und das Gleiche lässt sich von der Freude sagen).« (Damasio, 2001, S. 341 f).

Das Bewusstwerden der Gefühle kann sowohl energetisch verstärkend wie verringernd wirken mit negativen oder positiven Folgen. Negativ verstärkend wirkt das sich in einen Affekt Hinein-Steigern, positiv das verstehende Integrieren. Negativ verringernd wirkt, wenn ein positives Gefühl bewusst, jedoch durch das Denken sofort zensiert wird: »*Das habe ich gar nicht verdient!*« – möglicherweise aufgrund eines virulenten Minderwertigkeitskomplex. In positivem Sinne verringernd wirkt, wenn ein belastendes Gefühl als hilfreiches Signal der Psyche verstanden wird, etwa als Warnung davor, gegen die eigene Wahrheit zu leben.

Die Parabel vom König, der sich etwas wünschte, was ihn froh mache, wenn er unglücklich - und traurig, wenn er froh sei, spielt mit diesem Wechsel der Wirkungen: Von den Weisen seines Landes erhielt er einen Ring mit der Inschrift »*Auch das wird vergehen*«.

Der Ring als Symbol des Zusammenhaltens eines Ganzen verdeutlicht die Integrationsfähigkeit einer stabilen Fühlfunktion. Im Märchen *Der Froschkönig* legt sich der *Treue Heinrich* Eisenringe um die Brust, damit sein Herz die Trauer um seinen verzauberten Herrn aushalten kann und nicht bricht. Subjektstufig gesehen wird das dem Ich (= König) erst bewusst, als die Ringe mit lautem Krachen aufspringen. Auch das Beringen von Weinfässern im Herbst auf alten Gemälden kann als Symbol der Festigung der Fühlfunktion gesehen werden, um die gekelterte Essenz der Gefühle für *den ›kalten Winter‹* zu bewahren.

4.1.2 Beziehungsfunktion Fühlen: Verbundenheit

»In der Liebe eines anderen Menschen fühlen wir uns seltsam gestärkt, schöpferisch, glücklich.«
(Krishnamurti)

Jede Grundfunktion hat ihre spezifischen Aufgaben im Prozess der Individuation. Die Fühlfunktion ermöglicht und gestaltet Bezogen- und Verbundenheit. In der frühen Mutter-Kind-Dyade hat sie zentralen Stellenwert und wird zugleich in dieser Beziehungserfahrung grundlegend geprägt, wie neurobiologische Emotionsforschung, Bindungsforschung, auch ethnologischen Studien zeigen. Das Fühlgedächtnis speichert die zu Lebensbeginn erfahrenen Fühlwerte und wird durch diese bestimmt.

Es ist daher wichtig bei Diagnose und Therapie psychischer Störungen diesen frühen Beziehungsraum zu beachten, der den *›Hintergrundemotionen‹* (Damasio, 2001) ihre spezifische Färbung verleiht und die spätere Beziehungsgestaltung bestimmt – auch zu sich selbst, was häufig übersehen wird. Da diese frühen Erfahrungen in einem vorbewussten Entwicklungsstadium gemacht werden, sind sie eher indirekt erschließbar. Therapeuten benötigen dazu *›konkrete Phantasie‹*, d. h. das Vermögen, sich anhand der frühen Anamnese bestmöglich in die emotionalen Erfahrungen des Kindes einzufühlen. Dies setzt eine differenzierte Fühlfunktion des Therapeuten voraus, eigene frühe emotional belastende Erfahrungen sollten integriert sein, um nicht diejenigen des Patienten abzuwehren. Gelingt die Öffnung für die frühen Engramme im therapeutischen Prozess, kann das Unbewusste des Patienten ›antworten‹ und durch Träume u. a. weitere Hinweise zu den Hintergrundemotionen geben. Gegenübertragungsgefühle des Therapeuten können dabei eine wertvolle Hilfe sein, die jedoch nicht ungefiltert dem Patienten mitgeteilt werden sollten, sondern dem Therapeuten dazu dienen zu fühlen, was dem Patienten unbewusst ist oder nicht mitteilbar erscheint. Auf diese Weise des eigenen Verarbeitens kann die Gegenübertragung dem Therapeuten helfen, sich in den Patienten hinein zu versetzen und ihn zu verstehen.

Das Verbundensein im gemeinsamen emotionalen Feld wird v.a. bei Tierherden deutlich. Auch jugendliche Peer-Groups erleben sich vorrangig durch gemeinsame Fühlwerte verbunden. Sie *fühlen* sich zusammengehörig. In Mädchenfreundschaften ist es entscheidend, denselben Geschmack, dieselben Vorlieben zu haben, denselben ›Typ‹ nett zu finden. Es löst geradezu Begeisterungsstürme aus, wenn sich wieder ein neues Feld gemeinsamen Fühlens auftut, was die energetisierende Wirkung dieser Funktion zeigt. Auch Erwachsene erleben gemeinsame Gefühle als verbindend, wobei es auch zu gegenseitigen Beeinflussungen kommt. So können sich Affekte gegenseitig steigern, wie sich bei gewalttätigen Gruppenexzessen oder Massenpanik zeigt. Doch gilt auch ›*Geteiltes Leid ist halbes Leid*‹, wenn Menschen die tröstende Wirkung des gemeinsamen Fühlens erleben. Darauf beruht die grundlegende Bedeutung von *Empathie* für das Gelingen einer vertrauensvollen therapeutischen Beziehung. Therapeuten benötigen daher immer eine differenzierte Fühlfunktion.

Gefahren der verdrängten Fühlfunktion

Da die Fühlfunktion die Beziehung zur eigenen Person gestaltet, führt das Verdrängen des Fühlens zu Selbstentfremdung und macht den Einzelnen anfällig für Manipulation. Der Psychoanalytiker Reich hatte weitsichtig 1933 in »Massenpsychologie des Faschismus« die ›*emotionale Panzerung*‹ der Deutschen beschrieben: Die unter dem ›Charakter-Panzer‹ aufgestauten Affekte erzeugten eine wachsende innere Spannung und drängten nach Entladung. Er beschrieb, wie kollektive Gewalttätigkeit entstand, weil Grundbedürfnisse nach liebevoller, wertschätzender Akzeptanz, in der sich die Fühlfunktion entfalten kann, missachtet worden waren. Die Tragik zeigte sich darin, dass

»der direkte Zugang und Kontakt zu dieser lebendigen Quelle durch vielfältige emotionale und körperliche Blockierungen versperrt ist. Was bleibt, ist eine *tiefe Sehnsucht nach Befreiung, eine mystische Sehnsucht nach Erlösung, bei gleichzeitiger Unfähigkeit, die Freiheit selbst wirklich zu leben und zu lieben. Dieser Widerspruch zwischen Freiheitssehnsucht und Freiheitsangst sei, wenn er massenweise auftritt, der emotionale Boden, auf dem der Faschismus wachsen* (konnte).« (Senf, 1998, S. 2 f.)

Dieser kollektiven und individuellen Tragik liegt zugrunde, dass Bezogenheit immer eine *zweifache* Intention hat: nach innen zu sich selbst und nach außen zum Mitmenschen und zur Natur. In einer außen-geleiteten Gesellschaft wie der heutigen wird diese Doppel-Poligkeit kaum gesehen. Umso wichtiger ist es zu beachten, dass sich Defizite und Verletzungen der Fühlfunktion immer auf die Beziehungsfähigkeit zur Außenwelt wie zur eigenen Person auswirken. Asper prägte dafür die anschauliche Metapher des ›*verschatteten Selbst*‹ und gab wertvolle Einblicke in das verletzte Fühlen der narzisstischen Störung (vgl. Asper, 1991). Fehlt es einem Menschen an Einfühlungsvermögen, so fehlt ihm auch die Verbundenheit mit der eigenen Person und dem Selbst.

> »Die Gefühlsbeziehung zu den Mitmenschen außen und zu den archetypischen Mächten innen geht in einer seltsamen Weise Hand in Hand. ... (daher ist) eine tiefere Beziehung zum anderen nur über das Selbst möglich.« (v. Franz, 1991, S. 31)

Eros als Energie und Symbol des Beziehungsprinzips des Fühlens, ist eine natürliche Eigenschaft der Psyche, wie Jung betont. Sie entstammt der archetypischen Dimension der Fühlfunktion und ist im Unbewussten mit der Anima- bzw. Animus-Funktion verbunden. Eros-Energie, religiöse Einstellung und Anima-/Animus-Funktion korrespondieren unmittelbar miteinander.

4.1.3   Spiritualität der Fühlfunktion

Zentrales Symbol Herz

> »Heiterkeit des Herzens schließt wie der Frühling die Blüten des Inneren auf.«
> (J. Paul)

»Es ist das Herz, das Gott fühlt, und nicht der Verstand«, formulierte der Mathematiker und Philosoph Pascal. Meinte er das physische Organ oder ›*Herz*‹ im übertragenen Sinn? Wahrscheinlich beides – denn in symbolischer Ausdrucksweise sind körperliches Organ und imaginatives Gefäß des Fühlens eins. Ausdrücke wie ›*Herzschmerz*‹ oder ›*Herzblut*‹ umfassen wörtlich beide Ebenen. Obgleich das Herz in der darstellenden Kunst meist stilisiert gestaltet wird, bewahrt die Symbolik diese Einheit von

Körper und Psyche. Wenn wir sagen, ›Ich liebe dich aus ganzem Herzen‹, meinen wir sowohl das konkrete Gefäß, dessen Bewegung die Zirkulation des Bluts durch unseren Körper antreibt und dessen Versagen dem Körper das Leben entziehen kann. Und zugleich sprechen wir vom Herzen als dem Gefäß und Zentrum unseres Fühlens.

»Die für unsere Existenz unbezweifelbare zentrale körperliche Bedeutung des Herzens hat ihre Entsprechung in der unleugbaren Wirklichkeit unserer Gefühle. … Unterschiedlich ausgeprägte Herzschläge sind das Maß unserer Gefühle von Zuneigung, … Freude, und ihr Pochen zeigt auch unsere Wut, Ängste und Verletzlichkeit. Das Herz kann von den Pfeilen des Eros durchbohrt oder zum Schmelzen gebracht, … aber auch gebrochen werden.« (Ronnberg & Martin, 2011, S. 392)

Das Herz ist in des Wortes wahrster Bedeutung ein lebendiges und zentrales Symbol der Fühlfunktion und damit verbunden das Rot als Farbe des Blutes, der Leidenschaft in all ihren Facetten, der Liebe und der Bezogenheit.[32]

Alchemie des Herzens

»Ein Mensch, dessen Herz nicht gewandelt ist,
wird das Herz keines anderen Menschen verändern.«
(C. G. Jung)

Wie das konkrete Herz bewahrendes Gefäß, Aktivierungs- und Steuerungsorgan für das Blut, so ist die Fühlfunktion dieses für das Fühlen. Im Maße, wie sie vom Bewusstsein umsichtig ›gepflegt‹ wird, kann sie sich zu einem haltenden Gefäß für alle Aspekte des Fühlens entwickeln. Die spirituellen Traditionen vieler Religionen wissen um die Notwendigkeit dieser Pflege. In den Lehren der Sufis wird dazu aufgefordert, ›den *Spiegel des Herzens zu polieren*‹ und es im Prozess der ›*Alchemie des Herzens*‹ zu transformieren, indem ›*das Gold im Herzen fixiert*‹ wird. Auf diesem Weg wird der Suchende durch die sich entfaltende Liebe zu Gott geführt und

---

32 Eine »*Politik des Herzens*«, die das (Mit-) Fühlen enthält, entwarfen »die Weisen unserer Zeit« als nachhaltige Konzepte für das 21. Jahrhundert (vgl. v. Lüpke, 2003).

werden sich der Liebende und der Geliebte im Herzen vereinen (vgl. Vaughan-Lee, 1996, Feild, 1991, Steffân, 1995).
Es ist zugleich der Weg zu sich selbst:

> »Ich suchte in Tempeln, Kirchen und Moscheen.
> Aber ich fand das Göttliche in meinem Herzen.
> Suche das Licht nicht im Außen, finde das Licht in dir und lass es aus deinem Herzen strahlen.
> Das reine Herz ist ein makelloser Spiegel, der unzähligen Bilder empfängt
> Ich befragte die Gelehrten und Philosophen, aber er war jenseits ihres Verstehens.
> Ich prüfte mein Herz, und dort verweilte er, als ich ihn sah.
> Er ist nirgends sonst zu finden.
> Niemals sucht in Wahrheit der Liebende, ohne von dem Geliebten gesucht zu werden.
> Wenn das Licht der Liebe in dieses Herz gesenkt wurde, muss man wissen, dass es auch in jenes Herz gesenkt wurde.
> Wenn die Liebe zu Gott in deinem Herzen wächst, hat Gott auch zweifellos Liebe zu dir.
> Kein Händeklatschen stammt allein von einer Hand.«
> (Dschalaluddin Rumi)

Bemerkenswert ist der nachdrückliche Hinweis auf den ursprünglichen Zusammenhang von transzendenter Bezogenheit und Selbstwertgefühl: die Pflege des Herzens stärkt auch das Gefühl des eigenen Werts und Selbstvertrauens. Dies ist die Grundlage der therapeutischen Arbeit an einem verletzten Selbstwertkomplex – in Abgrenzung von einer nur egobezogenen Ich-Ausweitung, die das narzisstische Ungleichgewicht zwischen Ich und Selbst fortführt. Erst durch die Verbindung von transzendentem Selbst und Ich wird die Fühlfunktion zum sicheren Gefäß, das die Gefühle halten kann, ohne dass das Ich sie sogleich in äußere Aktivitäten umsetzen muss, weil es die energetische Spannung nicht halten kann. »Halten heißt eigentlich hüten, auf dem Weideland weiden. Was uns in unserem Wesen hält, hält uns jedoch nur solange, als wir selber von uns her das Haltende be-halten.« (Heidegger, 2015, S. 5). Wir halten die Verbindung zum Selbst, wenn wir sie hüten wie einen Schatz, dessen Wahrheit es zu bewahren gilt. Das bedeutet, die Verbindung zum eigenen Herz und dem aller anderen lebendig zu erhalten. Dieser alchemistische Wandlungsprozess, das Annehmen und Halten aller Aspekte des Fühlens, lässt im wärmenden, von den Funken der transzendenten Liebe genährten Feuer die Fühlfunktion zu einem sicheren Gefäß werden.

Das Herz in der christlichen Religion

Das verletzte, liebende Herz Jesu, das nicht am Leid der Welt zerbricht, sondern es hält und wandelt, ist auch Symbol dieses o. g. Prozesses. Die Verehrung des ›Heiligsten Herzens Jesu‹ ist Ausdrucksform christlicher Spiritualität, die Christus in seiner durch das Herz symbolisierten Liebe verehrt. Schon bei seiner Geburt ist das Herz von Bedeutung – jenes seiner Mutter. Nachdem die Hirten von der Ankündigung des göttlichen Kindes durch den Engel berichtet hatten, wird berichtet: »Maria aber behielt alle diese Worte und *bewegte sie in ihrem Herzen.*« (Lk. 2, V. 17–19; Hervorheb. M. R.). In Bach's Weihnachtsoratorium wird dieser Satz in einer besonderen Zartheit der Intonation wiedergegeben. Unmittelbar folgt darauf: »Schließe mein Herze, dies selige Wunder fest in deinem Glauben ein! ... Ja, ja! *mein Herz soll es bewahren,* was es in dieser holden Zeit zu seiner Seligkeit für sicheren Beweis erfahren« (Weihnachtsoratorium, III. Teil; Hervorheb. M. R.). Das Bezeugen und Bewahren der transzendenten Wahrheit im Herzen wird zu unmittelbarem emotionalem Erleben. Das Herz ist Ort der Begegnung des Menschen mit dem Göttlichen und bewahrendes Gefäß der Gottesfunken und göttlichen Liebe. Einem rational orientierten Bewusstsein mag es fremd erscheinen, dass der Fühlfunktion die Fähigkeit zuerkannt wird, die Wahrheit transzendenter Wirklichkeiten zu bezeugen.

Maria – Bild der Gefasstheit

Die Gestalt der Maria wurde zum Bild des mit der spirituellen Dimension verbundenen Fühlens und der daraus erwachsenden Fähigkeit, erschütternde Gefühle zu halten. Als Pietà hält sie den Leichnam ihres gemarterten Sohnes, ohne ihre andächtige Haltung zu verlieren. Der Reinheit ihres Herzens gedenkend wird das Fest des ›Unbefleckten Herz-Mariä‹ nach dem Fest des ›Heiligsten Herz-Jesu‹ begangen. In der islamischen Mystik gilt Maria als Symbol der reinen Seele und des reinen Herzens,

Schmerz und Leid sind ausdrücklich einbezogen. Rumi bezeichnet sie als Vorbild für das Erleuchtet-sein durch Kummer:

> »Wenn der Schatz ›Kummer um Seinetwillen‹
> in deinem Herzen ist,
> dann wird das Herz ›Licht über Licht‹ (Sure 24, 35),
> so wie die liebliche Maria,
> die Jesus in ihrem Leibe trägt.«
> (Dschalaluddin Rumi)

Spiritualität und Fühlfunktion sind eng miteinander verbunden sind. Die zentralen Feste des Christentums Weihnachten und Ostern sind Feste des Erlebens intensivster Gefühle: Das Nahen des Göttlichen löst bei den Hirten zunächst Schrecken und Furcht vor dem Numinosen aus, die in Andacht, Hoffnung, Freude, Jubel aber auch Angst und Sorge um das bedrohte göttliche Kind übergehen. Die emotionale Bewegung der Hirten kommt darin zum Ziel, dass Herzen bewegt werden. Die Weihnachtsbotschaft soll unsere Herzen erreichen. In einer Arie des Weihnachtsoratoriums wird Christus angerufen: »Erleucht' auch meine finstren Sinne, Erleuchte mein Herze…« Das Erleben des spannungsvollen Ostergeschehens entwickelt sich gegenläufig zu Weihnachten über Schuld, Angst, Wut, tiefstem Schmerz, Trauer, Erbarmen und Liebe, Verzweiflung und Verlassenheit zu Verwunderung, Misstrauen, Vertrauen, Hoffnung und mündet schließlich in Gefühle von Aufgehoben-, Erlöst- und Geliebt-sein.

4.1.4 Therapeutische und gesellschaftliche Relevanz

Ihren tiefsten Sinn gewinnt die Fühlfunktion aus ihrer spirituellen Grundlage, von zentraler Bedeutung auch für jede Psychotherapie. Kann sich die Fühlfunktion individuell und kollektiv in einem Umfeld entwickeln, das von der Gewissheit getragen wird, dass Mensch und Natur einen ursprünglichen Wert haben, der aus einer transzendenten Dimension resultiert, bestimmt sie als überpersönlicher Bestandteil und ›*Grundton*‹ der Fühlfunktion deren Wertkriterien mit. In allem Lebendigen wird dessen Wert erkannt und mit dem Gefühl grundsätzlicher Achtung beantwortet. Die Gewissheit, dass jeder Mensch von Geburt an persönlichen Wert hat, beinhaltet auch, dass dieser weder durch Leistung erworben werden muss, noch zerstört werden kann. Er ist die Grundlage des Selbstwertgefühls eines Menschen, auf den sich immer die Therapie von Selbstwertstörungen beziehen sollte, die aus persönlichen und kollektiven Erfahrungen der Missachtung dieses unantastbaren, primären Werts resultieren. Dadurch entstehen traumatische Verletzungen und Minderwertigkeitskomplexe, die zu Abwertung der eigenen Person, zu Resignation bis Verzweiflung führen und zu kompensatorischer Aufladung eines Leistungskomplexes, um sekundär einen eigenen Wert zu erreichen. Eine so traumatisierte Fühlfunktion führt zu unbewussten Störfeldern in der Beziehung zwischen Ich und Selbst, das Ich verliert die Verbindung zum eigenen, im Selbst wurzelnden Wert. Dieser ist die Basis des selbstverständlichen Rechts zu leben. Verletzungen des Selbstwertgefühls können im Extremfall dazu führen, das eigene Lebensrecht infrage zu stellen.

Vor kaum einem Dreiviertel-Jahrhundert wurde durch das gespenstische Urteil »*lebensunwert*« Menschen ihr grundsätzlicher Wert und damit ihr Lebensrecht abgesprochen. 1920 erschien die Schrift »Freigabe zur Vernichtung lebensunwerten Lebens« von Hoche (Psychiater) und Binding (Strafrechtswissenschaftler), die den Weg bereitete für die systematische Ermordung von mehr als 70.000 Menschen mit geistigen und körperlichen Behinderungen durch die Nationalsozialisten. Dazu gehörten zynischerweise auch ehemalige Soldaten des Ersten Weltkrieges, die aufgrund der dabei erlittenen schweren psychischen Störungen in Heilanstalten lebten. Destruktive Manipulationen des kollektiven Fühlens durch Kriegspropaganda, Rassendiskriminierung u. ä. versuchen weiterhin, den primären Wert des Menschseins zu negieren. Die Reduktion der vietnamesischen Menschen auf ›Pigs‹ durch die amerikanische Kriegspropaganda war ein erschreckendes Beispiel. Auch die Missachtung religiöser Werte fremder Religionen ist ein Verstoß gegen Grundwerte des Fühlens und führt immer zu Erniedrigung und Destruktion.

Die enge Verbundenheit des Herzens mit der Fühlfunktion ist der psychosomatische Hintergrund von Herz-Kreislauferkrankungen, die seit vielen Jahren in Deutschland die häufigste Todesursache sind und die höchsten Kosten des Gesundheitswesens verursachen. Darin spiegelt sich das gesellschaftliche Ausmaß von Traumatisierung, Verdrängung und Abwertung der Fühlfunktion.

4.2 Denkfunktion

Eingrenzung

»Von Denken sollte man m.E. nur da sprechen wo es sich um die Verbindung von Vorstellungen durch einen Begriff handelt, wo also m. a.W. ein Urteilsakt vorliegt, gleichviel, ob dieser Urteilsakt unserer Absicht entspringt oder nicht.« (Jung, GW 6, § 775)

Die Eingrenzung des Bedeutungshofes der Denkfunktion ist notwendig, da im kollektiven Bewusstseinsfeld das Denken ›in aller Munde‹ ist. Hintergrund ist die Vorrangstellung des Denkens im herrschenden Bewusstsein. Spätestens seit der Aufklärung hat das Denken Superiorität gegenüber den anderen Grundfunktionen, insbesondere gegenüber Intuition und Fühlen. Es wird als höchste menschliche Funktion und zuverlässige Erkenntnisquelle gewertet und häufig als Abgrenzungskriterium gegenüber der Tierwelt genutzt. Die unverhältnismäßige Wertschätzung des rationalen Denkens hat im kollektiven Bewusstsein das Wort ›Denken‹ zu einem inflationär gebrauchten Topos werden lassen. Viele Zeitgenossen beginnen fast standardmäßig ihre Äußerungen mit der Formulierung »*ich denke, dass…*«. Es werden jedoch meist nicht Ergebnisse eines Denkprozesses mitgeteilt, sondern Vermutungen, Annahmen oder Ahnungen. In der Öffentlichkeit nach der eigenen Ansicht befragt, scheint es sicherer und seriöser zu sein, darauf zu antworten: »ich denke…« – statt: »ich habe das intuitive Wissen …« oder: »ich fühle …«. Diese Präferenz ist im Unbewussten als kollektive Gewohnheit und personahafte Floskel gespeichert, die sich kollektiver Akzeptanz sicher sein kann, sodass sie dem Sprechenden nicht bewusst wird. Bereits junge Schüler beginnen ihre Sätze ständig mit »*ich denke, dass…*«.

Der Begriff ›*Denken*‹ ist inflationär erweitert, sodass er seinen Wert als Bezeichnung des Denkens als wertender Erkenntnisprozess großenteils verloren hat. Er wird eingesetzt zur Bezeichnung von Bewusstsein überhaupt, von Vorstellungen, Annahmen, Vermutungen etc., was in gängigen Lexika an der langen Liste von Synonymen für *denken* deutlich wird, die meist andere Grundfunktionen betreffen:

»ahnen, ansehen, argwöhnen, beabsichtigen besinnen, brüten, draufkommen, einbilden, einfallen, erfassen, erinnern, ermessen, erraten, finden, grübeln, knobeln, konzipieren, meditieren, mutmaßen, sich ausmalen, sich vorstellen, sinnen, sinnieren, tüfteln, annehmen, befürchten, dafürhalten, erachten, glauben, meinen, vermuten, wähnen...«

Selbst bei der Übertragung fremdsprachiger Werke ins Deutsche kommt es zu Verzerrungen. So wird das englische Werk »Mythology. An Illustrated Encyclopedia« unter dem deutschen Titel »Mythologie der Weltreligionen. Eine illustrierte Weltgeschichte des mythisch religiösen *Denkens*« angeboten (Hervorheb. M.R.) Der Inhalt thematisiert jedoch Riten, Symbole, Vor- und Darstellungen von Gottheiten, die alle weit über das Denken hinausgehen. Im wissenschaftlichen Diskurs heute wird fast durchgängig Bewusstsein mit Denken gleichgesetzt, was sich bereits im Titel vieler Veröffentlichungen zeigt, obgleich der Inhalt mehr oder anderes als das Denken thematisiert. Stellvertretend hierfür der Titel: »Zerstörung des Denkens im Trauma«, vom Verlag angekündigt als Untersuchung, »in welcher Weise Selbst- und Weltverständnis der Menschen durch traumatisierende Ereignisse wie Unfälle, Gewalt oder Missbrauch beschädigt und gebrochen werden.« (Mitzlaff u. a. Verlagstext S. 9) Er suggeriert, Selbst- und Weltverständnis eines Menschen entstünden allein durch das Denken. Tragisch ist diese Verengung, weil traumatische Erfahrungen fundamentale Verunsicherungen des sinnlichen Erlebens, Fühlens und intuitiven Wahrnehmens zur Folge haben. Traumatherapien zeichnen sich dadurch aus, dass dezidiert Empfindungsfunktion und Fühlen in den Heilungsprozess einbezogen sind. Bei sexuellem Missbrauch ist das Selbstverständnis meist durch Dissoziation des Körpererlebens gestört. Die Beispiele ließen sich beliebig fortsetzen wie etwa: »Die Couch: Vom Denken im Liegen« (Marinelli, 2006). Der Titel suggeriert, die liegende Position beträfe allein die Denkfunktion, während schon allein das Gefühl des Vertrauens in die therapeutische Beziehung tangiert ist.

Verallgemeinerung – Verlust des Werts

Paradoxerweise führt der inflationäre Gebrauch des Wortes nicht zur Aufwertung seines Inhalts, sondern zum Verlust der begrifflichen Klarheit und des ursprünglichen Werts der Denkfunktion. Ihr Potential zu sorgfältigem Erkenntnisgewinn wird überlagert durch ein Sich-Begnügen mit schnell aufgestellten Behauptungen, die eher auf Meinungen statt auf authentischen Denkurteilen beruhen. Durch die Gleichsetzung von Bewusstsein und Denken verändert sich die Beziehung zwischen Ich und Denkfunktion. Das Ich-Bewusstsein identifiziert sich mit ihr, wird dadurch in seiner ursprünglichen Weite eingeengt und verliert den Bezug zur Gegenfunktion des Fühlens. Durch die energetische Überlastung wird die Denkfunktion inflationär aufgebläht und zugleich überfordert. Sie gewinnt nicht an psychischem Wert, sondern wird undifferenziert-defizitär, da sie sich – will alle Grundfunktionen – nur im Zusammenspiel aller Funktionen differenzieren kann. Die übrigen Funktionen verschwinden im kollektiven und individuellen Schatten. Dadurch werden sie mit Energien des Unbewussten, insbesondere aus negativ geladenen Komplexfeldern, aufgeladen und ›stören‹ das Bewusstsein und das Denken.

4.2.1 Die Denkfunktion in der Analytischen Psychologie

Die Denkfunktion ist wie die Fühlfunktion eine wertende, urteilende Grundfunktion. Sie bringt, da jede Erkenntnis auf das Zusammenspiel von Anschauungen und Begriffen angewiesen ist, »ihren eigenen Gesetzen gemäß, gegebene Vorstellungsinhalte in einen (begrifflichen) Zusammenhang« (Jung, GW 6, § 774). Denn – so Kant – das Mannigfaltige, das in der Anschauung gegeben ist, braucht eine begriffliche Ordnung, um zur Erkenntnis zu führen. Andererseits beziehen sich Begriffe auf Anschauungen, um sinnvoll zu sein. Da Begriffe sprachlicher Natur sind, ist das begriffliche Denken eng mit Sprache verbunden. Wilhelm von Humboldt hielt Sprache für unversichtbar für alle Denkvorgänge. Doch auch wenn das Denken geprägt ist vom Charakter einer Sprache, ist es nicht zwingend an sie gebunden und es scheint auch ein ›Denken in Bildern‹ zu geben. Die Inhalte, mit welchen sich das Denken befasst, beziehen sich auf die eigene Innen- wie die kollektive Außenwelt – sowohl der materiellen wie der ideellen und spirituellen Dimension. Die Kriterien des Denkurteils, wonach die Inhalte gewertet werden, entstammen in unterschiedlichem

Ausmaß kollektiven und individuellen ›Denkstilen‹. Der Prozess des Denkens kann ein begrenzter Akt, jedoch auch eine Kette von sich aneinanderreihenden Gedanken sein. Sofern das Ich-Bewusstsein gegenüber der Denkfunktion autonom ist, verfügt es willentlich über ihre Aktivität, kann sie unterbrechen und erneut aufgreifen, sodass nicht immer ein neuer Vorstellungsinhalt gegeben sein muss. Dagegen ist ein zwanghaftes Denken, in Form von Gedankenkreisen, Grübeln etc. eine Störung der Beziehung zwischen Ich-Komplex und Denkfunktion.

Aktives und passives Denken

Jung differenzierte zwischen *aktivem* und *passivem Denken*. Beim aktiven Denken als bewusste Willenshandlung werden die Vorstellungsinhalte gemäß bewussten Kriterien fokussiert, angeordnet und beurteilt. Im Allgemeinen wird diese Aktivität der Denkfunktion als Intellekt bezeichnet, sie verbindet angeborene Potentiale mit deren Weiterentwicklung im eigenen Lebensprozess. Passives Denken ist demgegenüber eine nicht willentlich gesteuerte Aktivität der Denkfunktion, die dem Ich-Bewusstsein ›geschieht‹. Hierbei ordnen sich Vorstellungen in bestimmten Zusammenhängen, in ›Denkmustern‹ an und formen sich Urteile wie von selbst. Diese Denkweise wird meist von der Intuition motiviert, sie erscheint dem Ich-Bewusstsein eher absichtslos, unwillkürlich. Jung korrigiert damit seine frühere Auffassung, wonach er das passive Denken vormals unzutreffend als ›*Phantasieren*‹ bezeichnet hatte (vgl. Jung, GW 6, § 774). Das passive Denken kann auch durch Energien eines unbewussten Komplexes aktiviert und in einem diesem entsprechenden Muster angeordnet werden und zu Urteilen führen, die vom Komplex geprägt sind.

Der Erkenntnisprozess der Denkfunktion ist ein sich lebenslang fortsetzender Prozess, der zur Erweiterung des Bewusstseins beitragen und zu neuen Einsichten verhelfen kann. Er kann jedoch bei einem schwachen Ich darauf fokussiert sein, immer nur die persönlichen Meinungen zu bestätigen, wodurch das Bewusstsein eingeengt bleibt. Denkprozesse vollziehen sich zunächst unbewusst und werden erst in ihrem Ergebnis als Schlussfolgerung, Urteil, Gedanke, Erkenntnis bewusst. Das Ich kann sich auch auf das Denken konzentrieren und es steuern, wie ein launiges Bild dieses willentlichen Aktes zeigt:

»*Kombiniere* ...« kommt dem Meisterdetektiv *Nick Knatterton* immer über die Lippen, wenn er kriminalistisch tätig wird, was zu einem geflügelten Wort der 1950er Jahre wurde. ›*Der durchkarierte Detektiv*‹ war Held einer damals beliebten Comicserie. Seine Erscheinung mit kantigem Gesicht, scharf geschnittenen Gesichtszügen und dem gegen alle Gesetze der Perspektive durchkarierten Anzug ist karikierendes Bild eines scharfen, rationalen Denkens in ›Koordinaten‹, das mit ›harten‹ Beweisen operiert. Seine Gegenspielerin, die Gangsterbraut *Virginia Peng*, ist in ihn verliebt, doch zugleich bekämpft sie ihn und will sein Haus in die Luft sprengen. Intrapsychisch symbolisiert sie mit ihrem explosiven Namen und ihrem Status als Chefin der Unterwelt die ins Unbewusste verdrängte Fühlfunktion in Verbindung mit einer zu affektiven Durchbrüchen neigenden Anima. Das widersprüchliche Ineinander-Verstrickt-sein beider ist eine ironische Parabel der Konfliktdynamik zwischen einem selbstherrlichen Denken, mit dem sich das männliche Ich-Bewusstsein personahaft identifiziert, und dem dagegen opponierenden Fühlen. Kein Wunder, dass die Animagestalt das Schein-Behaustsein des Ichs im Denken in die Luft sprengt.

Zur Kritik des mental-rationalen Denkens

»Der Beweis ist das Erb-Unglück des Denkens.«
(E. Canetti)

Die Einseitigkeit rationalen Denkens mit dem Wertkriterium logischer Eindeutigkeit, das nur ein dualistisches Entweder – Oder zulässt, erwies sich bereits in der modernen Physik als unzulänglich. Gebser untersuchte die Denkstile der sich nacheinander entfaltenden Strukturen des Bewusstseins. Daraus geht hervor, wie sehr unser Bewusstsein und die Denkfunktion verarmen, wenn Bewusstsein mit rationalem Denken gleichgesetzt wird. Die reduktive Gleichsetzung hat in Psychologie und Psychotherapie fatale Folgen, da Bewusstsein nicht allein nach Kriterien der Logik zu erfassen ist. Der irrtümliche Versuch, die Lebendigkeit psychischer Prozesse gemäß logischer Eindeutigkeit erfassen zu wollen, ist wissenschaftlich inadäquat. Auch das Selbstverständnis des Einzelnen leidet darunter, wenn er sich daran zu orientieren versucht. Häufig stehen Menschen unter dem Druck, sich ›*logisch*‹ verhalten zu sollen, obgleich es ihnen nicht entspricht, wodurch sie für sich und andere zum ›Versager‹ werden.

Fallvignette

Eine Patientin mit Missbrauchserfahrungen wurde von ihrem dominanten Ehemann aufgefordert, sie solle sich »logisch« verhalten, wenn ihre mit den Traumata verbundenen Gefühle und Körperempfindungen aktualisiert wurden. Er benutzte diese Anweisungen aus einer gemeinsamen Verhaltenstherapie. Da ihr dieses natürlich nicht möglich war, geriet sie ständig in eine Negativ-Spirale von Anpassungsdruck, Angst, Versagens- und Minderwertigkeitsgefühlen.

Dieses Beispiel lässt die unheilige Allianz von dominantem rational-logischen Denken und Macht sichtbar werden. Symptome psychischen Leidens sind nicht rational-logisch, sondern psychologisch und symbolisch zu verstehen und aufzulösen. Ein lebendiges Symbol umfasst den Spannungsbogen zwischen zwei Polen. Daher ist es vieldeutig und nur durch ein Denken zu begreifen, das nicht im Dualismus des *Entweder/ Oder* gefangen und mit allen Funktionen verbunden ist. Dieses weite, paradoxale Denken ist u. a. einer adäquaten therapeutischen Haltung angemessen.

Ein umfassendes Verständnis des Denkens

»Denken heißt Überschreiten.«
(E. Bloch)

Die o. g. Definition von Jung steckt einen weiten Umkreis des Denkens ab und transzendiert die Gleichsetzung des Denkens mit dem logischen Denkstil, der sich in der abendländischen Tradition aus der Philosophie des Aristoteles herleitet. Das Ordnungsprinzip, wonach die Denkfunktion systematisiert und klassifiziert, ist vorbewusst durch die jeweilige Weltsicht vorgegeben und beeinflusst rückwirkend wiederum diese. Sofern dieser Zusammenhang nicht reflektiert wird, bleibt diese Abhängigkeit unbewusst. Die Spannweite von Weltsichten und damit verbundenen Denkstilen ist in der Menschheitsgeschichte weitläufig. Ethnologische Studien zeigen, dass in sog. kollektivistischen Kulturen das Denken *ganzheitlich* ausgerichtet ist, indem es das ganze umgebende Feld einbezieht und die Aufmerksamkeit primär auf die Beziehung zwischen dem Objekt und dessen Kontext richtet. Es basiert auf sinnlicher und intuitiver Wahrnehmung des Gesamtfeldes und entwickelt daraus, verbunden mit der Fühlfunktion, seine Urteilskategorien. Im Unterschied dazu fokussiert die *analytische, feldunabhängige* Denkweise sog. individualistischer Gesellschaften das einzelne Objekt, löst es aus seinem Kontext und vernachlässigt ihn zunächst.

Ein umfassendes Verständnis der Denkfunktion entspricht dem von führenden Wissenschaftlern vollzogenen Paradigmenwechsel, der das kausal-mechanistische Weltbild transzendiert und der Erkenntnis des Psychischen adäquat erscheint.[33] Die Unzulänglichkeit einer rein logisch operierenden Denkfunktion wird dadurch bewusst. Obgleich sie heute als Potenz gilt, um Probleme zu analysieren, zu lösen und enorme technische Fortschritte zu bewirken, führte sie zu existentiell bedrohlichen Störungen des ökologischen Gleichgewichtes, da Auswirkungen auf das umgebende Feld nicht in ihre Planung einbezogen sind und ›Lösungen‹ auf Kosten des Umfeldes gehen.

Wert und Potential der Denkfunktion

»Geben Sie Gedankenfreiheit, Sire!«
(F. Schiller, Don Carlos)

Das Potential der Denkfunktion geht über die heute dominierenden Denkformen hinaus und ermöglicht dem selbstreferentiellen Denken, sich zu reflektieren, indem es die Bedingtheit seiner Wertkriterien durch die herrschende Bewusstseinsstruktur erkennt. Dabei zeigt sich, dass das

---

33 Vgl. Atmanspacher et al.: Der Pauli-Jung-Dialog und seine Bedeutung für die Moderne Wissenschaft. 2013.

rationale Denken einer *perspektivischen Bewusstseinsstruktur* entspricht, die sich vom einzelnen Ich als Mittelpunkt ausgehend an der Dualität ›links/rechts‹ orientiert. Die Grundunterscheidung des gerichteten Denkens ist ›richtig – falsch‹. Es ist »objektbezogen, und damit auf die Dualität, diese herstellend, gerichtet, und erhält seine Kraft aus dem einzelnen Ich.« (Gebser, 1992, S. 128). Die Grundkriterien des rational-logischen Denkens, als einer Form des rationalen Denkens, sind ›logisch – unlogisch‹. Nicht-dualistische Urteilskategorien der Denkfunktion dagegen sind ›integral‹ (Gebser), ›auf Unendliches bezogen‹ (Jung), ›sowohl – als auch‹, ›paradoxal‹, ›dysfunktional‹, ›sinnvoll‹ etc.

Indem das Denken seine eigenen Gesetze und Wertmaßstäbe auf einer Metaebene reflektiert, ist es diejenige Funktion, die »*sinngebende Zusammenhänge*« (Gebser) aufdeckt. Wenn wir uns dessen bewusst sind, geben wir der Denkfunktion ihren wesentlichsten Wert zurück, der verloren zu gehen drohte durch ihre Einengung und Unterwerfung unter die Ziele eines isolierten, machtbesessenen Ichs. Sie erhält den Freiraum, um ihren ursprünglichen Wert zu entfalten und die schöpferische Denkimpulse aus der Matrix des Unbewussten sich gestalten lassen. Seit der Antike war Gedankenfreiheit ein hohes Gut der Menschen, bis hin zur Allgemeinen Erklärung der Menschenrechte der UNO, die Gedankenfreiheit für jedermann beansprucht. Sophie Scholl spielte 1942 ihrem wegen hitlerkritischer Äußerungen inhaftierten Vater an der Gefängnismauer die Melodie des Lieds »Die Gedanken sind frei« vor.

Die Fähigkeit zur Selbstreflexion des Denkens hat ihren eigenen Ort in der Erkenntnistheorie. Paradoxerweise bewahrt das Denken seinen Wert, indem es sich auf seine Relativität und seine Grenzen besinnt. Es ist die gegenläufige Bewegung zur herrschenden ›Allgegenwart‹ des Denkens und steht in der erkenntniskritischen Tradition eines der merkwürdigsten und paradoxesten Sätze der abendländischen Philosophie: »*Ich weiß, dass ich nicht weiß*«, der Sokrates zugeschrieben wird. Er markiert die ständige Bereitschaft, die Grundlagen menschlichen Wissens zu überprüfen und sich seiner Grenzen bewusst zu sein. Noch früher formulierte *Xenophanes* poetisch:

> »Sollte einer auch einst die vollkommene Wahrheit verkünden, wissen könnte er das nicht: Es ist alles durchwebt von Vermutung.« (zit. nach Magee, 2007, S. 16)

Er relativierte die Annahme einer absolut objektiven Erkenntnisfähigkeit im Wissen um die Abhängigkeit des Wissens von den psychischen Gegebenheiten, von Jung 2000 Jahre später als ›*persönliche Gleichung*‹[34] bezeichnet.

4.2.2 Reflexion verschiedener Denkweisen

Denkstil – Denkkollektiv – Denkzwang

Fleck definiert *Denkstil* als »gerichtetes Wahrnehmen, mit entsprechendem gedanklichen... Verarbeiten des Wahrgenommenen« (Fleck, 1980, S. 130).[35] Dieser werde zwar im Gedankenaustausch innerhalb eines Denkkollektivs und zwischen verschiedenen Kollektiven ständig geringfügig verändert, erzeuge jedoch zugleich einen *Denkzwang*, der grundlegende Veränderungen ver- oder zumindest behindere. Ein *Denkkollektiv* ist »Träger geschichtlicher Entwicklung eines Denkgebietes, eines bestimmten Wissensbestandes und Kulturstandes, also eines besonderen Denkstils.« (a. a. O., S. 54 f). Ein Denkstil wird charakterisiert durch »gemeinsame Merkmale der Probleme, die ein Denkkollektiv interessieren; der Urteile, die es als evident betrachtet; der Methoden, die es als Erkenntnismittel anwendet.« (a. a. O., S. 130). Beachtenswert ist die

---

34 ›*Persönliche Gleichung*‹ bezeichnet die Abhängigkeit unserer Auffassung und Theoriebildung von unserer individuellen Prägung, wozu auch die Konstellation der Grundfunktionen gehört. »Die Beschränktheit unserer Auffassung und Erkenntnis tritt wohl nirgends deutlicher zutage als in psychologischen Darstellungen, wo es uns fast unmöglich ist ein anderes Bild zu zeichnen als jenes, dessen Grundzüge in unserer eigenen Seele vorgezeichnet liegen.« (Jung, GW 6, § 98)

35 Hierbei wird das Verständnis der Analytischen Psychologie von *Denken* zugrunde gelegt, abgegrenzt von dessen inflationärem Gebrauch in Coaching und Personalberatung. Denn dort wird ein sogen. ›*Denkstil-Analyse-Instrument*‹ verwandt, das die vier Grundfunktionen als vier verschiedene »*Denkstile*« auffasst und damit den Probanden ein verengtes Selbstverständnis vermittelt (vgl. https://de.wikipedia.org/wiki/Vier-Quadranten-Modell_des_ Gehirns#Vier-Quadranten-Modell_des_Gehirns_von_Ned_Herrmann).

Beeinflussung der wahrnehmenden Funktionen durch den Denkstil, indem er schon die Auswahl des Wahrgenommenen vorgibt.

Da kollektive Faktoren den Denkstil bestimmen, sollte die Reflexion des eigenen Denkens sowie wissenschaftlicher Theorie immer auch diesen Aspekt einbeziehen. In einem derart flexiblen Denken entfaltet sich die Lebendigkeit der Denkfunktion, sie wird fähig zu beurteilen, wieweit ein Denkstil geeignet ist, ein Forschungsgebiet adäquat zu erfassen. Werden Kategorien eines Wissensgebiets unreflektiert auf ein anderes übertragen, wirken sie in diesem wie ein Prokrustesbett, wenn seinen Inhalten inadäquate Kategorien übergestülpt werden, wodurch sie verändert, reduziert oder unsichtbar werden.

Die Forderung Carnaps, Vertreter des logischen Empirismus, eine »Psychologie in physikalischer Sprache« zu etablieren (Carnap, 1932/33, S. 107-142) wirkte in dieser Weise. Sie führte dazu, dass v.a. in der behavioristischen Psychologie, dem sog. Logischen Behaviorismus, psychische Phänomene in physikalischen Formeln ausgedrückt und als logische Verknüpfungen, als jederzeit wiederholbare und daher ›objektiv‹ messbare Reiz-Reaktions-Folgen beschrieben wurden. Da die klassische Physik die Relation zwischen Phänomen und Beobachter nicht beachtet, wurde auch in der Psychologie der Einfluss von Versuchsaufbau und Versuchsleiter ignoriert. Nicht nur psychologische Theorien sind davon geprägt, sondern auch die Angewandte Psychologie. Intelligenztests beanspruchen bis heute, objektive Aussagen zur Intelligenz eines Menschen zu machen, unabhängig von Testaufbau und interpersonellem Feld der Testsituation. Unerkannt gehen diese Faktoren in das Ergebnis ein, und bestimmen fataler weise schulische und berufliche Werdegänge mit.

Therapeutische Relevanz

Neumanns wies nachdrücklich auf die Gefahr hin, unreflektiert Begriffe der Psychoanalyse in die Analytische Psychologie zu übernehmen. Hierbei werden »*die wesentlichen Unterschiede zwischen den Grundanschauungen der beiden tiefenpsychologischen Richtungen*« verwischt (Neumann, 1980, S. 8), was unbemerkt auch das therapeutische Procedere und die adäquate Haltung beeinflusst:

»Die Anwendung inadäquater Begriffe leistet auch oft einer reduktiven Deutung und damit einem Missverständnis von psychischen Phänomenen Vorschub, *welche ihr produktives Verständnis in der Therapie erschwert, wenn nicht verhindert.*« (a. a. O., S. 9. Hervorheb. M.R.) Psychische Phänomene werden durch reduktives Deuten auf kausale Ursachen zurückgeführt, wodurch eine ausschließlich vergangenheitsbezogene Perspektive eingenommen wird, obgleich Psyche wie alles Lebendige wesentlich auf Entwicklung, auf Zukünftiges bezogen ist. Der kausale Denkstil muss ergänzt werden durch einen *teleologischen*, der die Finalität der Phänomene erkennt. Träume sind – wie Jung betont – wesentlich auf Finalität ausgerichtet, weshalb reduktive Deutungen ihrem Sinn nicht gerecht werden, sondern ihn verzerren. Die Analytische Psychologie verbindet analytisches, teleologisches, paradoxes, kontextuelles, integrales und synthetisches Denken. Nur letzteres ist in der Lage ist, komplexe Zusammenhänge und deren Spannungen in ihrer Komplementarität zu erfassen, die sich aus der Polarität des Lebens ergeben.

Historische Grundlagen

Der historischen Entwicklung der Denkfunktion liegen u. a. sich verändernde Voraussetzungen von Wissen zugrunde. Foucault untersuchte die Wissensformationen (›episteme‹), die notwendig sind, um Wissen zu ordnen und in Sprache zu fassen. Im Verlauf verschiedener Epochen haben sie sich grundlegend geändert. Das Wissen der Renaissance wurde von der Episteme der *Ähnlichkeit*, das Wissen der Klassik von der Episteme der *binären Logik* organisiert, wohingegen die Episteme der Moderne dadurch charakterisiert ist, dass sich die Verbindung zwischen Sprache und Dingen auflöste, womit die Sprache ihren Repräsentationscharakter verlor (vgl. Foucault, 1971). Vor diesem Hintergrund ist Wittgensteins Aufforderung »Wovon man nicht sprechen kann, darüber muss man schweigen« zu sehen. Sie zeigt auch, dass eine Verbindung von Sprache und Denkfunktion zwar gegeben, jedoch nicht zwingend ist, und befreit das Denken von der Vorstellung, es sei unauflöslich an sprachliche Kategorien gebunden. Das erkennende und ordnende Denken kann sich auch der Bilder oder Sinnesempfindungen bedienen. Heidegger sprach vom »besinnlichen Denken«. Persönliche Denkmuster hängen demnach nicht nur von Veranlagung, wozu auch intro- bzw. extravertierte Einstellung gehören, von familiärer Sozialisation, intellektueller Bildung, sondern auch vom kollektiven Denkstil einer Kultur und deren Episteme ab.

Ursprünge abendländischen Denkens

Mythologischen Hintergrund des beginnenden abendländischen Denkens bildet die Geburt von Athene aus dem Haupt des Zeus, so Gebser. Die Göttin symbolisiere das bewusste Denken,

> »das auch die dunklen Zusammenhänge, ...die in der Nacht liegenden Wirklichkeiten zu sehen vermag: denn Athene ist eulenäugig; ihr Attribut ist die Eule, der Vogel – und als Vogel ist die Eule ein Polaritäts-Symbol der Seele -, der auch im Dunkeln sieht, dem die Nacht Tag ist.« (Gebser, 1992, S. 124 f)[36]

Die abendländische Philosophie entwickelte sich zwischen dem 6. und 4. Jahrhundert v. Chr., als die frühen Philosophen bestrebt waren, die Welt mit Hilfe des rationalen Denkens zu verstehen. Allerdings ging »magisches Denken ... stets dem rationalen voraus, und manchmal ging es auch darin auf. Deshalb wäre es ein Irrtum zu meinen, beides stünde notwendig in einem Gegensatz. Vielmehr liegt es oft dicht beieinander.« (Magee, 2007, S. 12).

»Wir haben nur einen kleinen Teil des Erdkreises inne, in dem wir uns wie Frösche um einen Sumpf angesiedelt haben.« (Platon)

Bemerkenswert ist der Zusammenhang von natürlicher Umgebung und philosophischem Weltbild. Fast alle frühen griechischen Philosophen lebten an einer Küste. »Die Welt der Griechen war eine Welt des Wassers, der Küsten und Inseln. Daher glaubten sie zunächst, die Erde würde auf Wasser schwimmen« (Magee, 2007, S. 14), – ein symbolisches Bild des aus dem Meer des Unbewussten sich entwickelnden Bewusstseins. Für

---

36 Vgl. die interessanten Ausführungen von Fischer zur ›Nachtseite der Wissenschaft‹ (Fischer, 2000, 2003, 2014)

Thales war Wasser das Element, worauf sich die materielle Welt zurückführen ließe. Denn es sei das »schönste Ding der Welt« und der Ursprung von allem. In seiner Überzeugung, dass alle Dinge beseelt seien, zeigt sich die Verbindung von magischem, mythischem und rationalen Denken sowie die Verbundenheit des Fühlens und Denkens der frühen Philosophie. Die Verbindung von mythologischer und spiritueller Weltsicht mit dem Bestreben, das Sein durch das Denken zu erfassen, ist insbesondere für die Vorsokratiker kennzeichnend, und macht sie bis heute so faszinierend. *Pythagoras* galten die Zahlen Vier und Zehn als heilig, denn sie spiegelten die göttliche Ordnung des Kosmos wider: Die Zahl 10 wird als göttliche Ursache verstanden und die Vierheit erzeuge die Zehn, indem die Summe der ersten vier Zahlen 1, 2, 3 und 4 die Zahl 10 ergibt. Die Vierheit (*Tetraktys*) enthalte damit die Quelle und Wurzel der ewig strömenden Natur, wie in der Eidesformel der Pythagoräer festgehalten.

Dem Übergang vom prälogischen zum logischen Denken liegt ein fundamentaler Wandel des Bewusstseins zugrunde, das durch Entfaltung von Abstraktionsprozessen »die Autonomie des Ich-Bewusstseinssystems herzustellen versucht... So kommt es auch zur Ablösung des Archetyps durch die Idee, deren Vorstufe er ist. Die Idee ist bei diesem Prozess das Ergebnis einer Abstrahierung... Sie ist ein »Produkt des Denkens«.« (Neumann, 2004, S. 343)

Entwicklung des rationalen Denkens

In der weiteren Entwicklung erfolgte eine zunehmende Konzentration darauf, die Welt allein durch rationales Denken zu verstehen in Abgrenzung von früheren Weisen des Weltverständnisses, die eher auf Religion, Offenbarungen, Traditionen und Mythen beruhten. Damit bekam das rationale Denken eine Vorrangstellung in der Philosophie und wurde weiterentwickelt, sodass die Philosophie zur Wissenschaft des Denkens wurde. Die Philosophen gründeten eigene Schulen, um ihre Schüler darin zu unterrichteten, eigenständig zu denken und Beweisfolgen zu entwickeln, die in argumentativen Auseinandersetzungen und Streitgesprächen erprobt wurden. Diese »bilden die Grundlage für das, was wir rationales Denken nennen.« (Magee, 2007, S. 12)

Eine Sonderstellung nimmt *Platon* ein, als Schüler von Sokrates nicht mehr den Vorsokratikern zugehörig. Seine Bedeutung für die Entfaltung des Philosophierens ist kaum zu überschätzen. Hier wird nur Platons Ideenlehre skizziert, die eine Verbindung zur Analytischer Psychologie nahelegt. Intuitiv bezieht Platon die unanschauliche, jenseits von Raum und Zeit existierende archetypische Dimension ein, die sich in der Welt der Erscheinungen in immer neuen, kulturell und historisch gewandelten Bildern zeigt. Er transzendiert damit die konkrete materielle Welt der Erscheinungen, auf welche sich sein Schüler Aristoteles konzentrieren wird. Urgrund des Seins ist für ihn das Reich der Ideen. Alles in Raum und Zeit Existierende beruht auf Urbildern/Ideen, an denen es teilhat. Ideen begründen das Wesen der Dinge, und sind ihre Ursache. Sie existieren außerhalb von Raum und Zeit, unabhängig von Materie und Geist und sind daher keiner Veränderung unterworfen wie die Erscheinungen der materiellen Welt, haben keinen bestimmten Ort, keinen Anfang und kein Ende. Sie existieren unabhängig davon, ob jemand um sie weiß und können auch nicht durch jemand beseitigt werden. Platon erkennt verschiedene Seins-Ebenen: Das Reich der Ideen, das die Reinen Ideen sowie die Mathematischen Gegenstände umfasst, und das Reich der Sinnendinge, wozu auch die Spiegelungen, Schatten und Kunstwerke gehören. Philosophie bedeutet für Platon Liebe sowie die Sehnsucht nach Wahrheit und der Welt der Ideen. Er ist der Auffassung, dass wir durch Eros dorthin gelangen, nicht durch Vernunft, denn durch rationales Denken erreichen wir nie Ideen des Guten und Schönen. In seiner Philosophie verbindet er Denken, Intuition und Fühlen, das den letzten Maßstab für Wissen darstelle, denn auch der Lügner und der Dieb habe Wissen, das jedoch nicht gut sei. Sein Denken ist tiefer und freier als das ausschließlich rationale, womit er auch das Erbe der Vorsokratiker bewahrt und weiterführt.

> »Denken und Sein werden vom Widerspruch bestimmt.«
> (Aristoteles)

Aristoteles' Philosophie ist fundamental verschieden von der seines Lehrers Platon: sie ist auf die konkrete materielle Welt ausgerichtet, das Denken wird mit der Empfindungsfunktion verbunden. In seiner Kritik an Platon wird seine Ablehnung der Intuition als Erkenntnisweise deutlich, womit sein Denken einen anderen Charakter hat als das von Platon. Als Begründer der Logik, die er Analytik nannte, trug er maßgeblich zur Entwicklung des rationalen Denkens in der abendländischen Geistesgeschichte bei. Er systematisierte die Logik, indem er ihre Grundsätze zur Bestimmung des Wahrheitsgehalts einer Aussage formulierte. Der Satz vom Widerspruch besagt: ›Dasselbe kann demselben in derselben Hinsicht nicht zugleich zukommen und nicht zukommen‹. Der Satz vom ausgeschlossenen Dritten führt das weiter: ›Es ist nicht möglich, dass es ein Mittleres zwischen beiden Gliedern des Widerspruchs gibt.‹ (zit. nach Vogt, o.J., S. 58 f) Um nach diesen Grundsätzen Worte zu sinnvollen Aussagen zu verbinden, führte Aristoteles neue logischer Ausdrücke ein. Dadurch wird logisches Denken eng an die Sprache gebunden. Die durch ihn begründete Logik als Lehre vom ›richtigen Denken‹ wirkte in der Philosophie über 2000 Jahre fort. Für ihn und seine Nachfolger ist die Welt durch Logik zu erklären.

»Die Schule von Athen« – Traditionen des Denkens

Mit Platon und Aristoteles entwickelten sich unmittelbar einander folgend zwei Denkstile, die unterschiedliche Ausrichtungen der Denkfunktion zeigen. Genial ließ Raffael auf dem Fresko »*Die Schule von Athen*«[37] diese in den Gesten ihrer Begründer anschaulich werden. Sie schreiten einander zugewandt als Paar in der Mitte des zentralperspektivischen Bildes durch eine Wandelhalle, die Berührung ihrer Körper ist zugleich Diagonalen-Fluchtpunkt des Raumes und des ganzen Freskos. Beide halten in der Linken eines ihrer Hauptwerke, jedoch in gegensätzlicher Ausrichtung: Platon hält sein Spätwerk, den kosmologischen Dialog »*Timaios*«, *vertikal* und weist mit der Rechten in die Höhe. Aristoteles betont die *Horizontale* mit seiner Geste und der auf sein Bein waagerecht aufgestützten »*Ethik*«. Um beide sind Philosophen so gruppiert, dass eine Bedeutungsperspektive entsteht: Links gruppieren sich platonisch, rechts aristotelisch orientierte

---

37 Rom, Vatikan, Stanze della Signatura, 1510–11. Raffael hatte auf einer Wand des Raumes die Anbetung der geweihten Hostie als Symbol der Verbindung von Himmel und Erde dargestellt, anschließend auf der gegenüberliegenden »*Die Schule von Athen*«, wodurch beide Fresken aufeinander bezogen sind.

Geistesgrößen. Platons Fingerzeig nach oben[38] kann vielfältig verstanden werden: als Hinweis auf das Reich der Ideen, auf Transzendenz als Quelle der Inspiration, auf Bewusstwerdung und Ausrichtung auf Spiritualität. Die der Erde zugewandte Handfläche des Aristoteles wirkt erdend, betont die irdische Existenz als Ausgangspunkt der Naturwissenschaften. Zusammen bilden die gegensätzlichen Gesten ein Kreuz der Achsen Transzendenz und Immanenz. Raffael gibt damit eine geniale Darstellung des Symbols der Integration spannungsreicher Gegensätze als Aufgabe des Denkens, die Dimensionen zu vereinen - psychologisch formuliert: das Denken mit Empfindungsfunktion (Aristoteles) sowie Intuition und Fühlen (Platon) zu verbinden. Seitlich von Platon ist sein Lehrer Sokrates merkwürdigerweise in der Physiognomie eines Silens zu sehen. Der bekannteste Silen ist Marsyas, der nach einem Wettstreit mit Apoll von diesem grausam gehäutet wurde. (▶ Kap. 3.1 Empfindungs-Funktion, Abschn. Symbolik der einzelnen Sinne) Gerade diese Szene hat Raffael (neben anderen) an der Decke über dem Fresko dargestellt – Hinweis für ein mögliches Verständnis des silen-gesichtigen Sokrates. In Platons Gastmahl vergleicht Alkibiades Sokrates mit Marsyas. Wird darin zum Ausdruck gebracht, dass Sokrates' paradoxe Formulierung äußerster Selbsterkenntnis »Ich weiß, dass ich nichts weiß« den schmerzlichen Akt bezeichnet, jeglicher Hülle entblößt zu sein? In der Renaissance wurde in dem Geschehen zwischen Apoll und Marsyas eine Allegorie des ›Erkenne dich selbst‹ verstanden. (vgl. Renner et al., 2006, S. 265)

Der griechische Begriff ›noein‹

Das altgriechische Wort ›noein‹ wird heute mit ›denken‹ wiedergegeben. In seiner ursprünglichen Bedeutung bezeichnet es ›erforschen‹, ›erkennen‹, ›auf etwas stoßen‹, ›an-etwas-rühren‹, wie das Wittern eines Tieres, das etwas sucht, auf etwas stößt und erkennt ›*hier ist etwas*‹, (Gadamer, 1996, S. 151).

---

[38] Es sind 3 Finger und der ausgestreckte Zeigefinger, der die Richtung angibt – vgl. hierzu Jungs vielfachen Hinweis auf die Bedeutung der 3 + 1, d. h. der schwierigen Aufgabe, das ›Vierte‹ zu integrieren zur *Ganzheit* der Vier, was natürlich auch für vier Funktionen gilt (▶ Kap. 8).

Das Erkennen wird als ein Suchen, Bemerken, Entdecken, Erfühlen und das innere Verständnis des Erfühlten charakterisiert. *noein* fasst in seiner Grundbedeutung mehr in sich, als unserem heutigen Verständnis von Denken entspricht. In ihr ist noch unser animalisches Erbe und unsere Teilhabe an der Natur enthalten, sie umfasst sinnliches, intuitives und geistiges Erkennen und Fühlen. Um die Weite und Tiefe der Denkfunktion zu bewahren, ist es erhellend, angesichts der heutigen Verengung des Begriffs ›noein‹ an den Reichtum seiner ursprünglichen Bedeutung zu erinnern.

Deutlich wird seine Einbuße an Sinn bei Übersetzungen des Alten und Neuen Testaments, wo es um *Umkehr* geht. In der Septuaginta wird sie mit griech. ›*metanoia*‹ wiedergegeben, abgeleitet von ›*meta*‹ (›um‹) und ›*noein*‹. Wenn Hosea ruft »Kommt, wir wollen wieder *umkehren* zum HERRN« (Hos. 6,1), würde die wörtliche Übersetzung mit »umdenken« keinen Sinn ergeben. Ebenso wenig bei der Aufforderung von Christus: »Wenn ihr nicht umkehrt und wie die Kinder werdet, könnt ihr nicht in das Himmelreich kommen.« (Mat. 18, 3). Die Umkehr betrifft nicht allein das Denken, sondern die ganze Existenzweise, einschließlich eines neuen Vertrauens zu Gott. In den orthodoxen Kirchen gehören Riten wie Fasten und Beten, die den ganzen Menschen und nicht nur sein Denken betreffen, ausdrücklich dazu.

Denken in anderen Wissenschaften

In Psychologie, Wissenssoziologie, Ethnologie, Gehirnforschung und Kognitionswissenschaft wird mit unterschiedlichem Erkenntnisinteresse das Denken untersucht.

Die zu Anfang des 20 Jahrhunderts etablierte *Denkpsychologie* erforschte psychische Prozesse des Problemlösens, des logischen Schließens und der Begriffsbildung. Die heutige *Kognitionspsychologie* untersucht »die noch unerforschten, auf komplexe Weise organisierten psychischen Mechanismen des menschlichen Denkens. Dabei beschäftigt sich die Forschung vor allem mit jenen Zuständen und Prozessen, die zwischen der Reizaufnahme und dem daran anschließenden Erleben und Verhalten liegen... Zum Begriff der Kognition, welcher traditionell manchmal als Gegenbegriff zur Emotion angesehen wurde, gehören: menschliche Wahrnehmung, Informationsverarbeitung, Geist, Denken, Emotion und Handeln, Intelligenz, Sprache, Kreativität, Verstehen, Urteilen, Bewerten, Vorstellungen, Lernen, Gedächtnis« (Stangl, 2017). Der Begriff ›*Denken*‹ wird hier widersprüchlich verwandt, wodurch seine Bedeutung unklar wird: eingangs in einem übergeordneten weiten Sinne synonym mit ›*Kognition*‹, danach im engeren Sinne. Denkprozesse als psychische ›*Mechanismen*‹ zu bezeichnet, scheint auf eine mechanistische Vorstellung von Psychischem hinzuweisen, die wir nicht teilen.

Die *Entwicklungspsychologie* erforscht u. a., angeregt durch Arbeiten Piagets, wie Kinder lernen, kausale Zusammenhänge zu erkennen. Demnach entwickelt sich das kindliche Denken vom Konkreten zum Abstrakten, vom Einfachen zum Differenzierten. Entwicklung der Denkfunktion bedeutet somit vorrangig qualitative Differenzierung, was wir auch für die anderen Funktionen annehmen. Das Denken wird abstrakter, systematischer und komplexer, was sowohl zunehmende Lösung von den anderen Funktionen wie im weiteren Differenzierungsprozess auch wieder Rückbindung an sie erfordert.

Die *Psychoanalyse* thematisierte bereits in der frühen Phase ihrer Theoriebildung die Entwicklung des Denkens beim Säugling. Allerdings ist die Bezeichnung ›Denken‹ aus unserer Sicht unzutreffend für die ersten Bewusstseinsprozesse des Kleinkindes, die kurz und - aus Erwachsenenperspektive – bruchstückhaft verlaufen, wenn der Säugling beginnt, über kleine Spannen des Getrenntseins hinweg die innere Verbindung mit der Mutter zu halten aufgrund der Erfahrung, dass sie zurückkehrt. Es geht in dieser Phase vielmehr um die Strukturierung von Beziehungserfahrungen, Erinnerungsbildern und innere Sicherheit, was keine Aktivität der Denkfunktion, sondern des frühen Empfindens und Fühlens ist. Die Entwicklung des Denkens setzt *Ich*-Bewusstsein voraus, dem die allgemeine Bewusstwerdung des Kindes vorausgeht. Bollas formulierte aus psychoanalytischer Perspektive zur frühesten, vorsprachlichen Lebenserfahrung: »Selbst wenn die Geschlossenheit der Ich-Struktur noch gering ist, fängt das *Baby* an, das Wissen um seine Existenz durch Phantasie, *Denken* und Beziehungsgestaltung zum Ausdruck zu bringen.« (Bollas, 2005, S. 72, Hervorheb. M.R.) - Hier wird, wie in zahlreichen anderen psychoanalytischen Werken, die Verwechslung der frühen Bewusstseinsentwicklung mit der Denkfunktion sichtbar; von der Beschreibung her geht es nicht um Denken sondern um das sich entfaltende Bewusstsein des Babys. Es ist zu vermuten, dass diese Verwechslung mit der Tendenz zusammenhängt, die Analyse auf das Denken zu fokussieren, wie folgende Aussage zeigt: »Die Arbeit einer Psychoanalyse zielt, insbesondere was die Objektbeziehungen in der Übertragung und Gegenübertragung angeht, zu einem guten Teil darauf, frühe Seins- und Beziehungserinnerungen *ins Denken zu heben*.« (a. a. O., S. 16, Hervorheb. M.R.). Aus unserer Sicht geht es darum, die frühen Erinnerungen *ins Bewusstsein* zu heben, was – je nach Konstellation des Patienten – vorrangig das Fühlen und die beiden wahrnehmenden Funktionen betrifft. Die Überwertigkeit des Denkens in der Psychoanalyse scheint auf die ›*Persönliche Gleichung*‹ Freuds, seiner Betonung des extravertierten Denkens und Empfindens, zurück zu gehen. Es ist nicht überraschend, dass im weiteren Theoriebildungsprozess Therapeuten eher von Therapierichtungen angezogen werden, die ihrer persönlichen Funktionenkonstellation entsprechen.

4.2.3 Wert der Denkfunktion

Mit dem Beachten des Unterschieds von Bewusstsein und Denken soll in unserer Vorstellung dem menschlichen Bewusstsein seine Komplexität und der Denkfunktion ihr Stellenwert im Gesamt der Funktionen zurückgegeben werden. Der Wert des Denkens erweitert und differenziert sich erst in gleichrangiger Verbindung mit den anderen Funktionen. In diesem Zusammenspiel empfängt es Impulse aus diesen und setzt sie um, wodurch es am ständigen Wandlungsprozess der Persönlichkeit teilhat. Bei Überbewertung des Denkens ist die Funktion überfordert und ihrer Kreativität beraubt. Identifiziert sich das Ich mit ihr, verlieren die übrigen Funktionen an energetischem Wert und können sich ebenfalls kaum differenzieren.[39] Das Denken wird einseitig, überladen und zur Kontrolle

---

39 Dieser Zusammenhang veranlasste Jung, in seiner Typologie den Begriff der »*minderwertigen Funktion*« zu prägen. Er bezieht sich auf die energetische Dynamik zwischen den Grundfunktionen (vgl. Jung, GW 6).

und Verdrängung der anderen Funktionen eingesetzt. Es wird als Abwehr missbraucht, um das psychische Ungleichgewicht aufrecht zu erhalten, es bekommt den zwanghaften Charakter des Rationalisierens und verliert sein ursprüngliches Potential der freien Erkenntnissuche. Diese Psychodynamik liegt Störungen wie ›Burnout‹, Grübelzwang und mentale Erschöpfung zugrunde und zeigt sich in Symptomen wie Kopfweh und Migräne, auch in Schlafstörungen, wenn verdrängte Funktionen das nächtliche Traum-Bewusstsein bedrängen.

Wie sich in Prozessverläufen zeigt, gewinnt das Denken an Lebendigkeit und Klarheit, wenn es davon befreit ist, als Abwehr zu fungieren. Die Metapher ›*vom Eise befreit*‹ (vgl. Goethe, Faust I, Osterspaziergang) gilt auch für den Energiefluss zwischen Bewusstsein und Unbewusstem. wenn das Denken sich erneuert durch den Austausch mit zuvor verdrängten Funktionen. Das Tauwetter lässt ein erkaltetes Fühlen und ein eiskaltes Denken sich erwärmen. (▶ Kap. 4.2.4, »Die Schneekönigin«)

Erneuerung des Denkens

Seit langem wird auf die Notwendigkeit hingewiesen, das Denken zu erneuern. So etwa der Quantenphysiker und alternative Nobelpreisträger Dürr:

> »Die Sackgasse, in der wir uns durch ein mechanistisches Weltbild befinden – durch ein Denken, das noch im 19. Jahrhundert wurzelt, – zerstört unser Leben … Wir tun so, als ob unsere alte Denke noch richtig ist … Neues Denken hat mit komplementärer Betrachtung der Wirklichkeit zu tun.« (Dürr, 2008)

Auch im Rahmen der Aufarbeitung des Holocaust wird zunehmend hinterfragt, welche Denkweise bisher die Strafverfolgung der faschistischen Täter bestimmte. In dem kritischen Diskurs wird deutlich, dass sich eine neue Sichtweise der Verantwortlichkeit der Täter durchsetzt und eine Veränderung des juristischen Denkens erfordert. Die Orientierung an den bisherigen juristischen Denkstrukturen müsse aufgegeben werden, um den Opfern der Verbrechen gerecht zu werden, fordert Walther, Ermittler bei der Zentralstelle zur Verfolgung der Nazi-Verbrechen. Die Kraft des Faktischen bewirke das Verhaftet-Sein der Juristen in vorgegebenen Denkstrukturen und verhindere die notwendige Empathie mit den

Opfern. (Vgl. Walther, 2015) Es drängt sich die Hypothese auf, dass die tradierten Denkstrukturen noch latent geprägt waren von der Denkweise des Faschismus.

Bei diesem tragischen Thema zeigt sich, welche Bedeutung dem selbstreferentiellen Potential der Denkfunktion zukommt, das prüft, wieweit eine Denkweise den Werten des Fühlens und den Veränderungen des menschlichen Bewusstseins entspricht.

Obgleich alle Grundfunktionen kollektiv geprägt sind, trifft dieses besonders für die Denkfunktion zu, da im Verlauf der Menschheitsgeschichte Regeln des ›richtigen‹ Denkens immer wieder neu ausgearbeitet, gelehrt und tradiert, jedoch auch für Machtinteressen funktionalisiert werden. Durch den kontinuierlichen Austausch mit Wissenschaftlern anderer Gebiete war Jung bestrebt, seine Theorien zu überprüfen und weiter zu entwickeln. Dieser Fähigkeit zur Relativierung des eigenen Standpunkts entspricht auch seine Charakterisierung der therapeutischen Haltung als ein Sich-Einlassen auf den dialektischen Prozess zwischen Patient und Therapeut, verbunden mit der Bereitschaft, das eigene theoretische Wissen immer als vorläufig zu verstehen (vgl. Jung, GW 16, § 1 ff).

Die inhaltliche Bestimmung von Denkformen[40] ist Thema der Philosophie, weshalb hier nur psychotherapeutisch relevante Aspekte angeführt werden. An erster Stelle steht die *Selbstreflexion* der ›*Persönlichen Gleichung*‹. Sie ist Grundvoraussetzung für therapeutisches Arbeiten, ganz besonders in der Begegnung mit Menschen aus fremden Kulturen und bei Ausbildung von Therapeuten in anderen Ländern. Denn »modernes ›westliches Denken‹, Wissenschaften eingeschlossen, (ist) … bei seiner Suche nach und seiner Behauptung von universellen Wahrheiten oft gegenüber seiner eigenen kulturellen Basis und seinem kolonialistischen Grundzug blind gewesen… Griechisch-cartesianisch-kantisches Denken ist immer noch in westlicher und europäischer Kultur allgegenwärtig.« (Westerlund, 2000. S. 1).

---

40 Der Begriff ›Denkform‹ geht v.a. auf Hegel zurück, der die Gesamtheit von Seins-, Reflexions- und Selbstreflexionsbestimmungen sowie alle objektiven Manifestationen des Geistes darunter versteht, weitergeführt von Leisegang als »das in sich zusammenhängende Ganze der Gesetzmäßigkeiten des Denkens« (Leisegang, 1951. S. 15)

Die Dialektik des Therapiegeschehens erfordert vom Therapeuten *Dialektisches* und *Synthetisches Denken*.[41] *Synthetisches Denken* als gedankliches Zusammenführen von Einzelelementen beachtet und erfasst die Veränderung der Einzelelemente in diesem Prozess und die neue Qualität des Ganzen. Es ist mehr als bloßes Addieren, als was es von einer nur quantifizierenden Denkweise missverstanden wird. Es ist dem *Dialektischen Denken* nahe, das von Platon als Abwägen unterschiedlicher Positionen charakterisiert wurde und in der weiteren Entwicklung als Anerkennen der Gegensätze, die allem innewohnen, und deren Aufhebung in einer Synthese und einem dadurch neu gewonnenen Verständnis.

Auch *Kontextuelles Denken,* das über begriffliches Denken und die damit verbundene Dualität hinausführt, ist hier relevant. Es realisiert, dass psychische Phänomene nicht stringent begrifflich auszudrücken sind, weil sie wiederum Teil eines umfassenderen Kontextes sind und Vieldeutigkeit ein Charakteristikum von Kontext ist. Kontextuelles Denken schließt die Reflexion ein, dass begriffliches Formulieren immer eine Auswahl trifft und gewisse Kontexte ausblendet (vgl. Wittrock, 2003).

Das in der Quantenphysik durch die Beobachtung komplementärer Phänomene entwickelte *Komplementäre Denken* (vgl. Walach, 2007), ist geeignet, nicht kausal miteinander verbundene Phänomene zu verstehen, insbesondere in der Dynamik des interpersonellen therapeutischen Feldes. Auch die Faktoren Individualität und Gleichartigkeit der Menschen sind komplementäre Entsprechungen innerhalb der Individuen. (vgl. Jung, GW 16, § 1)

Vernetzendes Denken transzendiert die monokausale, einseitige Sichtweise des linearen, perspektivischen Denkens, indem es Sachverhalte aus verschiedenen Perspektiven und das Zusammenspiel der Faktoren möglichst umfassend zu erkennen sucht. Es wurde in Kybernetik und Ökologie entwickelt und ermöglicht, Systeme als vernetzte Wirkungsgefüge, als Muster zu verstehen. Bemerkenswert ist, dass dabei nicht vorrangig quantitative, sondern qualitative Faktoren in den Blick kommen und

---

41 Da hier die Denkfunktion thematisiert wird, gehen wir dabei nicht näher auf das Fühlen, Empfinden und die Intuition des Therapeuten ein, die natürlich ebenso am Prozess beteiligt sind.

Methoden des Visualisierens, etwa durch Mindmaps, eingesetzt werden. Hier zeigt sich die Rückbindung des Denkens an innere Bilder und die relative Unabhängigkeit von Sprache. Im Unterschied zu linearem Denken, das Beziehungen nur in einer Richtung und nur einzelne Ursachen und Wirkungen beachtet, ist das vernetzende Denken geeignet, interpersonelle wie intrapsychische energetische Felder zu erfassen. Jeder einzelne Traum wie auch Traumserien sind eher als in sich und miteinander vernetzte Einheiten denn als lineare Abläufe zu verstehen, ebenso das intrapsychische ›Netzwerk der Komplexe‹. Vernetzendes Denken setzt dem quantifizierenden Denken qualitative Wertkategorien entgegen, wie etwa die des Ökosystems Erde gegenüber quantitativer Ertragssteigerung in einzelnen Bereichen, und gilt heute als eine Schlüsselkompetenz der Zukunft. In der Analytischen Psychologie kann es, in Verbindung mit den anderen Grundfunktionen, dazu beitragen, die Beziehung zwischen den ›vernetzten Systemen‹ von Ich und Selbst sowie zwischen dem Selbst verschiedener Menschen zu verstehen.

Symbolik der Erneuerung

In gesellschaftlichen Umbruchzeiten werden notwendige Paradigmenwechsel auch in der Kunst symbolisch sichtbar. So etwa in der *Gralslegende* (Wolfram von Eschenbach): Parzival sieht eine merkwürdige Prozession bei seinem ersten Besuch auf der Gralsburg – eine blutende Lanze wird am König vorbei getragen, begleitet von lautem Klagen der Hofgesellschaft. Dann werden symbolische Gegenstände hereingebracht, darunter *zwei silberne Messer*, schließlich der kostbare Gral. Die magischen Messer dienen dazu, das Blut und die Kälte von der Lanze abzuschaben, die an ihr haften, nachdem sie auf die Wunde des Amfortas gelegt wurde, denn bei Mondwechsel blutet seine Wunde stärker und leidet er unter innerem Frost. Doch Parzival versäumt, die entscheidende Frage nach dem Leiden des Gralskönigs zu stellen. Hierzu E. Jung und v. Franz:

> Die *Messer*, ähnlich wie das *Schwert*, deuten »auf eine seelische Funktion des unterscheidenden Denkens und Urteilens hin… Indem sie das »zerbrochene Schwert« des bewussten traditionellen Denkens ersetzen, stellen die Messer wohl eine neue Form des Denkens dar, welche dem Unbewussten selber entnommen wurde und daher dessen Inhalten angemessener ist als eine nur bewusste Überlegung. Dies dürfte die alchemistische und die aus ihr resultierende psychologi-

sche Denkweise antizipieren ... Die Alchemisten haben sich bemüht, einen »sensus naturae« oder »Licht der Natur« und *eine in diesem enthaltene Denkform: das symbolische bzw. eigentlich psychologische Denken* aus dem Stoff, d. h. dem Unbewussten selber zu extrahieren.... Dieses dem Unbewussten entnommene Denken ist ... in den zwei Messern symbolisiert, und mit ihm soll die Lanze oder die Imago Christi vor vertrockneten Rückständen geschützt werden, d. h. das Selbst und das, was das Selbst erreicht, wird durch ein solches *auf Selbsterkenntnis ausgerichtetes Denken* gepflegt und vor dem intellektuellen Verdorren geschützt.« (Jung, v. Franz, 1983, S. 178 f. Hervorheb. M.R.)

Zerbrochen ist Parzivals *erstes Schwert* im Kampf am Helm des Feirefiz, der ihm hinsichtlich seiner emotionalen Intelligenz überlegen ist. Das Zerspringen ist von Bedeutung, weil so der Mord an seinem Halbbruder verhindert wird und es das Schwert eines Verwandten Parzivals ist, den er erschlagen hat, um dessen roter Rüstung willen. In beiden Fällen war er sich der Verwandtschaftsbeziehung nicht bewusst. Dieses Schwert symbolisiert eine kalte Zweckrationalität ohne Verbundenheit mit dem Fühlen. Parzival hatte es ›nebenbei‹ mit der Rüstung bekommen. Psychologisch gesehen ist es ein Bild der Abwehr des Fühlens, wodurch das Denken destruktiv wird.[42] Parzivals Mangel an Empathie verhindert die Erlösung des Königs: am nächsten Morgen sind alle Personen verschwunden, die oben geschilderte Szene ist im Unbewussten versunken.[43]

Die beiden Messer, gefertigt von einem *weisen* Schmied aus Silber, dem weichen Material, sind nicht für scharfes Schneiden geeignet.[44] Die Symbolik der Zahl Zwei wie auch die Beziehung von Silber und Mond verweisen auf die Selbstreflexionsfähigkeit des sich erneuernden Denkens,

---

42 Bereits zu Beginn des Epos wird der *Zweifel*, die Entzweiung des Menschen mit sich selbst, als Phänomen der Dissozation zwischen Denken und Fühlen, thematisiert. Hüning (2010) sieht im mittelhochdeutschen Wort ›zwîvel‹ den Hinweis auf die zweierlei Hüllen des Ritters, Rüstung und Haut (▶ Kap. 5.2, Beispiel: Die Ritterrüstung.).

43 Es ist zwischen *kognitiver* und *emotionaler* Empathie zu unterscheiden: »Kognitive Empathie lässt uns *erkennen*, was ein anderer fühlt. Emotionale Empathie lässt uns *fühlen*, was der andere fühlt«. (Ekman 2007, S. 249, Hervorheb. M.R.)

44 Zwei silberne Messer auf rotem Grund, mit dem Rücken gegeneinander, sind auf Schild und Fahne des Wolfram von Eschenbach zu sehen!

das sich zu einem mitfühlenden ›weichen‹ Erkennen wandelt. Als reflektierendes Gestirn und verbunden mit den Rhythmen des Wassers symbolisiert der Mond das matriarchale Bewusstsein (Vgl. Neumann o.J., S. 59 ff), dessen Integration zur Erneuerung des Denkens beiträgt. Die Fähigkeit des matriarchalen Bewusstseins zu empathischer Erkenntnis wird vom Fühlen mitgetragen, es zeigt sich im ›Glanz des Auges der Mutter‹ in der frühen Mutter-Kind-Dyade, und hat entscheidende Bedeutung für das kindliche Selbsterleben, Selbstwertgefühl und die spätere Fähigkeit zu Selbstreflexion und empathischem Verstehen.

4.2.4 Gefahren der Denkfunktion

»Das Denken dient dazu, sich in der Wirklichkeit zu orientieren,
nicht aber diese zu ersetzen«
(Keyserling, 1982, S.11)

Anders als bei der Intuition resultieren die Gefahren der Denkfunktion kaum aus der Energetik des Unbewussten, sondern aus der ihr inhärenten Tendenz zu dominieren. Schon im Frühwerk wies Jung darauf hin:

»Das Denken ist nur *eine* Funktion, die, wenn völlig entwickelt und ihrem eigenen Gesetze ausschließlich gehorchend, natürlicherweise den *Anspruch auf Allgemeingültigkeit* erhebt. Es kann daher nur ein Teil der Welt durch das Denken erfasst werden, ein anderer nur durch das Gefühl, ein dritter durch die Empfindung usw... Das Denken hat daher unter allen Umständen nur eine Drittels- oder Viertelsbedeutung«. (Jung, GW 6, § 152. Hervorheb. M.R.)

Diese Tendenz führte im Verlauf der abendländischen Geistesgeschichte zu einer Dominanz des logisch-rationalen Denkens, die im letzten Jh. ihren Höhepunkt erreicht zu haben scheint. Augenfällig wird sie in der Bronzeskulptur »Der Denkpartner« auf dem von Großbanken umgebenen Stuttgarter Börsenplatz. Sie besteht aus einem überdimensionalen fast kahlen Männerkopf, seitlich gestützt von Händen, die in halb angeschnittene Unterarme übergehen, die linke zur Faust geballt. Als ›Körperrest‹ sind sie nur Stellage, um den körperlosen Kopf im luftigen ›Nichts‹ zu halten. Das nach rechts unten geneigte Gesicht mit schiefem Mund und dicken Tränensäcken hat einen Hauch von Melancholie an sich. Unübersehbar ist hier das kopflastige Abgeschnittensein des Denkens von allem, was zum Menschsein gehört, selbst im Vergleich zur 100 Jahre zuvor entstandenen Skulptur »Der Denker« von Rodin.

Aufeinanderfolgende Phasen der ›*Mutationen des Bewusstseins*‹ entwickeln jeweils zum Ende hin defiziente, für das Weltganze zerstörerische Strukturen und signalisieren damit die Notwendigkeit zu einem grundsätzlichen Bewusstseinswandel – so die Erkenntnisse Gebsers. Danach ging die mit der griechischen Philosophie beginnende Phase mentaler Bewusstseinsstruktur mit der Ausgestaltung der perspektivischen, vom Ego ausgehenden Weltsicht der Renaissance in eine ausschließlich durch die Ratio bestimmte Phase über. Gebsers Anmerkungen zu den sprachlichen Wurzeln von Ratio erhellen die Gefahren des rationalen Denkens:

> »Hat das Wortpaar Menis : Menos[45], das ja am Anfang der mentalen Bewusstseinsstruktur steht, einen durchaus qualitativen Akzent, so hat das Wort »ratio«[46] einen durchaus quantitativen. Die griechische Welt ist zur Zeit der antiken Klassik die Welt des Maßes par excellence, die spät-europäische, vor allem auch die von ihr ausgehende amerikanische und russische Welt, sind Welten der Maßlosigkeit... Die Ration (überschreitet) maßlos die durch die Menis und den Menos gesetzten Grenzen der ermessenen Richtung und des Maßes, indem sie alles rationiert, also teilt, zerstückelt und zur Erreichung ihrer Zwecke über fremde, ihr unangemessene Substanzen verfügt. ... jede Zwecksetzung ist immer machtgeladen, und vor allem auch betont eigennützig, und steht somit im Gegensatz zum Weltganzen. Hierin ist der Grund zu suchen, warum man .... das Rationieren beziehungsweise das Rationalisieren, (das)... an Stelle des Organischen ... das Organisierte (setzt)..., als dämonische (Macht)..bezeichnen kann.« (Gebser, 1992, S. 158 f)

Die Wurzel ›da‹ von ›*daimon*‹ hat im Sanskrit die Bedeutung von ›*teilen, schneiden*‹, das verwandte griech. Verb ›*daiomai*‹ bedeutet ›*zerteilen, zerlegen, zerreißen, zerfleischen*‹. Die etymologische Verwandtschaft bestätigt diesen Zusammenhang. Hier drängt sich die Erinnerung an die Dämonie der bis ins Detail durchrationalisierten Vernichtungsmaschinerie des Faschismus auf und ihre Entsprechung in Massentierhal-

---

45 *menis*, griech. = Zorn, Mut; verwandt mit *menos*, griech. = Vorsatz, Zorn, Mut, Kraft und mit *mens*, lat. = Absicht, Zorn, Mut, Denken, Gedanke, Verstand, Besinnung, Sinnesart, Denkart, Vorstellung (vgl. Gebser, 1992, S. 127 f).
46 lat. *ratio* = Rechnung, Berechnung; Erwägung, Vernunft

tung und -schlachtung heute. Unter dem erschütternden Titel: »*Für die Tiere ist jeden Tag Treblinka: Über die Ursprünge des industrialisierten Tötens*« zeigt der Historiker Patterson die Verbindung auf von Holocaust und industrieller Tierausbeutung (vgl. Patterson & Robert, 2004).

Die Maßlosigkeit, zu der das rationale, berechnende Denken verleitet, führt u. a. zu einem schwindelerregenden Geschwindigkeitswahn und wirkt sich unmittelbar auf existentielle Lebensbedingungen aus. Als in Deutschland das MTM-System (methods-time measurement = Arbeitsablauf-Zeitanalyse) zur Steigerung der Arbeitseffizienz eigeführt wurde, wurde es treffend von den Betroffenen »Mach-Tausend-Mehr« genannt. Mit ihm werden Arbeitsabläufe analysiert, Planzeiten ermittelt und Leistungsentgelt bei Akkordarbeit berechnet, sämtliche auszuführenden Bewegungen werden in Einzel-Elemente und durch Zeitlupenaufnahmen in benötigte Zeiteinheiten unterteilt. Eine Zeiteinheit entspricht 0,036 Sekunden (!), wodurch eine Stunde in 100.000 Einheiten geteilt ist. »MTM macht Arbeit produktiv und gesund!« lautet das Werbemotto der Deutsche MTM-Vereinigung!

Durch die dem rationalen Denken inhärente Beschleunigungstendenz entsteht in Verbindung mit dem Allgemeingültigkeitsanspruch des Denkens zunehmend ein energetisches Ungleichgewicht im System der Funktionen. Den Betroffenen ist es nicht mehr möglich, im Zusammenspiel aller Funktionen den täglichen ›Stress‹ zu verarbeiten. Häufig sind *Depressive Störung* die Folge und ein Versuch der Seele, das verlorene Gleichgewicht wieder zu erlangen (vgl. Hell, 2013). Der menschliche Geist wird zum ›Rechner‹ degradiert, wie umgekehrt Kognitionswissenschaften versuchen, am Rechner die Denkfunktion zu simulieren und berechnen, um sie durch ›*Künstliche Intelligenz*‹ ersetzen zu können. Alltagssprachlich wird oft unbewusst, aber symptomatisch ›rational‹ durch ›rationell‹ (= »*wirtschaftlich*«, »*zweckmäßig*«) ersetzt.

Die auf den rational-logischen Denkstil verengte Denkfunktion führt dazu, dass sich das Bewusstsein durch Abstraktheit von der erlebten Wirklichkeit entfremdet und illusionär annimmt, Wirklichkeit sei allein durch Logik zu erfassen, - sie wird dann nicht erlebt, sondern scheinbar ›erdacht‹. Wirklichkeit kann jedoch nur im Zusammenspiel aller Grundfunktionen erfahren und erkannt werden. Die Dynamik des Lebendigen verläuft nicht nach den Gesetzen der Logik, es gibt keine Identität der Welt- und Denkgesetze. Existentielle Elementarereignisse wie Geburt und Tod sind allein logisch nicht verstehbar. In das Geheimnis der Wirklichkeit kann Logik nicht eindringen, es kann nur respektiert und bewahrt werden, was besonders für therapeutisches Arbeiten gilt.

Therapeutische Relevanz

Verhängnisvoll wirkt sich in der Psychotherapie aus, wenn Rationalität und Logik zum Maßstab für psychische Gesundheit werden, wie etwa in Kognitiven Therapieverfahren. Deren Grundannahme ist, dass psychische Störung v. a. auf »*unlogische Annahmen*« des Betreffenden über Ereignisse und deren Folgen zurückgehen und dass diese ›Denkmuster‹ zu bearbeiten seien. (vgl. Jungnitsch, 2009, S. 138 ff). Die Rational-Emotive Verhaltenstherapie (RET) geht davon aus, dass ausschließlich Denken das Fühlen und körperliche Befinden beeinflusse. Emotionale Störungen bzw. ›*unangemessene Emotionen*‹ gelten als Produkt dysfunktionaler Denkmuster, deren Charakteristika unlogische und unbewiesene Annahmen seien. In der Therapie gehe es darum,»»die gegenwärtigen ungünstigen Denkgewohnheiten zu analysieren, die zu emotionalen Belastungen im Alltag und damit zur Beeinträchtigung der Lebensqualität führen«. (Stangl, 2017) Zielsetzung ist, die ›*irrationalen*‹ Gedankenmuster des Patienten durch ›*angemessenere*‹ zu ersetzen, um die auf ›*unlogischen*‹ Bewertungsmuster zurückgehenden Emotionen in ›*angemessene*‹ Affekte umzuwandeln und ein dem auslösenden Ereignis adäquates Verhalten zu ermöglichen (vgl. Hoppe, 1988, PDF). Doch - wer beurteilt, was als ›angemessen‹ zu gelten hat? Hier stellt sich die Frage nach der *Definitionsmacht* als einem wichtigen Aspekt der therapeutischen Beziehung. Wenn dysfunktionale Denkmuster laut Kognitiver Therapie durch Überbewertung und Verallgemeinerung (›Übergeneralisierung‹) charakterisiert sind, sind genau diese Grundannahmen als ›*dysfunktionale Denkmuster*‹ zu bezeichnen, denn das Denken wird in Theorie und praktisch-therapeutischer Arbeit ›übergeneralisiert‹. Die Fühlfunktion wird hier dem Denken mit seinem Diktat der Logik untergeordnet, was sie ihres eigenständigen Werts beraubt und ihre Entwicklung behindert. Die Abwehr des

Rationalisierens wird verstärkt, die Heilung eines verletzten Fühlens verhindert.[47]

Dämonie des kalten, berechnenden Denkens

Das Märchen »Die Schneekönigin«

In Andersens Märchen wird die eisige Isolation und Fühllosigkeit thematisiert, in welche der Junge Kay unter dem Bann der Schneekönigin gerät, die als archetypisches Bild eines eiskalten Denkens erscheint:

> »Die Wände des Schlosses bestanden aus stiebendem Schnee, und die Fenster und Türen aus den schneidenden Winden; hier gab es über hundert Säle... sie waren so groß, so leer, so eisig kalt und gleißend. Nie gab es hier ein Vergnügen...Das Nordlicht flammte so haargenau, dass man bis zu dem Punkt zählen konnte, an dem es am hellsten brannte... in dem leeren, unendlichen Schneesaal lag ein zugefrorener See, der war in tausend Stücke zerborsten, aber jedes Stück war dem anderen vollkommen gleich... und mitten darauf saß die Schneekönigin ... und ... sagte..., sie sitze im Spiegel des Verstandes und dies sei das einzige und beste auf der ganzen Welt.« (Andersen, 1985, S. 346).

Die Beschreibung ihres Reichs lässt Kays Einsamkeit und Verzweiflung inmitten einer durch ›glasklares, messerscharfes‹ rationales Denken zerteilten Welt fühlbar werden. Beginnen hatte es damit, dass ihm ein Splitter des dämonischen Zauberspiegels ins Auge drang, wodurch er den Bezug zu seiner Lebenswirklichkeit und Freundin[48] verlor und den Verlockungen der Schneekönigin verfiel. Den Spiegel hatte der ›Deibel‹, ein böser Troll, angefertigt[49]. Er ließ »alles Gute und Schöne, das sich darin spiegelte, fast zu einem Nichts« zusammenschrumpfen, »was

---

47 Vgl. die in Kap. 4.2.1, Abschn. »Zur Kritik des mental-rationalen Denkens« beschriebene Fallvignette
48 Unter subjektstufigem Aspekt stellt sie die mit dem Fühlen verbundene Anima-Funktion dar.
49 vgl. o. Hinweis von Gebser auf den Zusammenhang von Ratio, Zerteilen und Dämonie (▶ Kap. 4.2.4)

aber nichts taugte und sich übel ausnahm, trat besonders hervor und wurde noch übler«. (a. a. O., S. 313). Der Spiegel zerspringt, als die Trolle mit ihm »zum Himmel selber hinauffliegen, um sich über die Engel und ›den lieben Gott‹ lustig zu machen.« (S. 314). Die Szene spielt auf ein reduktives und negativierendes Denken an, das unter dem Zeichen von Hybris und Verzweiflung steht. Kay kann sich aus dem Machtbereich der Schneekönigin nicht lösen, weil ihm nur das Denken verfügbar ist. Er kann weder spüren noch fühlen, dass sein Herz durch den Kuss der Schneekönigin zu einem Eisklumpen wurde. Seine latente Verzweiflung zeigt sich darin, dass er beim »Verstandes-Eisspiel«, – er setzt scharfe Eisstücke zusammen, seine alleinige Beschäftigung im Reich der Schneekönigin, – einzig das Wort ›Ewigkeit‹ nicht zusammensetzen kann. Es ist die Verzweiflung des grübelnden, im Denken gefangenen Ichs, das in sich kreist und die Verbindung zu den anderen Funktionen, damit zum Unbewussten und zum transzendenten Selbst, verloren hat.

Mephisto

In der schillernden Gestalt des Mephisto zeigt Goethe den Sarkasmus des kalten berechnenden Denkens. Zugleich lässt Goethe ihn in seinem ironischen Rat an den Schüler dieses transzendieren und seine eigene Kritik am logischem Zergliedern aussprechen:

»Mein teurer Freund, ich rat Euch drum / Zuerst Collegium Logicum. Da wird der Geist Euch wohl dressiert, / In spanische Stiefeln eingeschnürt...
Wer will was Lebendiges erkennen und beschreiben, / Sucht erst den Geist heraus zu treiben,
Dann hat er die Teile in seiner Hand, / Fehlt, leider! nur das geistige Band.« (Goethe, o.J., S. 50 f)

Epilog

Der Gebrauch der Logik im Denken ist ebenso notwendig und berechtigt, wie der Gebrauch der Perspektive in der Malerei – jedoch nur als Ausdrucksmittel und nicht als Kriterium der Wirklichkeit.
(Govinda)

Angesichts des Allgemeingültigkeitsanspruchs des logisch-rationalen Denkens erscheint es wichtig, sowohl den Wert dieses Denkstils innerhalb seiner Grenzen anzuerkennen, wie auch seine Gefahren zu beachten, eingedenk der Warnung von Eschenbach:

»Das geistige Potential der Denkfunktion ist vom Ursprung her ... breit und tief dimensioniert. Aber wenn sich die Fähigkeit zur Unterscheidung nicht aus der linear-rationalen ... Denkweise befreit, könnte es sein, dass gerade diese Funktion die Möglichkeit eines neuen Bewusstseinssprunges in die »integrale Bewusstseinsstruktur« nicht nachvollziehen kann.« (Eschenbach, 1996, S. 382)

Bemerkenswert häufig tauchen in Selbsterfahrungsprozessen zu den Grundfunktionen Signale aus dem Unbewussten auf, die auf Gefahren der Denkfunktion aufmerksam machen und zu deren Erneuerung und zur Verbindung mit der Fühlfunktion auffordern.

4.2.5 Denken und Spiritualität

Ein Beispiel hierfür ist der Traum einer Philosophiestudentin, die in einem philosophischen Streitgespräch in Not geraten war.

Daraufhin träumte ihr, sie gehe erneut zum Treffen, finde sich aber in dem Haus nicht zurecht. Erst als sie eine lange Treppe abwärts geht, findet sie die Gruppe. »Plötzlich schrien alle durcheinander, ich konnte nur einzelne Worte schwach erkennen, wobei die Worte ›besser‹ oder ›schlechter‹ vielleicht vorkamen. Dann ging plötzlich eine Tür auf und es erschien in dem Dämmerlicht eine große Gestalt, merkwürdig, wie eingehüllt in ein großes Cape, gleichzeitig aber auch wie durchsichtig und wie vom Wind bewegt. Alle schweigen plötzlich wieder – eine merkwürdige Stille –, so wie feierlich oder so, und dann sprach sie, sehr langsam und deutlich, aber auch gleichzeitig merkwürdig unauffällig: ›Es kommt nicht auf die Werte an sich an. Die Objekte und alle Dinge der Welt erhalten ihre Werte erst durch die lebendige – vielleicht sagte sie auch: ›liebende‹ oder so etwas – Beziehung, die jemand zu den Objekten herstellt. Alle Werte sind relativ. Alle Werte sind subjektiv‹.« (a. a. O., S. 378.)

Dieser Hinweis auf die Beziehung zwischen Erkennendem und Erkanntem, Fühlen und Denken und auf die Relativität des Wertens eröffnet einen Bereich spiritueller Weisheit des Denkens, im Traum dargestellt durch die

Türe, durch die der vom Wind – Symbol des Spirituellen[50] – bewegte Weise eintritt. Dadurch verändert sich die Atmosphäre der Gruppe. Die transparente Gestalt erscheint konkretistischem Denken als irreal, sie ist nur einem Erkennen zugänglich, das in der Welt materieller Objekte zugleich die geistige sieht. Ihre Durchsichtigkeit ist die »Erscheinungsform (Epiphanie) des Geistigen ... die Transparenz des Geistigen durchwirkt das Ganze, und das Ganze ist Transparenz.« (Gebser, 1992, S. 688)

Fallvignette

Ähnlich wie in diesem Traum taucht die Gestalt eines »*Blauen Weisen*« im Individuationsprozess einer Frau auf, wenn sie ratlos und beunruhigt ist, weil sie eine Situation nicht verstehen kann. Er ist von einem blauen durchsichtigen Tuch eingehüllt und beantwortet ihre Fragen mit wenigen Worten, Gesten oder Schweigen, wodurch er sie auf den tieferen Sinn einer aktuellen Schwierigkeit aufmerksam macht und zu umfassender Einsicht geleitet. Als Psychopompos führt diese archetypische Gestalt das Ich zu spiritueller Erkenntnisfähigkeit. Sie führt über die Grenzen des rational bestimmten Denkens hinaus zur Transparenz des geheimnisvollen Ganzen, das häufig als Paradoxie erscheinen mag. Der Weise hält zwischen Reden und Schweigen die Balance der paradoxen Wahrheit: ›Der Redende weiß nicht – der Wissende redet nicht.‹ (Laotse).

Paradoxerweise erweitert das Denken seine Grenzen, indem es sie selbstreflexiv erkennt. Dadurch wird es fähig, seinen Allgemeingültigkeitsanspruch aufzugeben und gelangt zu umfassenderer Erkenntnis. Davon könnten die rätselhaften Verse sprechen: »unser Wissen ist Stückwerk, und unser Weissagen ist Stückwerk... Jetzt schauen wir in einen Spiegel und sehen nur rätselhafte Umrisse, dann aber schauen wir von Angesicht zu Angesicht. Jetzt erkenne ich unvollkommen, dann aber werde ich

---

50 »Im Traum deutet der Wind ...auf etwas, was ...auf uns zugeflogen kommt. Er kündigt ...Veränderungen an. Insbesondere weist er auf geistige Transformationsprozesse und auf eine geistige Energie.« (Knoll, 2011)

durch und durch erkennen, so wie ich auch durch und durch erkannt worden bin.« (1. Kor. 13: 9 u. 12)

Das durchsichtige Tuch, der Schleier, der gleichzeitig das Göttliche verhüllt *und* erscheinen lässt, begleitet als merkwürdiges Symbol den Weg spirituellen Erkennens[51]:

> »Die Reise zu Gott beginnt mit dem Erwachen, mit dem Gedanken, dass die Welt der Erscheinungen ein Schleier ist, der das Göttliche verhüllt. Am Anfang der Suche heben wir den Schleier und werden uns bewusst, dass Schleier und Göttliches ein dasselbe sind. Der Schleier ist die Theophanie; Manifestation des Göttlichen durch seine Namen und Eigenschaften. Blicken wir auf den Schleier, sehen wir nichts als das Göttliche.« (Bakhtiar, 1987, S. 32)

Es war Jungs Anliegen, aufmerksam zu machen auf die notwendige Erweiterung des Denkens, um angesichts der Numinosität des Göttlichen alle Paradoxien des Gottesbegriffs halten zu können (vgl. Jung, GW 11, § 735 f). Indem die Denkfunktion ihre Fähigkeit entwickelt, paradoxe Wahrheit zu erkennen, entfaltet sie ihr wesentlichstes Potential und verhilft dazu, dass wir uns auf ›*Unendliches*‹ beziehen können, was Jung als entscheidende Aufgabe des menschlichen Lebens betrachtete (▶ Kap. 9.).

---

51 Vgl. auch Schillers Ballade »Das verschleierte Bild zu Sais«.

Teil III: Die Grundfunktionen und ihre Einstellungsmodi

5 Die polaren Einstellungsmodi der Grundfunktionen: Introversion – Extraversion

Die vier Grundfunktionen bilden die psychische Orientierungsstruktur des Menschen. Im psychischen Prozess werden sie durch psychische Energie (Libido) aktiviert. Innerhalb dieser Ordnungsstruktur ist die Aktivität der Libido immer von einer spezifischen Qualität bestimmt, die entweder introvertiert oder extravertiert modifiziert ist. Insofern ist die bisherige Beschreibung der Grundfunktionen allgemein und abstrakt, weil ihr Bestimmt-sein durch diese Qualitäten noch nicht berücksichtigt wurde. Zunächst einige grundsätzliche Begriffe der Analytischen Psychologie, die für das Verständnis des Funktionenmodells grundlegend sind:

Libido

Libido als ein zentraler Begriff der Analytischen Psychologie bezeichnet psychische Energie in ihren verschiedenen Erscheinungsformen. Damit ist er zu unterscheiden von ›Libido‹ in der von Freud begründeten Psychoanalyse, womit ausschließlich sexuelle Triebenergie bezeichnet wird. Jung setzte sich intensiv mit Freuds Auffassung des Begriffs auseinander, grenzte sich davon ab und erweiterte ihn zur Bezeichnung des ›*kontinuierlichen Lebenstriebs*‹, des ›*Willens zum Dasein*‹ (vgl. Jung, GW 5, § 195). Sein Anliegen war, die Vielfalt psychischer Energie nicht durch die Reduktion auf ausschließlich sexuelle Energie zu verengen: »Nach meiner … Auffassung ist die Lebensenergie oder die Libido des Menschen das göttliche Pneuma«. (Jung, 1972, S. 475).

Introvertierte und extravertierte Einstellung

Im System der Grundfunktionen sind zwei unterschiedliche Einstellungen der Libido möglich, die sich polar ergänzen. Jung zum Begriff *Einstellung*:

> »Einstellung ... ist eine Bereitschaft der Psyche, in einer gewissen Richtung zu agieren oder zu reagieren.... Eingestellt sein heißt: *für etwas Bestimmtes bereit sein*, auch wenn dieses Bestimmte unbewusst ist... Die Bereitschaft... besteht... darin, dass eine gewisse subjektive Konstellation, eine bestimmte Kombination von psychischen Faktoren ...vorhanden ist, welche entweder das Handeln in dieser oder jener Richtung determinieren oder einen äußeren Reiz in dieser oder jener bestimmten Weise auffassen wird... *Es findet daher eine Auswahl ... statt, welche Nichtzugehöriges ausschließt...* Ob der Richtpunkt der Einstellung bewusst oder unbewusst ist, hat keine Bedeutung für die auswählende Wirkung der Einstellung« (Jung, GW 6, § 781. Hervorheb. M. R.)

Die Beschreibung trifft auch für die Einstellungsmodalitäten der Grundfunktionen zu, die *introvertiert* oder *extravertiert* eingestellt sein können. Die Unterschiede sind nicht linear-logisch zu verstehen, sondern *psychologisch* als Eigenschaften des mehrdimensionalen, komplexen Funktionen-Systems.

Exkurs: Terminologie

Wir befinden wir uns in dem Dilemma, räumliche Begriffe zu verwenden, um unanschauliche psychische Prozesse zu beschreiben. *Extravertiert* bedeutet wörtlich ›nach außen gewandt‹, *introvertiert* ›nach innen gewandt‹. Diese Eigenschaften sind jedoch als *Analogien*, nicht räumlich zu verstehen, da psychische Prozesse nicht mechanistisch vorzustellen sind. Jung hatte lange um das Verstehen und passende Beschreibungen gerungen, zur selben Zeit suchten auch Physiker wie Bohr, Einstein, Pauli usw. um Verständnismöglichkeiten und Begriffe für die von ihnen beobachteten subatomaren Wirklichkeitsebenen. Jung verwendete die Begriffe ›*Introversion*‹ bzw. ›*Extraversion*‹ in seinem frühen Werk in einem noch nicht endgültigen Sinn und bestimmte sie erst später adäquat. Bedauerlicherweise wurden die Begriffe in der zu kurzschlüssigen räumlichen Bedeutung in Persönlichkeitstypologien übernommen, wodurch sich defizitäre Auffassungen von Extraversion und Introversion etablierten.

Nota bene: Beide Begriffe dienen zur Charakterisierung spezifischer *Qualitäten* der Energieverteilung, sie bedeuten *nicht*, eine Funktion sei nach innen oder außen gewandt. Sie bezeichnen, dass der *subjektive Faktor* die Aktivität einer Funktion bestimmt (= introvertiert) oder dass sie davon (relativ) unbeeinflusst ist (= extravertiert), was der kollektiven Auffassung von *objektiv* entspricht. Daher kann sich eine extravertiert eingestellte Funktion ebenso wie eine introvertierte auf das Körperinnere oder die innere psychische Welt richten und eine introvertiert eingestellte Funktion ebenso auf ihre spezifische Weise die Umwelt wahrnehmen und bewerten sowie interpersonelle Beziehungen gestalten. (Zur genauen Beschreibung ▶ Kap. 5.1 und ▶ 5.2).

Individuelle Funktionenkonstellation

Jeder Mensch verfügt über *zwei introvertiert* und *zwei extravertiert eingestellte* Grundfunktionen. Der Einstellungsmodus einer Funktion ist nicht allgemein festgelegt, sondern jeweils durch die individuelle, angeborene Disposition. Diese persönliche Funktionenkonstellation ist lebenslang gegeben und kann nicht umgepolt, jedoch fortlaufend differenziert werden. Allgemeingültig ist jedoch, dass die beiden Funktionen einer Ebene sich *komplementär ergänzen*. D. h. eine Funktion der wahrnehmenden Ebene ist introvertiert, die andere immer extravertiert eingestellt, dasselbe gilt für die urteilende Ebene. Welche der beiden introvertiert bzw. extravertiert eingestellt ist, hängt von der persönlichen Anlage ab. So können sich Menschen begegnen und ergänzen, deren Funktionen auf beiden Ebenen gegensätzlich sind, wie etwa bei Freud und Jung (▶ Tab. 5.1):

Tab. 5.1: Funktionen-Konstellation von C. G. Jung und S. Freud

	Jung	Freud
Empfinden	introvertiert	extravertiert
Intuition	extravertiert	introvertiert
Fühlen	extravertiert	introvertiert
Denken	introvertiert	extravertiert

Zusammenspiel der vier Funktionen

Der Ausgleich zwischen den vier Grundfunktionen ist ein wesentlicher Faktor psychischer Ganzheit und inneren Gleichgewichts.[52] Gesellschaftliche und biographische Faktoren bedingen häufig, dass sich die Funktionen ungleich entwickeln. Es kommt im kollektiven und individuellen Bewusstsein zur Dominanz von einer oder zwei Funktionen. Identifiziert sich das Ich mit diesen, sind die anderen Funktionen wenig entwickelt und differenziert und meist mit unbewussten Inhalten aufgeladen. Je mehr eine Funktion vorherrscht, desto mehr verliert das Ich den Bezug zur komplementären Gegenfunktion. Aus der auf Ergänzung angelegten Beziehung zwischen den Funktionen wird eine antagonistische, in der eine Funktion zur Abwehr anderer benutzt wird, was zu innerpsychischen und interpersonellen Konflikten führt, gegebenenfalls zu neurotischer Dissoziation.[53]

Selbstregulation – therapeutische Relevanz

Entsprechend der lebenslang gegebenen Tendenz der Psyche, ihr energetisches Gleichgewicht aufrechtzuerhalten, drängen verdrängte Funktionen ins Bewusstsein, um dem Ich zur Verfügung zu stehen. Sie werden zunächst als störend für das ›Funktionieren‹ im gewohnten Modus erlebt. Bleibt die Abwehr bestehen, fließt ihre Energie in andere psychische Bereiche, vorrangig in Komplexfelder und/oder somatische Prozesse. Unverstandene Entwicklungsimpulse können in Form von Konversionssymptomen als *symbolische Symptome* zum Ausdruck kommen, was

---

52 Entsprechend ist Kübler-Ross der Überzeugung, dass der Sinn des Lebens »nur darin bestehen kann, ein *Gleichgewicht* zwischen den mentalen, den physischen und den spirituellen Aspekten unseres irdischen Daseins zu finden – oder wie ich es formulieren möchte: »*in Harmonie mit den physischen, emotionalen, intellektuellen und spirituellen Quadranten zu leben*«.« (Kübler-Ross, 1986, S.13. Hervorheb. M.R.) Sie bezieht sich hier ausdrücklich auf den Quaternio als archetypische Struktur der Ganzheit und indirekt auf die Grundfunktionen.
53 Ausführlich bei Adam, 2011, Kap. 11. Orientierungsfunktionen und Abwehrmechanismen und Kap. 12. Spezielle Neurosenlehre. S. 195 ff.

jedoch meist als ›Funktionsstörung‹ diagnostiziert wird. So kann sich etwa eine verdrängte Fühlfunktion in Weinerlichkeit, unkontrollierbarem Tränenfluss oder chronisch geschwollenen Tränendrüsen ausdrücken. Besteht längere Zeit ein energetisches Ungleichgewicht zwischen den Funktionen, führt dieses zu Erschöpfung, Burn-out, Gereiztheit u. a. Der Betreffende erlebt sich als zerrissen, erschöpft, ›nur funktionierend‹. Die begleitende Depression ist der unbewusste Versuch, das energetische Ungleichgewicht zu korrigieren, indem vermehrt die Libido ins Unbewusste fließt, um die verdrängten Funktionen zu beleben. Dissoziationen - Kennzeichen von Traumatisierung und neurotischen Störungen - betreffen immer auch das Funktionensystem, indem eine oder mehrere Funktionen vom Ich-Bewusstsein abgespalten und /oder fremd erlebt werden. Für die therapeutische Bearbeitung dieser Störungen ist es somit hilfreich, diese Funktions-Dynamik zu erkennen.

Bereits in der Kindheit entstehen unter dem Druck hoher Anpassungsforderungen dysfunktionale Einseitigkeiten, etwa wenn ein Kind genötigt ist, seine Eltern zu parentifizieren. Es kommt zur Dissoziation von introvertierten und extravertierten Funktionen, da die extravertierten vom Kind benutzt und entwickelt werden, um den Erfordernissen der Umwelt zu entsprechen, während die introvertierten sich kaum entwickeln können. Nur wenn das Kind in seinem So-Sein wertgeschätzt wird und genügend Freiraum hat, können sich seine introvertierten Funktionen entfalten. Andernfalls beginnt eine ungleiche Entwicklung, vorrangig werden die extravertierten Funktionen trainiert, die introvertierten hingegen kaum eingesetzt, womit sie relativ unbewusst und ungeübt bleiben.

Grundfunktionen im Traum[54]

Entsprechend ihrer Funktion, »Störungen des geistigen Gleichgewichts auszugleichen, indem sie Inhalte komplementärer und kompensatorischer Art hervorbringen« (Jung, 2005, S. 30), können Träume wichtige Hinweise geben, wenn einzelne Funktionen dominieren und die Balance des Ich-Bewusstseins stören.

---

54 Vgl. auch Rafalski, Adam. (2010).

Fallvignette: »Die roten Platten abnehmen« – »Blau wird größer«

Die Träumerin besucht im Traum ein Haus: »Mir sind die Wände aufgefallen, sie waren in leuchtendem Kirsch-Rot, eine Nuance zu kräftig rot.« Sie entdeckt, dass das Rot auf Platten aufgetragen war, die an der Wand befestigt waren. »Ich habe gedacht: da wird etwas zugedeckt, ob da wohl Schimmel dahinter ist?« Bei Besprechen des Traumes wird ›aufgedeckt‹, dass die Träumerin mit ihrer Libido-starken extravertierten Fühlfunktion sich schnell und freundlich auf ihr Gegenüber einstellt, jedoch andere eigene Impulse ›zudeckt‹, auch negative Gedanken bezüglich ihres Gegenübers. Das leuchtende Rot als Farbe des Fühlens zieht die Aufmerksamkeit der Träumerin auf sich, um ihr das ›Zudeckende‹ ihrer ›eine Nuance zu dick‹ aufgetragenen Freundlichkeit vor Augen zu führen. Die Träumerin war angeregt, weiter zu forschen. Im Rahmen einer Aktiven Imagination nahm sie die roten Platten ab und fand unter der glatten roten Wand raues Mauerwerk, das sie so lassen wollte. In den nächsten Stunden sprach sie erstmals von ihrer »rebellischen Seite« und stellte fest, dass sich etwas in ihr »umgedreht, gewendet« habe, es sei »ein Aufbruch in eine neue Zeit«. Als sie das Imaginationsbild malte, hatte das (rosa gekleidete) Ich Hilfe beim Abnehmen der roten Platten bekommen durch eine jüngere blau gekleidete Frau, und der Raum hatte sich nach rechts vergrößert und erweitert. In den folgenden Wochen erlebte sie sich erfrischt und »innerlich voller«, sie ließ ihre rauen Seiten ans Tageslicht kommen. Gleichzeitig wurde ihr eine intensive Sehnsucht nach ihrem inneren, verborgenen Wissen bewusst. Diese Wendung bildete folgender Traum symbolisch ab: »Ein Innenraum – in Kopfhöhe sind Fäden gespannt, wie von einem Webstuhl – an diesen sind Farbabschnitte in Blau aufgehängt, die nach rechts hin immer größer werden«. Der Traum lenkt die Aufmerksamkeit auf Blau und wiederum nach rechts, Richtung zunehmender Bewusstwerdung und Progression. Gehalten an den Schicksalsfäden des Webstuhls, an dem ihr persönliches Schicksalsgewebe und -muster entsteht, gewinnt ihre bisher im Schatten des extravertierten Fühlens verharrende introvertierte Denkfunktion – symbolisiert im Blau – an Raum. Der Traum leitete eine Phase ein, in der sie neue berufliche Entwicklungsmöglichkeiten erkundete.

Vorstufen der Einstellungsmodi

Der Anthropologe Portmann hebt die Freiheit des Menschen gegenüber äußeren und inneren Reizen als wesentliches Kennzeichen humaner Daseinsform hervor.

»Aus tierischer Unmittelbarkeit wird Mittelbarkeit – zwischen die ...Transformation einer Reizgestalt und die Antwortorganisation unseres Handelns schiebt sich eine sehr komplexe, variantenreiche Verarbeitung der transformierten ›Bilder‹ ein.« (Portmann, 1952, S. 346)

Diese Möglichkeit zur Distanzierung von Reizen und ihrer variablen Verarbeitung ist Vorbedingung für die Differenzierung der Einstellungsmodi beim Menschen. Doch auch das Tier erlebt und handelt subjektiv. Portmann prägte dafür den Begriff der ›*Innerlichkeit*‹, der das Faktum bezeichnet, dass jedes Lebewesen ein selbständig agierendes Zentrum in seiner Umwelt ist. Zumindest bei höheren Tieren sind zwei unterschiedliche Energiemodi als Vorstufen der komplementären Einstellungsmodi der Libido zu erkennen: Befinden sich Tiere in Sicherheit, bewegen sie sich ruhig und mit Pausen, sie gehen subjektiven Bedürfnissen wie Fressen, Verdauen, Ruhen, Freundschaftsbekundung, Fellpflege, Spielen usw. nach. Dieser *Komfortmodus* ermöglicht Regeneration, geistige Verarbeitung und Erfüllung persönlicher Bedürfnisse, wobei die einzelnen Tiere sich deutlich voneinander unterscheiden. Er entspricht offensichtlich dem introvertierten Modus beim Menschen. Werden Tiere durch Umweltreize verunsichert, ist ihre ganze Aufmerksamkeit auf das Umfeld fokussiert. Ihr *Fluchtmodus* ist aktiviert, gegebenenfalls werden sie in größtmöglicher Geschwindigkeit kollektiv gleichartig flüchten. Alle anderen Bedürfnisse sind ausgeblendet, selbst die Schmerzwahrnehmung ist reduziert, sodass ein Tier bei Verletzungen weiter flüchtet. In der weitgehenden Abstraktion von der Subjektivität des Tieres scheint dieser Modus dem extravertierten Modus beim Menschen zu entsprechen. Somit stellen die Einstellungsmodi offenbar eine Weiterentwicklung komplementärer Lebensmodi der Tiere dar. Wenn Tiere nicht auf der Flucht sind, richtet sich ihr Verhalten nach ihrer arttypischen ›inneren Uhr‹, deren Rhythmen mit qualitativ unterschiedlichen Energien verbunden sind. Auch beim Menschen verlaufen somatische und psychische Prozesse nach periodisch wechselnden Rhythmen. Geistige und emotionale Prozesse werden davon bestimmt, wie neurowissenschaftliche Forschungen zeigen, was dem rhythmischen Wechsel der Funktionen zu entsprechen scheint, der als wesentlicher Aspekt des Funktionensystems dieses im Gleichgewicht hält. Sofern nicht äußerlich vorgegebene Zeitstrukturen es verhindern, haben auch Menschen das Bedürfnis, sich nach ihrer ›inneren Uhr‹ zu richten.

5.1 Introvertierter Einstellungsmodus

> Was auch vom Ich geschildert wird, es schildert das Ich.
>
> (Jakob Böhme)

Das Energie- und Bedeutungs-Feld einer introvertierten Funktion ist komplex, da es die Fokussierung eines Objektes zugleich mit innerpsychischen Inhalten verbindet, die für den Betreffenden mit einem derartigen Objekt verknüpft sind. Das können bewusste und unbewusste Erinnerungen, Erfahrungen, persönliche Komplexe u. a. Inhalte des persönlichen und kollektiven Unbewussten sein. Der Libido-Fluss verbindet das wahrgenommene oder bewertete Objekt mit subjektiven Repräsentanzen, Bedeutungen und Konnotationen. Diese Verbundenheit ist in diesem Modus grundsätzlich gegeben und unbewusst. Das fokussierte Objekt aktiviert bereits bei seiner Wahrnehmung bzw. Bewertung einen komplexen innerpsychischen Konnotationsbereich, sodass es vom Subjekt mitgeprägt und im Erleben und Gestalten mit subjektiven Bedeutungen angereichert ist.

Ein literarisches Beispiel für die Selbstbegegnung im Medium der introvertierten Funktionen[55] gibt Proust im Schlüsselerlebnis der ›Suche nach der Verlorenen Zeit‹: Der Geschmack des in Tee getauchten Gebäcks bewirkt augenblicklich, dass der Erzähler wie gebannt ist. »Ein unerhörtes Glücksgefühl, ... dessen Grund mir unbekannt blieb,

---

55 in seinem Fall: Empfinden und Fühlen

hatte mich durchströmt. Es hatte mir mit einem Schlag, wie die Liebe, die Wechselfällte des Lebens gleichgültig werden lassen… und es erfüllte mich mit einer köstlichen Essenz; oder vielmehr: diese Essenz war nicht in mir, ich war sie selbst. Ich hatte aufgehört, mich mittelmäßig, zufallsbedingt, sterblich zu fühlen.« (Proust, 2011, Bd. 1. S. 67) Er wusste intuitiv, dass die »köstliche Essenz« mit dem Geschmack zwar in Verbindung stand, »aber weit darüber hinausging und von ganz anderer Wesensart sein musste. Woher kam sie mir?« (ebd.) Nach langem, konzentriertem Bemühen spürt er, »wie etwas in mir sich zitternd regt…, sich zu erheben versucht, als ob etwas sich in großer Tiefe vom Ankertau gelöst hätte« (a. a. O., S. 69). Er nähert sich der Gewissheit, dass das, »was auf dem Grund meines Ich in Bewegung geraten ist, … die visuelle Erinnerung (ist), die zu diesem Geschmack gehört und die … versucht, mit jenem bis zu mir zu gelangen.…Und mit einem Mal war die Erinnerung da… all das, was nun Form und Festigkeit annahm, Stadt und Gärten, stieg auf aus meiner Tasse Tee« (a. a. O. S. 69 ff) Nicht nur mit der persönlichen Erinnerung verbinden ihn die sinnlichen Eindrücke, sondern auch mit der archetypischen Dimension von Zeit: »Eine Alchemie der Zeit verbindet Empfindungen und Erinnerungen (bei Proust) zu einem sowohl der Gegenwart als auch der Vergangenheit enthobenen *Zeitkristall*.« (Han, 2014, S. 48)[56]

Subjektiver Faktor

Der introvertierte Einstellungsmodus ist, wie Jung betont, keineswegs nur egohaft durch das Ich geprägt:

---

56 In diesem Zusammenhang erscheint die Interpretation dieser Passage als »Ringen um … Entschlüsselung von …Körperempfindungen« bei Leuzinger-Bohleber, Pfeifer (2016, S. 125) verkürzt und der Komplexität des von Proust beschriebenen inneren Erlebens nicht adäquat: die Geschmacksempfindung verbindet sich unmittelbar mit der ›köstlichen Essenz‹ des unerhörten Glücks*gefühls*. Das Wirken des subjektiven Faktors kann nicht auf ein mechanistisches *Konstruieren* »durch analoge sensomotorische Koordinationen …(von) Erinnerungen mit analogen Körperempfindungen« (ebd.) reduziert werden.

»Als subjektiven Faktor bezeichne ich jene psychologische Aktion oder Reaktion, welche sich mit der Einwirkung des Objektes zu einem neuen psychischen Tatbestand verschmilzt. Insofern nun der subjektive Faktor seit ältesten Zeiten und bei allen Völkern der Erde zu einem sehr hohen Maße sich selber identisch bleibt – indem elementare Wahrnehmungen und Erkenntnisse sozusagen überall und zu allen Zeiten dieselben sind –, so ist er eine ebenso fest gegründete Realität wie das äußere Objekt... Insofern ist daher der subjektive Faktor etwas ebenso unerbittlich Gegebenes wie die Ausdehnung des Meeres und der Radius der Erde. Insofern beansprucht auch der subjektive Faktor die ganze Würde einer weltbestimmenden Größe, die nie und nirgends aus der Rechnung ausgeschlossen werden kann. Er ist das andere Weltgesetz ... (doch unterliegt auch er wie das Objekt) der Veränderlichkeit und individuellen Zufälligkeit. Und damit ist auch sein Wert bloß relativ.« (Jung, GW, Bd. 6, § 693)

»Die introvertierte Einstellung richtet sich ... nach der im Prinzip durch Vererbung gegebenen psychischen Struktur, welche eine dem Subjekt innewohnende Größe ist. Sie ist aber *keineswegs als schlechthin identisch mit dem Ich des Subjektes zu setzen, ... sondern sie ist die psychische Struktur des Subjektes vor aller Entwicklung eines Ich. Das eigentlich zugrundeliegende Subjekt, nämlich das Selbst, ist bei weitem umfangreiches als das Ich*, indem ersteres auch das Unbewusste umfasst, während letzteres im wesentlichen der Mittelpunkt des Bewusstseins ist.« (a. a. O. § 695, Hervorheb. M.R.)

Verbindung mit dem Selbst[57]

Es sind somit die introvertierten Funktionen, die das Ich-Bewusstsein mit dem Unbewussten und dem *Selbst* verbinden und den Menschen zu seiner Mitte führen. Sie sind daher von zentraler Bedeutung für Individuation, Heilung im therapeutischen Prozess und die adäquate Haltung des Therapeuten. Das Selbst als archetypischer Faktor der Ganzheit umfasst Bewusstsein und Unbewusstes und geht damit wesentlich über das Ich hinaus. Es hat individuelle, kollektive und archetypische Aspekte und wirkt als anordnendes Zentrum der Ganzheit der Persönlichkeit, es wird

---

57 Der Begriff des *Selbst* drückt die Einheit und Ganzheit der Gesamtpersönlichkeit aus und umfasst Erfahrenes und noch nicht Erfahrenes. (vgl. Jung, GW 6, § 891). Er sollte nicht mit dem Selbstbegriff der psychoanalytischen Selbstpsychologie verwechselt werden.

als überpersönliche Macht erfahren, die das Ich transzendiert. Der transzendente, unanschauliche Begriff des Selbst erweitert unser Vorstellungsvermögen »über eine alltägliche weltliche Breite von Selbst-Wissen hinaus zu dem unbekannten Innen, zum Geheimnis der einzelnen Existenz und des allgemeinen Seins, zu einer persönlichen Beziehung und zur möglichen Einbeziehung des Unendlichen, zum Numinosum.« (Stein, 2009, S. 415). Empirisch wird das Selbst in Träumen, Imaginationen und anderen Gestaltungen des Unbewussten erfahrbar, auch in Fügungen des Schicksals, die mit einer Atmosphäre des Unerklärlichen und Numinosen verbunden sind.

Die archetypische Dimension

> Geschichten über Chidr, den Grünen,
> und Geschichten, die Chidr selbst erzählte,
> kommen wieder. Wir glaubten sie verloren.
> (Dschalaluddin Rumi)

Durch ihr Verbundensein mit dem Unbewussten haben die introvertierten Funktionen Teil an der archetypischen Dimension. Ein Traum lässt diese in seiner numinosen Atmosphäre erfahrbar werden. Er tauchte in einer Individuationsanalyse auf, als die Träumerin begann, sich ihrer verletzten introvertierten Empfindungsfunktion zu zuwenden.

Traum vom Grünen Mann

»Als wir nach dem Waldspaziergang zu unserem Auto zurückkamen, saß auf dem Dach eine große Kröte, die offensichtlich zum Auto gehörte. Dann stand ein riesiger grüner Waldmensch bei uns (über 2m), der uns bat, mit uns in die Stadt kommen zu dürfen. Wir überlegten und fanden, er könne in der Schule gut eingesetzt werden (und dadurch eine Existenzberechtigung haben) als jemand, der aus eigener Erfahrung Einblicke in natürliche Biotope geben könne. Ich hatte dann auch die Idee, dass wir das nächste Theaterstück mit einem Riesen gestalten könnten. Voraussetzung, sagte ich, sei aber, dass er nichts vergäße. Er solle seine Sachen packen und zu Fuß hinunter zum Parkplatz kommen, so hätte er die Möglichkeit, seine Energien etwas aufzubrauchen. Dort trafen wir den Biologie-Kollegen, der mir vorschlug, den Waldmenschen bei mir im Gästezimmer aufzunehmen. Ich hatte zunächst Zweifel, weil er so groß war und nicht ins Bett passte, aber ich war dann gerne einverstanden, wenn er die Füße überhängen lassen wollte. Der Waldmensch war zwar riesig, aber sehr sanft und bescheiden bei all seiner Kraft. – Eigentlich war er die Natur selber.« (leicht gekürzt)

Die überdimensionale Größe kennzeichnet den »*grünen Waldmenschen*« als eine Gestalt der archetypischen Dimension mit ›*riesigen*‹ Energien, die erst etwas ›*aufgebraucht*‹ werden müssen, bevor das träumende Ich ihre Nähe an- und bei sich aufnehmen kann. Auch der subtile Humor des Traums trägt bei, diese Begegnung ›*der besonderen Art*‹ annehmen zu können. Erst nachfolgende Recherchen der Träumerin machten ihr und mir bewusst, dass ihr ein Bild der Vegetationsgottheit des *Grünen Mannes* begegnet war, des Archetyps der Erdverbundenheit, des Kreislaufs von Tod und Wiedergeburt, der sich ständig erneuernden Lebensenergie.

Seine Wurzeln reichen bis in die Steinzeit zurück, im Orient wird er El Chidr, der Grüne genannt. Er erscheint in Volksbräuchen u. a. als großer, mit Laub bekleideter *Maigraf*, der das wieder erwachte Leben der Natur verkörpert. In der Artussage ist er der *Grüne Ritter*, der die Kraft der Natur verkörpert. Auch als keltischer Gott *Cernunnos*, als römischer Waldgott *Silvanus* und bis ins Mittelalter in der Gestalt des *Wilden Mannes* ist er bekannt. Er symbolisiert die der gesamten Natur innewohnende Grundkraft, die alles ›grünen‹ lässt. Obgleich im Christentum als heidnische Gottheit verbannt, ist sein aus Blättern gebildetes Gesicht, aus dessen Mund Pflanzen sprießen, in Kirchen – etwa am Sockel des Bamberger Reiters – zu sehen (▶ Abb. 3).

Intrapsychisch markiert sein Bild die »Schwelle zwischen unserer äußeren Natur und den Tiefen unseres Selbst« (Anderson, 2004, S. 214), das dann ins Bewusstsein titt, wenn die Menschen ihr Verhältnis zur Erde entscheidend verändern müssen. Heute ist der *Grüne Mann* »als das lebendige Antlitz der ganzen Erde zurückgekehrt, damit wir dem Universum durch seinen Mund verkünden können: »Wir sind eins«.« (ebd.) In seinen unterschiedlichen Erscheinungsformen bildet er den archetypischen Kern der Empfindungsfunktion.

5 Die polaren Einstellungsmodi der Grundfunktionen

Abb. 3: Bamberger Reiter mit Blattmaske am Sockel (links) und Blattmaske als Ausschnitt (rechts) (Quelle: Wikimedia Commons)

Als hilfreiche Gestalt erschien der Grüne Mann der Träumerin später auch in *Aktiven Imaginationen* (▶ Abb. 4).

Abbildung 4 zeigt ein von ihr gemaltes Bild. Ausgangssituation war, dass sie sich am Vortag durcheinander, »wie von einem Strudel erfasst« gefühlt hatte. Bei dessen Betrachten in der Imagination sah sie einen Strudel in blauem Wasser an dem der Grüne Mann hinab tauchte, um einen goldenen Tropfen aufzufangen, der mit dem Wirbel hinabgezogen wurde. Bemerkenswert ist, dass hier aus seinem Mund nicht Blätter hervorkommen, sondern ein wurmartiges Lebewesen, dass Fische in seinem Haar schwimmen und seine Hand mit dem kurzen Daumen an eine Affenhand erinnert – Hinweise darauf, dass er die *gesamte* Lebensenergie der Natur verkörpert. Unterhalb des goldenen Tropfens sind drei mondsichelförmige, violettfarbene Schalen zu sehen, die zusätzlich den Tropfen zu bewahren scheinen, wodurch die weiblich-haltende Geste des Mannes

Teil III: Die Grundfunktionen und ihre Einstellungsmodi

Abb. 4: »Grüner Mann fängt unter Wasser Goldtropfen auf«

›untermalt‹ und ergänzt wird. Der Tropfen stellt das zur Drei (Schalen) hinzukommende Vierte[58] dar, womit die Ganzheit des archetypischen Geschehens betont wird; ebenso in der gegenläufigen Bewegung des Wassers: Der Abwärtssog des Strudels zeigt bei Blickwechsel eine aufsteigende Richtung und oben das dämonische Gesicht eines Geistes – oder des Todes? Der Tropfen hat einige grüne Markierungen und kann auch als eine fast reife (goldene) Frucht gesehen werden. Zuunterst wird die Unendlichkeitsschleife der Lemniskate mehrfach wiederholt, sodass das ganze Bild den ewigen Kreislauf von Progression und Regression, des Stirb und Werde andeutet.

Jungs Vision vom Grünen Mann

Im Roten Buch beschreibt Jung wie er im Wechsel von Tod und Erneuerung von der archetypischen Energie des Grünen Mannes erfasst wurde:

»Ich war von unten ins Leben hineingeboren … und sah, dass Frühling war. Aber ich war nicht mehr der Mensch, der ich gewesen war, sondern ein mir fremdartiges Wesen durchwuchs mich. Dieses Wesen war ein lachendes Waldwesen, ein blättergrüner Unhold,…der einsam in Wäldern haust und selber ein grünendes Baumwesen ist,… unsichtbaren Gesetzen gehorchend, … uralt und eben ganz jung«. (Jung, 2009, S. 267)[59]

›Schicksale‹ der introvertierten Funktionen

Innerlichkeit lässt sich nicht direkt mitteilen,
dass sie ausgesprochen wird, ist Äußerlichkeit,
die sich nach außen, nicht nach innen richtet,
die Wiederholung der Innerlichkeit ist der Widerhall,
wodurch das Gesagte verschwindet,
wie Maria sich zurückzog, als sie die Worte in ihrem Herzen verbarg.
(S. Kierkegaard)

---

58 (▶ Kap. 8)
59 Auf diese Passage wurde ich durch Bishop (2017, S. 47) aufmerksam.

Da die introvertiert eingestellten Funktionen subjektiven Charakter haben, sind ihre Inhalte oft schwer in Worten zu fassen, da Sprache auf kollektiven Konventionen beruht. Dies gilt besonders für Funktionen wie Fühlen oder Intuition, die per se bereits in der Alltagssprache kein differenziertes Repertoire an Worten zur Verfügung haben. Daher ist es schwierig, das Erleben in diesen Funktionen sprachlich mitzuteilen, obgleich es innerlich reich und lebendig ist. Sie sind häufig stumm in der sozialen Kommunikation.

Fallvignette

In einer Paartherapie beklagte sich eine Frau, es käme zu Ehekonflikten, weil ihr Mann nicht fühlen könne. Es stellte sich heraus, dass er unter dem Druck der schnellen extravertierten Fühlfunktion seiner Ehefrau nicht genug Ruhe fand, um sein Fühlen in passenden Worten - die er erst suchen musste - mitzuteilen.

Es zeigt sich, zu welchen Fehlinterpretationen es kommen kann, wenn sich eine introvertierte Funktion nicht flüssig mitteilen kann.

Kindern fällt es grundsätzlich schwer, Worte für ihr Erleben zu finden und sich mitzuteilen, zumal die innere Welt des Kindes so verschieden von der Erwachsenenwelt ist. Mangelt es seinem Umfeld an Interesse für sein Erleben und Wesen und/oder wird das Kind als Objekt für Belange der Erwachsenen benutzt, kann es sich noch weniger mitteilen. Betroffen sind vorrangig die introvertierten Funktionen, sie verstummen, ihre Energie kann sich langfristig nur durch ›störende‹ Symptome oder heimliche (Sehn-)Süchte ausdrücken. Das Kind benötigt die Erfahrung von Sicherheit und Angenommen-sein, um sie im Gleichgewicht mit seinen extravertierten Funktionen entwickeln zu können. Vermittels ihrer Energien verarbeitet und integriert es in Zeiten des Rückzugs, in Tagträumen, stillem Spiel mit sich selbst oder wenn es meditativ in sich versunken erscheint, auch in Krankheitszeiten, was es beim Aus-sich-Herausgehen erlebte. Pädagogen betonen die wichtige Bedeutung ›kreativer Langeweile‹ für die Entfaltung von Begabungen bei Kindern und Jugendlichen.

Schöpferisches Potential

Lebendigen Ausdruck finden introvertierte Funktionen in allem, was der Einzelne als persönliches kreatives Feld erlebt. Oft wird es ›Hobby‹ genannt – tatsächlich ist das *hobby-horse* (Steckenpferd) mit Pegasus verwandt, dem Musen-Ross und Sinnbild kreativer Inspiration. Menschen erzählen mit leuchtenden (inspirierten) Augen, womit sie sich in ihren Muse-Stunden beschäftigen. Da sie mit der unbewussten Dimension, dem Ursprung schöpferischer Energien, verbunden sind, geht die kreative Potenz aus den introvertierten Funktionen hervor. Der Einzelne wählt gemäß seiner persönlichen Funktionen-Konstellation die Bereiche seiner Kreativität, in denen sich seine Subjektivität realisiert. Immer ist mehr oder weniger deutlich ein außergewöhnliches Element in ihnen enthalten, der Traumgestaltung ähnlich. Sichtbar wird es in kindlichen Manifestationen, während Erwachsene - außer sie sind freischaffende Künstler - es eher verbergen aus Furcht, als ›abstrus‹ zu gelten. Das Surreale, ›Abstruse‹ tauchte in der Bildenden Kunst und Literatur v. a. zu der Zeit auf, als auch die Wissenschaften sich für das Unbewusste interessierten.

Je mehr eine Person um den ›*Individualwert*‹[60] ihrer introvertierten Funktionen weiß, desto eher kann sie eigenwillige Gestaltungen auch bei anderen Menschen schätzen. So äußerte die o. g. Träumerin (»*Die roten Platten...*« ▶ Kap. 5, Abschn. Grundfunktionen im Traum) als sie sich auf ihr introvertiertes Denken einließ, sie schätze an den ihr vorliegenden Lebensläufen die Schreibfehler, weil diese so viel ausdrückten, und gleichzeitig wagte sie, ihre Arztbriefe persönlicher, weniger Schema-orientiert zu gestalten.

Notwendiger Freiraum

Introvertierte Funktionen brauchen Spielraum, unter Druck und in Hektik können sie sich nicht entfalten. Das Bewusstsein muss sich auf ihre Inhalte konzentrieren können, die mit komplexen innerpsychischen Feldern verbunden sind. Umgekehrt verhelfen sie dem Ich zu Konzentration und

---

60 Vgl. die Polarität von ›*Individualwert – Kollektivwert*‹ bei Schiller, auf die sich Jung in seinen Vorarbeiten zur Typologie bezieht (Jung, GW 6, § 107 ff).

vereinen es mit der eigenen Mitte. Sie wollen eigenständig, individuell arbeiten und ›leiden‹, wenn ihnen äußerer Zwang auferlegt wird und sie sich uneinsichtigen Normen anpassen müssen. Starre Vorgaben werden als einengend und die kreativen Energien blockierend erlebt, der Betroffene befürchtet in dieser Angst erzeugenden Enge, die Vorgaben nicht erfüllen zu können. Hält der Zustand längerfristig an, verliert er das Vertrauen zu seinen introvertierten Funktionen, wodurch sich deren ursprüngliche Anlage nicht entwickeln kann. Da dieser psychodynamische Zusammenhang meist nicht bewusst ist, erlebt er nur diffuses Unbehagen bei Forderungen von außen, ohne die Situation durchschauen und verändern zu können.

Schüler, die in eine derartige Situation geraten, wirken nach außen hin desinteressiert und in dem betreffenden Schulfach unbegabt. Meist verinnerlichen sie diese Wertung, ihre Entwicklung gerät in eine Negativspirale, sie entwickeln einen Minderwertigkeitskomplex bezüglich ihrer introvertierten Funktionen, die nun von Schamgefühlen belastet sind. Die Kritik geht ›unter die Haut‹, da gerade diese Funktionen mit der eigenen Person verbunden sind. Betroffen sind v. a. Schüler, deren Denken und/oder Empfinden introvertiert ist, da das Schulsystem vorrangig diese Funktionen fordert. Unter dem Leistungs- und Zeitdruck können sich ihre Funktionen, die Zeit benötigen, nicht entfalten – »*leerer Kopf, es kommt kein Gedanke*« ist das typische Erleben. Ein sechsjähriges Mädchen, seit einem halben Jahr eingeschult, schlug sich gegen den Kopf, sagte verzweifelt: »Ich brauche einen neuen Kopf, mein Kopf funktioniert nicht!« – als es nicht so schnell wie erwartet, Lesen und Rechnen erlernte. Versagensängste schaffen Druck und Verwirrung und behindern die ursprüngliche Freude am Lernen.

Charakteristika

›Ein jegliches hat seine Zeit‹

Jede introvertierte Funktion umfasst ein weites Spektrum innerpsychischer, teilweise unbewusster Gegebenheiten, die mit dem wahrgenommenen bzw. bewerteten Objekt verbunden sind. Der Prozess des Bewusstwerdens dieser komplexen Inhalte benötigt eine gewisse Zeit. Hinzu kommt, dass das Ich zunächst die Schwelle zum Unbewussten zu überwinden hat, um sich auf das Objekt mit seinen Konnotation einzulassen, was ebenfalls Zeit braucht. Je weniger das Objekt dem Ich vertraut ist, desto eher wird es mit unbewussten Phantasien von Fremdem, eventuell Ungeheuerlichem aufgeladen und desto vorsichtiger begegnet ihm das Ich. Und je weniger das Bewusstsein allgemein mit dem Unbewussten vertraut ist, desto stärker wirkt die Scheu.

Beispiel

Für einen Menschen mit introvertierter Empfindungsfunktion ist es kaum möglich, ein im Dämmerlicht schwer erkennbares Objekt zu berühren. In dieser Berührungsscheu wirkt mehr oder weniger bewusst die Phantasie, er könne mit etwas Ungeheuerlichem in Berührung kommen.

Da das Ich durch Inhalte der introvertierten Funktionen subjektiv berührt wird, ist sein Potential begrenzt, Reize in diesen Funktionen zu empfangen. Es kann sich in diesen kaum abgrenzen und erlebt sich überfordert, wenn zu viel auf es einströmt. Diese unbewusste Selbstregulation signalisiert ihm, wann die Belastbarkeit einer introvertierten Funktion überschritten wird, wenn auch diese Signale so nicht immer verstanden werden. Um seine Stabilität zu bewahren, muss das Ich die Möglichkeit haben, zwischen Empfangen und Verarbeiten der Reize das Gleichgewicht zu halten.[61] Diese Integration kann durch äußere Gestaltung und/oder Verinnerlichung erfolgen, immer ist es ein kreativer Prozess, der Zeit erfordert, jedoch nach außen hin als ›Nichts-tun‹ erscheinen kann. Möglicherweise ist das Objekt zusätzlich durch Störsignale aus persönlichen Komplexen oder traumatischen Engrammen aufgeladen, ohne dass das Ich weiß, dass sie dem eigenen Unbewussten entstammen. Auch dies kann seine Aufnahmefähigkeit begrenzen.

Das Erinnerungsvermögen der introvertierten Funktionen ist begrenzt auf diejenigen Inhalte, die dem Subjekt in der betreffenden Situation

---

61 In der Diätetik, den Grundsätzen der gesunden Lebensführung der antiken griechisch-römischen Medizin, wurde *Gleichgewicht* als Voraussetzungen für ein gesundes seelisches Leben angesehen und Gesundheit als richtiges Maß, Gleichgewicht, Wohlgefügtheit, Wohltemperiertheit und Gleichberechtigtheit der Elemente verstanden.

bedeutungsvoll erschienen. Sie bleiben lange in Erinnerung, während belanglos erscheinende Details kaum erinnert werden. Bereits vorbewusst wird ausgewählt, was für das Subjekt belangvoll ist und in der Erinnerung behalten wird. Diese selbstregulative Auswahl hat den Sinn, das Fassungsvermögen und den Wert dieser Funktionen zu bewahren.

Auf diesem Hintergrund wird die Notwendigkeit für das Ich verständlich, selbst zu bestimmen, wie viel es aufnehmen und verarbeiten kann. Die Grenzen werden von *allgemeinen* und *individuellen* Faktoren bestimmt. Letztere hängen von Struktur-Niveau bzw. Differenzierungsgrad einer Funktion ab. Je entwickelter sie ist, desto mehr kann sie aufnehmen und verarbeiten. Allgemein menschlich sind die zirkadianen Rhythmen psychischer Energie, die bestimmen, wann eine Bereitschaft zu, ein Bedürfnis nach Aktivitäten der introvertierten Funktionen oder der extravertierten besteht.

Individualwert: Regeneration und Selbstbegegnung

Da die introvertierten Funktionen mit der Matrix des Unbewussten, dem Ursprung aller psychischen Energie, verbunden sind, ermöglichen sie Regeneration neben jener im Schlaf. Daher wird als wohltuend erlebt, in diese Funktionen zurückzukehren, wenn lange die extravertierten gefordert waren. Darin liegt der Erholungswert persönlicher Hobbies, während extreme Aktivitäten extravertierter Funktionen die Menschen von sich entfremden, zerstreuen und langfristig erschöpfen. Das Involviertsein der ganzen Person und ihre Verbindung mit dem Geist ›in der Tiefe‹, bedingt die Intensität und inspirierende Wirkung der introvertierten Funktionen, wozu auch das Moment des Spielerischen gehört[62]. Der Mensch ist ›ganz bei sich‹ und möchte dabei verweilen, im Bestreben, seine eigene Kontinuität zu wahren, und die Wirkungen nachklingen lassen, was ein persönliches Erleben von ›*Nachhaltigkeit*‹ ermöglicht. Erkenntnisse der Neurobiologie zeigen, dass diese befriedigende Erfahrung wichtig ist für die

---

62 Vgl. Schiller: »Der Mensch spielt nur, wo er in voller Bedeutung des Worts Mensch ist, und er ist nur da ganz Mensch, wo er spielt.« (Über die ästhetische Erziehung des Menschen – Kapitel 16, Fünfzehnter Brief)

5 Die polaren Einstellungsmodi der Grundfunktionen

Strukturierung des Gehirns, da sie neurologische Bahnungen anregt, wodurch entsprechende Aktivitäten zukünftig leichter fallen.

Das Erleben der Kontinuität der eigenen *Identität*, das Sich-Erinnern an die eigene Person, ist verknüpft mit dem Gedächtnis der introvertierten Funktionen, die erinnerten Inhalte sind mit der Erinnerug an sich selbst verbunden. Ihr erneutes Aufgreifen wird zugleich als ein Wieder-Anknüpfen an Aspekte des eigenen Wesens erlebt. In ihnen begegnet das Ich zugleich Seiten seiner früheren Persönlichkeit. Der introvertierte Modus verbindet das Individuum mit sich selbst und gibt ihm Kontinuität in der Zeit. Er bedeutet Selbstbegegnung, ermöglicht Selbsterfahrung und Selbsterkenntnis. »Für das Subjekt ... ist das Vergangene nicht einfach verschwunden ... Vielmehr bleibt es konstitutiv für seine Gegenwart, für sein Selbstverständnis. Der Abschied verdünnt nicht die Präsenz des Gewesenen.« (Han, 2014, S. 13)

Veränderungen im künstlerischen Schaffen van Goghs nach seiner Krise 1888 lassen die Bedeutung der introvertierten Funktionen – Empfinden und Fühlen bei ihm - für seine Selbstvergewisserung erkennen: »Van Gogh braucht (nun) ... die unproblematischen Dinge, die er um sich her sieht, Blumen, Straßen und Felder, seine Schuhe, sein Stuhl, sein Hut, seine Pfeife und der Kleinkram auf seinem Tisch, das sind seine eigensten Modelle, sie kommen auf ihn zu, sprechen ihn an. *Als Erweiterungen seines Wesen verkörpern sie ihm die Eigenschaften und Zustände, die für seine geistige Gesundheit notwendig sind.*« (Schapiro, 2002, S. 26, Hervorheb. M.R.) Er malte diese und subtile, detaillierte Naturstücke, die das Grün betonen und das Gelb zurücknehmen, das als symbolische Farbe der Intuition auf früheren Gemälden dominierte. Auch die jetzt dargestellten Motive schützender Begrenzung lassen die unbewusst wirkende Selbstregulation deutlich werden, die intendierte, seine energetisch überladene extravertierte Intuition zu begrenzen, durch die er zeitlebens gefährdet war, die ihn in Unruhe versetzte und veranlasste, seine Grenzen zu übergehen. Erst in St. Rémy hatte er beim Malen die Ruhe gefunden, nach der er sich so sehr sehnte. Die hier entstandenen Gemälde zeigen sensible sinnliche Wahrnehmung und liebevolle Zuwendung zur Erde – das Wirken seiner empfindsamen Empfindungsfunktion. Er hatte die Einsicht gewonnen: »Das Gefühl für die Dinge selbst, für Wirklichkeit ist wichtiger als das Gefühl für Bilder; zum mindesten ist es fruchtbarer und lebensvoller«. (ebd.)

Therapeutische Relevanz

Da die introvertierten Funktionen von Bedeutung sind für eine stabile Selbstidentität, belasten Verletzungen des Selbstwertgefühls diese Funktionen, wie umgekehrt Unterdrückung und Tabuisierung dieser Funktionen in der Biographie eines Menschen sein Selbstwerterleben schwächen.[63] Es ist hilfreich, diesen Zusammenhang bei der Therapie von Selbstwertstörungen zu beachten und die introvertierten Funktionen des Patienten zu fördern, um den Selbstwert eines Patienten zu stabilisieren. Er kommt dadurch (wieder) in Verbindung mit seiner Mitte, seiner eigenen Identität und seinem Selbst. Ist das Ich davon getrennt, kommt es zu depressiven Verstimmungen, weil Erlebnisse nicht verarbeitet und der eigenen Subjektivität assimiliert werden können. Daher ist Depression grundsätzlich als unbewusster Heilungsversuch einer *Störung des psychischen Gleichgewichts* (vgl. Hell, 2013) zu verstehen. Durch Rückzug der Libido aus den energetisch überladenen extravertierten Funktionen ins Unbewusste, was vom Patienten als Energielosigkeit erlebt wird, ist die Psyche bestrebt, die verdrängten introvertierten Funktionen und deren Inhalte zu beleben und den aus dem Gleichgewicht geratenen Energiefluss der Psyche zu erneuern.

Relevant für die Arbeit mit Migranten ist zusätzlich, dass sie zwar mithilfe der anpassungsfähigen extravertierten Funktionen die neue Sprache erlernen, ihr inneres Erleben dadurch jedoch kaum adäquat ausdrücken können. Es bleibt über die introvertierten Funktionen mit der Muttersprache verbunden. Aus Interviews mit Patienten aus fremden Kulturen geht hervor, dass sie sich oft nicht wirklich vom Therapeuten verstanden fühlen, was natürlich den Heilungsprozess behindert. Auch wenn der Therapeut die Muttersprache des Patienten nicht versteht, ist es hilfreich, Patienten zu ermutigen, sie gelegentlich zu benutzen. Der Patient kommt ins Gespräch mit seinem Inneren, und der Therapeut kann die Atmosphäre erfassen, die dadurch in den therapeutischen Dialog gelangt.

---

63 Das Motto: »Du sollst nicht merken« (Miller, 1983) könnte – je nach Biographie – auch lauten »Du sollst nicht fühlen/ nicht denken / nicht ahnen«.

Kultureller Wert

>»Nur wer innerlich ein Besonderer ist,
>besitzt den Sinn für das Umfassende, für das Gesamte.
>Tiefe der Persönlichkeit vermag sich am weitesten zu eröffnen.
>Umso stärker ergreift der Mensch die Einheit,
>je sicherer er seines Eigentümlichen ist.«
>
>(L. Baek)

Die traditionelle chinesische Lebenshaltung scheint den introvertierten Modus besonders zu gepflegt zu haben und führt uns dessen Wert vor Augen. Die chinesische Lebensweise war fokussiert auf die »zu verinnerlichende, in der Erfahrung, im Ergriffensein, im Erleben aufzunehmende und zu strukturierende Wirkung. Auf diese Wirkungen beziehen sich die ... Aussagen aller chinesischen Philosophie, aller Wissenschaften, auch der chinesischen Medizin. ... Immer kommen durch solche Ergriffenheit ... alle Komponenten meines Wesens ins Spiel. Jeder Akt der Ergriffenheit erneuert, bestätigt, erweitert also die Ganzheit, die Integrität, den ungeschmälerten, nein, den erweiterten Bestand der Potenzen des Individuums.« (Porkert, 1983, S. 425, 428). Hier wird die essentielle Bedeutung des introvertierten Modus deutlich als Bereitschaft, sich persönlich betreffen zu lassen und die Ganzheit der Person zu entwickeln. Und jeder Einzelne bereichert die umgebende Kultur durch seine persönliche Ausstrahlung, Kreativität und seine Erkenntnisse, die er aus der Inspiration des Unbewussten gewinnt.

5.2 Extravertierter Einstellungsmodus

Relativ objektiv

Im Modus der extravertierten Einstellung ist die psychische Energie einer wahrnehmenden bzw. urteilenden Grundfunktion direkt auf das Objekt gerichtet. Ihre Aktivität ist unabhängig vom subjektiven Faktor des

Individuums und relativ objektiv. Die Einschränkung ›relativ‹ bezieht sich auf die grundsätzliche Bedingtheit des menschlichen Erkenntnisvermögens, was als philosophische Erörterung hier nicht weitergeführt wird. Doch muss sie im Hintergrund präsent bleiben, weil oft der Anspruch erhoben wird, die extravertierten Funktionen seien im Unterschied zu introvertierten objektiv. In diesem Fall wird der Schatten des extravertierten Modus, seine allgemeine und kollektive Bedingtheit, abwertend auf den introvertierten Modus als ›nur subjektiv‹ projiziert. Auch das Erkenntnisvermögen des extravertierten Modus ist durch die Gegebenheiten des Zeitgeistes und des kollektiven Bewusstseins modifiziert. Jung weist nachdrücklich darauf hin, dass es ein unverzeihliches Missverständnis ist, verbunden mit einem versteckten Machtanspruch, anzunehmen, dass die Objektivität des extravertierten Modus absolut sei:

»Man darf nie vergessen – die extravertierte Ansicht vergisst es allzu leicht –, dass *alles* Wahrnehmen und Erkennen nicht nur objektiv sondern auch subjektiv bedingt ist ... Es hieße, den großen Zweifel in eine absolute Erkenntnismöglichkeit leugnen, wenn wir den subjektiven Faktor übersähen. Damit geriete man auf den Weg jenes hohlen und schalen Positivismus, welcher die Wende unseres Jahrhunderts verunziert hat und damit auch in jene intellektuelle Unbescheidenheit, welche der Vorläufer der Gefühlsroheit und einer ebenso stumpfsinnigen als anmaßenden Gewalttätigkeit ist.... Es ist krankhaft, zu vergessen, dass das Erkennen ein Subjekt hat«. (Jung, GW 6, § 692. Hervorheb. M.R.)

Unabhängig vom Subjektiven Faktor

In ihrer unmittelbaren Ausrichtung auf das intendierte Objekt dienen die extravertierten Funktionen dem Subjekt zu schneller Anpassung an äußere Gegebenheiten und werden von Normen und Gepflogenheiten des umgebenden Kollektivs bestimmt, der subjektive Faktor tritt zurück. Ihre Aktivität erfolgt ohne anfängliches Zögern und Berührungsangst. Das Objekt wird schnell vom Ich erfasst und auch wieder losgelassen, da es keine Bedeutung für die persönliche Kontinuität des Ichs hat. Die Aufmerksamkeit des Ichs ist flexibel und kann dem Wechsel der Objekte oder deren Veränderung folgen sowie aktiv eingreifen. Daher können sich diese Funktionen einer Vielzahl von Reizen zuwenden, ohne irritiert zu werden. Der Bezug zu den Objekten geht eher in die Breite als in die Tiefe,

Jung bezeichnet das davon bestimmte Bewusstsein als »*verflacht-verbreitet*« im Unterschied zum »*verengt vertiefte(n) Bewusstsein*« des introvertierten Modus (vgl. Jung, GW 6, § 139). Das Ich offenbart sich ausschließlich in seinem Bezogen-sein auf bzw. seinem Affiziert-sein durch die Objekte. Sie stehen für das Erleben im Vordergrund, das Ich ist nur an ihnen orientiert. Die Person ist – im extremen Fall – nicht mit sich verbunden, ›fortgerissen‹ vom Fokussieren der Objekt-Welt.

Orientiert am Kollektiv

Entsprechend ihrer unmittelbaren Objektbezogenheit, weiten Aufnahmefähigkeit sowie ihres flexiblen Reaktionsvermögens sind die extravertierten Funktionen geeignet, die Anpassung an Erfordernisse und Erwartungen des Umfeldes zu gewährleisten. Je höher der Anpassungsdruck ist, desto ausschließlicher wird das Ich diese einsetzen und entwickeln. Der Geschwindigkeitsrausch und Wachstumswahn hochtechnisierter Leistungsgesellschaften zwingt Menschen, ihre extravertieren Funktionen einseitig, beschleunigt und bis an die Grenze der Belastbarkeit einzusetzen. Da sie nicht unmittelbar mit der eigenen Person verbunden sind, signalisieren sie dem Ich nicht seine Erschöpfung und Überforderung. Diese werden erst bewusst, wenn der Betreffende ›zu sich kommt‹. Die introvertierten Funktionen bleiben im Schatten und haben – langfristig gesehen – kaum Möglichkeit zur Differenzierung, die extravertierten Funktionen sind mit der Persona[64] verbunden und werden entsprechend trainiert. Dadurch entsteht eine dysfunktionale Dynamik, je mehr das Ich von seinen introvertierten Funktionen getrennt ist, desto weniger sind sie ihm vertraut, ihre Funktionsweise erscheint ihm ungeübt, langsam und inadäquat, weshalb es sich ihrer meist schämt und kompensierend seine Energie auf die extravertierten konzentriert.

---

64 Die Persona ist als ein archetypischer Funktionskomplex Vermittler zwischen dem Ich und der äußeren Welt, ein Kompromiss zwischen Individualität und Kollektivpsyche. Sie »bezieht sich ausschließlich auf das Verhältnis zu den Objekten«. (Jung, GW 6, § 880)

Die extravertierten Funktionen entwickeln und strukturieren sich im Kontakt mit dem sozialen Umfeld, sie sind an diesem orientiert und im Allgemeinen vom kollektiven Bewusstsein geprägt. Doch können sie dazu eigenständige, kritische Positionen beziehen bei einem genügend autonomen Ich, das seine introvertierten Funktionen einbezieht. Ihre Inhalte sind für andere Individuen desselben Kollektivs nachvollziehbar, insbesondere, wenn diese in den betreffenden Funktionen ebenfalls extravertiert eingestellt sind, wodurch sich die Orientierung am gemeinsamen Konsens und Zugehörigkeit zum Kollektiv verstärken. Daraus kann jedoch die Gefahr erwachsen, dass derartige Inhalte im gesellschaftlichen Diskurs als objektive wahr gelten.

›Lust auf Welt‹

In der ersten Lebenshälfte steht der extravertierte Modus im Vordergrund, er ermöglicht dem Heranwachsenden, sich dem Kollektiv anzupassen und den eigenen Platz im gesellschaftlichen Leben zu finden. Die bei Geburt keimhaft angelegten Grundfunktionen sind im ersten Lebensjahr noch kaum voneinander getrennt. Mit der allmählichen Bewusstwerdung beginnen sie, sich zu entwickeln und voneinander zu differenzieren. Der extravertierte Modus ermöglicht dem Kind, die vor ihm ausgebreitete Welt der Objekte zu erkunden, wozu auch seine Körperlichkeit gehört.[65] Was sich später in den extravertierten Funktionen als Affiziert-sein durch die Objekte zeigt, wird beim Kleinkind als eine fast überschwängliche ›Lust auf Welt‹ sichtbar. In dieser Phase der Subjekt-Objekt-Trennung wird ihm allmählich seine Umgebung als Welt von Personen, Gegen- und Widerständen bewusst, die es erforschen und mit ihr in Beziehung kommen möchte – und der es sich anpassen muss. Die extravertierte Energie verhilft ihm, seine Umgebung zu realisieren, auf sie einzuwirken, sich ihr anzupassen und mit ihr zu verbinden, während der introvertierte Modus das noch kaum ausgebildete Ich fördert. Zwischen den keimhaf-

---

65 Ein Beispiel für die ›Objekthaftigkeit‹ des eigenen Körpers zu Beginn des Lebens ist das Kätzchen, das vergeblich versucht, seinen eigenen Schwanz zu erhaschen.

ten Funktionen findet ein energetischer Austausch statt, wodurch sich das Kind die Welt ›aneignet‹, d. h. das Erfahrene verarbeitet, indem es die Eindrücke seinem beginnenden Bewusstsein integriert, was sich phänomenal als ›Pausen‹ seiner Aktivitäten zeigt. Auf diese Weise ›nähren‹ sich die Einstellungsmodi gegenseitig und entwickelt sich psychische Struktur, was von Neurobiologen auf physiologischer Ebene als Stärkung bestimmter neuronaler Bahnungen beschrieben wird. Zu betonen ist, dass die kindliche Psyche bei Geburt keine ›Tabula Rasa‹ ist, die erst durch Introjekte strukturiert würde. Vielmehr enthält sie »psychische Entwicklungsstrukturen ... als abrufbereite (latente), energetische Potentiale im »kollektiven Unbewussten«« (Eschenbach, 1996, S. 56), die entsprechend der frühen Beziehungserfahrungen aktualisiert und weiterentwickelt werden. Die bereits vorgeburtlich gegebenen psychischen Dispositionen sind Keimformen des subjektiven Faktors, der als Kern des introvertierten Modus zur Integration der Erfahrungen beiträgt. Kann Erfahrenes nicht verarbeitet werden, bleibt es *nicht integriertes Introjekt*[66] im Unterschied zu *internalisierten Erfahrungen*, die der eigenen Psyche assimiliert werden und sie bereichern.

Ein neues Feld für die extravertierten Funktionen eröffnet sich später im Spiel mit Gleichaltrigen, wobei die introvertierten Funktionen sich mit entwickeln. Neue und schwierige Anpassungsforderungen werden an das Kind mit der Einschulung gestellt, die es vorrangig durch seine extravertierten Funktionen zu bewältigen sucht. Kinder mit extravertiertem Empfinden und Denken sind im Vorteil, denn die schulischen Inhalte betreffen vorrangig diese beiden Funktionen (s. o.). Schwerer haben es Kinder, bei denen diese introvertiert eingestellt sind, wenn schulischer Leistungsdruck ihnen nicht genügend Zeit lässt, um ›mitzukommen‹. Kompensatorisch aktivieren sie ihre extravertierten Funktion Intuition und Fühlen, um sich

---

66 In Analogie zur Nahrungsaufnahme wird der Vorgang der Introjektion als ›Schlucken, ohne das Geschluckte zu zerkleinern bzw. zu verändern‹, beschrieben. »Was ... ›schwer im Magen liegt‹ ist ein Introjekt... Die Introjektion negiert das Subjekt, das verändernd auf das Objekt einwirkt. Wer introjiziert, macht keine Erfahrung.« (Blankertz & Doubrawa, 2005, S. 166). Das Kind braucht genügend Zeit, um seine Eindrücke zu verarbeiten - »Aber die Nahrung wird eilig in das Kind hineingestopft« (ebd.)

an das schulische Leben anzupassen, haben jedoch Schwierigkeiten mit schnellem Begreifen in Fächern, in denen es um Tatsachenwissen und logisches Denken geht.

Verlust der Freiheit

Wenn dem Kind Geborgenheit und Akzeptanz fehlen oder traumatische Erlebnisse, narzisstischer Missbrauch, überhöhter Anpassungsdruck u. ä. seine Entwicklung belasten, kann sich kein ausbalanciertes Wechselspiel zwischen introvertierten und extravertierten Funktionen entfalten. Das Kind setzt ausschließlich seine extravertierten Funktionen ein, um sich den Forderungen der Umwelt bzw. seines Schicksals anzupassen. Die verfügbare Energie konzentriert sich in diesen Funktionen, während die energieschwachen introvertierten Funktionen ins Unbewusste sinken oder unter Druck verdrängt werden. Langfristig gerät damit die Psychodynamik aus dem Gleichgewicht, das Ich verfügt nicht mehr spontan und frei über beide Einstellungs-Modi.

Beispiel: ›Der ängstlich-beobachtende Wurm‹

(überhöhter Anpassungsdruck, narzisstischer Missbrauch in Herkunftsfamilie)
   Ein Patient sprach im Verlauf des therapeutischen Dialogs von sich als Wurm. Beim Malen des Bildes, das er zu dieser Metapher imaginierte, gestaltete er eine grüne Raupe in kriechender Haltung im leeren Raum mit hoch aufgerichtetem Kopf und überdimensionalen, über den Kopf hinausragenden Augen. Kommentar des Patienten: »Der Wurm – schaut erschreckt: »Mach ich's richtig?««. Auf bestürzende Weise kommt hier die desolate Situation eines Kindes zum Ausdruck, das bereits im Krabbel-Alter ängstlich sein Umfeld beobachtet unter dem Druck, sich dessen Erwartungen anzupassen. Die Bewusstseinsentwicklung war damit bereits zu Beginn ungleichgewichtig, indem die extravertierten Funktionen übermäßig beansprucht wurden. Tatsächlich waren die introvertierten Funktionen des Patienten zu Behandlungsbeginn so sehr abgewertet und dissoziiert, dass er sich als wei-

nender Esel an einer Klagemauer lehnend erlebte, als er in Verbindung mit seiner introvertierten Fühlfunktion kam, - er schämte sich dessen und bemühte sich, alles zu verbergen.

Beispiel: ›Die Ritterrüstung‹

(Dissoziation durch Traumatisierungen in Herkunftsfamilie)
Der analytische Prozess einer Patientin inszenierte im interpersonellen Raum, dass sie in ihrem Leben häufig als »Ritterin in Rüstung mit zugeklapptem Visier« agierte. Alles, was im therapeutischen Dialog ihr Fühlen berührte, wehrte sie aggressiv ab – obwohl sie sich beim Kennenlernen vorgestellt hatte als »die ... mit den traurigen Augen«, wie ihr Mann sage. Schon die Frage nach ihrem Befinden zu Beginn der Stunde machte sie ärgerlich und rief haarspalterisches Rationalisieren hervor. Vorsichtiges imaginatives Bearbeiten dieser Dynamik ließ das Bild ihrer Person in einer Rüstung erscheinen, die sie zunächst als Schutz gegen Angriffe von außen interpretierte. Innerpsychisch symbolisierte sie die Abwehr ihrer traumatisierten introvertierten Fühlfunktion durch das dominante extravertierte Denken, wobei das dysfunktionale innerpsychische Beziehungsmuster der Patientin auch nach außen wirkte. Das zugeklappte Visier schützte sie davor, ihrer frühen Verletzungen ansichtig zu werden und ihre »traurigen Augen« sichtbar werden zu lassen, es behinderte jedoch auch ihre klare Sicht der konkreten Realität. Die klare Sicht der familiären Beziehungen war ihr in der Kindheit verboten, wodurch die Entwicklung ihrer introvertierten Empfindungsfunktion mit einem Tabu belegt war, auch sprach sie mit Verachtung und Scham von ihrem verletzten Fühlen. Die Rüstung ist ein Bild der ›eisernen‹ Trennung von sich selbst und zeigt die tragische Dissoziation von introvertierten und extravertierten Funktionen.

Die extravertierten Funktionen, ursprünglich notwendig, um in der Familie zurecht zu kommen, waren zum Zwangs-Korsett geworden, das auch die Trennungslinie zwischen Ich und Selbst markiert. Das Ich identifizierte sich mit dem schnellen Denken (unterstützt durch die extravertierte Intuition) und gewann daraus scheinbaren Wert (Leistungskomplex als Kompensation des defizitären Selbstwertgefühls), die introvertierten Funktionen blieben undifferenziert im Schatten. Die extravertierten Funktionen nahmen allmählich einen angespannten, tendenziell aggressiven Charakter an, als ›Ritter-Waffe‹ richteten sie sich ursprünglich gegen die eigene Person. Diese innere Dynamik zu verstehen war wesentlich für die Heilung, um die Patientin aus ihrem zwanghaften Projizieren der Verletzung ihres Fühlens auf das Außen zu befreien.

›Umfunktioniert‹ zu Abwehr

Ein grundlegender Aspekt psychischer Dissoziation ist die Trennung von introvertierten und extravertierten Funktionen. Aus der freien Verfügbarkeit des extravertierten Einstellungsmodus wird ein neurotischer Zwangsmodus, der im Dienst von einseitiger Anpassung, Abwehr und Kompensation steht. Durch den Verlust der Verbindung zu den introvertierten Funktionen ist der unmittelbare Bezug des Ichs zur eigenen Subjektivität, zum Unbewussten und dessen regenerierenden Energien unterbrochen. Die ausschließliche Aktivierung des extravertierten Modus laugt das Ich-Bewusstsein aus und führt langfristig zu depressiver Erschöpfung. Eine Seminarteilnehmerin beschrieb dieses ›Funktionieren‹ als »zwar reaktionsschnell aber absurd«. Es führte bei ihr zu Migräne, Erschöpfung und Verkrampfung des ganzen Körpers. Hier zeigt sich der psychosomatische Zusammenhang, dass »das assoziative Haften an der Peripherie ... sich als bestimmter, muskulär oder nervlich verspannter Schwerpunkt« äußert. (Keyserling, 1982, S. 44)

Während das Ich im freien extravertierten Modus das Objekt unvoreingenommen und in Verbindung mit dem introvertierten Modus achtsam erfasst, wird unter Druck und Angst aus der spontan fließenden Energie Hektik. Die Objekte werden verkürzt und unachtsam angegangen, verzögernde Einflüsse von außen und Signale der introvertierten Funktionen werden als störend abgewehrt. Das Ich reagiert gereizt und ist nicht im inneren Gleichgewicht, bildlich gesprochen »in Schräglage« und den äußeren Objekten nachjagend. Die o. g. Patientin sagte von sich, sie fahre immer auf der Überholspur und ärgere sich über ihren Ehemann, der so ruhig auf der rechten Spur fahre. Der latente Neid ist Ausdruck der

Sehnsucht, zur Ruhe, zu sich und in Verbindung mit den aggressiv abgewehrten introvertierten Funktionen zu kommen

Gefahren

Neben der dysfunktionalen Veränderung der extravertierten Funktionen birgt die einseitige Identifikation des Ichs mit ihnen weitere Gefahren. Durch sein Abgelöst-sein von den introvertierten Funktionen ist es manipulierbar für seine Umwelt, es fehlt ihm die Verbundenheit mit dem Selbst, wodurch es kein authentisches Selbstwertgefühl entwickeln kann und abhängig von äußerer Bestätigung bleibt, im Extremfall danach süchtig wird. Es entwickelt ein ›falsches Selbst‹ (Winnicott) und ist darauf fokussiert, die Erwartungen anderer zu erfüllen. Ein Mensch mit extravertierter Fühlfunktion z. B. ist in Gefahr, sich ganz in andere einzufühlen und dabei eigene Belange und Überzeugungen aufzugeben.

Da extravertierte Funktionen schnelles Agieren ermöglichen, stützt sich das Ich im Bemühen um Schnelligkeit auf diese, wodurch sie längerfristig an energetischer Stärke gewinnen und das Ich verführen, sie zu bevorzugen. Das Ich gerät auf die ›Überholspur‹ (s. o.), wobei zur größten Gefahr das Überholen des eigenen inneren Befindens wird. Das Affiziert-sein an die Welt der Objekte wird zur suchtartigen Ablenkung von der eigenen inneren Not.

5.3 Diskussion der Merkmale

Ausgangspunkt

Es ist ratsam, sich zunächst über die eigene Funktionenkonstellation klar zu werden, bevor sie bei anderen erforscht wird. In unserer Kultur sind wir gewohnt, den Blick auf andere zu richten, ohne zu bemerken, wie abhängig er von unserer persönlichen Gleichung ist. Nur wenn sie selbstreflektiv einbezogen wird, können wir unsere weiteren Erkenntnisse klären. Bezüglich der Konstellation anderer dient sie dann als Orientierungspunkt, auf den wir die fremde beziehen können. Wenn uns vertraut erscheint, was ein anderer von sich berichtet, liegt offensichtlich in der entsprechenden Funktion die gleiche Libido-Einstellung vor. Mutet uns dagegen die Selbstbeschreibung des Anderen wie eine fremde Welt an, scheinen entgegengesetzte Modi gegeben zu sein. Tatsächlich ist die gegensätzliche Konstellation eine fremde Welt für uns, in die wir uns nie ganz hineinversetzen, die wir nur bestmöglich zu verstehen suchen können. Es bleibt der Science Fantasy überlassen, den Knopf zu (er)finden, mit dem wir uns in konträre Funktionen-Konstellationen teleportieren können.

Je offener wir uns auf eine lange Erkundungsreise einstellen, desto interessanter und bereichernder für unser bisheriges Weltverständnis wird sie, insbesondere wenn kindliche Neugier für Unbekanntes sie begleitet sowie die Bereitschaft, immer nur vorläufige Wahrheiten zu finden. Selbsterfahrung zu den Funktionen im Medium kreativer Methoden ist eine gute Möglichkeit, die eigene Konstellation zu erforschen und in Gruppen fremde kennen zu lernen.

Zwei verschiedene Perspektiven der Beschreibung

> »Wir sind heute ferne von der lächerlichen Unbescheidenheit,
> von unserer Ecke aus zu dekretieren,
> dass man nur von dieser Ecke aus Perspektive haben dürfe.«
> (F. Nietzsche)

Beim forschenden Blick auf die komplementären Einstellungsmodi, ist zu beachten, dass zwei verschiedene Perspektiven möglich sind, eine *objektivierende Sicht von außen* und die *introspektive Beschreibung* des eigenen Erlebens. Bezüglich der introvertierten Funktionen fällt ihr Unterschied besonders ins Gewicht, weil von außen nicht immer zu erkennen ist, was sich in ihrem Feld innerpsychisch ereignet. Möglicherweise sind sie von Minderwertigkeits- und Schamkomplexen belastet und können nach außen hin kaum sichtbar werden. Ein falsches Bild kann entstehen, da ihre Inhalte oft schwer in Worte zu fassen oder sie verstummt sind unter dem Eindruck, von libidostarken extravertierten Funktionen anderer überrollt zu werden. Die Differenz zwischen der Perspektive von innen oder von außen ist für die extravertierten Funktionen nicht so gravierend, da sie genuin an der kollektiven Ausprägung orientiert sind.

Beide Perspektiven vermitteln eine begrenzte Sicht, wodurch ihr Schatten auf die entgegengesetzte geworfen wird.[67] Jede perspektivische Sicht geht vom Standpunkt des Betrachters aus und fixiert die Ansicht des Betrachteten. »Sie stellt den Menschen in einen Teilsektor, sodass er nur dieses Teilsektors ansichtig wird: er löst aus dem Ganzen nur jenes Stück heraus..., das sein Blick... umfassen kann und vergisst (die anderen Sektoren)«. (Gebser, 1992, S. 51) Dieses erkenntnistheoretische Problem ist therapeutisch relevant, weil es in diesem dialogischen Feld *immer* um therapeutisches *Verstehen* geht. Zur Profession des Therapeuten gehört grundsätzlich die Fähigkeit, seine Sicht auch relativieren und sich bestmöglich in das Erleben des Patienten hinein versetzen zu können.

Introvertierte Funktionen

a) *Aus der Perspektive subjektiven Erlebens*
Um sich auf eine introvertierte Funktion einzulassen, benötigt das Ich eine gewisse Anlaufzeit, die einem vorbereitenden Ritual gleicht. Es ist angezogen von ihren Inhalten und doch genötigt, sich ihnen vorsichtig zu nähern, da unbewusst ein Wissen mitschwingt, dass Unabsehbares mit ihnen verbunden ist. Gerät das Ich hierbei unter äußeren oder inneren Druck, erlebt es sich irritiert oder blockiert. Lebensgeschichtliche Vorerfahrungen wirken sich in diesem Einstellungsmodus stärker aus als im extravertierten Modus, früher erlebte Abwertung oder Tadel dieser Funktionen wirken nachhaltig entmutigend. Umgekehrt wirken positive Erfahrungen motivierend, wodurch sie dem Ich leicht verfügbar werden und das Vertrauen in diese ›persönlichen‹ Funktionen stärken. Das Ich erlebt sich inspiriert und zugleich in ihnen ›zuhause‹. Es ist bestrebt, geeignete Bedingungen zu schaffen, um sie zu aktivieren, da es erfährt, dass es durch sie Erlebtes verarbeiten und sich regenerieren kann.

---

[67] ▶ Kap. 6.9 und ▶ Kap. 7.

Eine anschauliche Beschreibung des eigenen Erlebens introvertierter Funktionen gibt Jung, als er sich an die Phase innerer Desorientierung erinnert nach der Trennung von Freud. Angeregt durch Träume hatte er das Bedürfnis, wie in seiner Kindheit mit Steinen zu spielen:

»Jeden Tag baute ich nach dem Mittagessen ... und am Abend ... ging ich wieder ans Bauen. *Dabei klärten sich meine Gedanken* ... (Ich) fragte mich: »Was tust du eigentlich? Du baust eine kleine Siedlung auf und *vollführst das wie einen Ritus*!« Ich wusste keine Antwort, aber ich besaß die innere Gewissheit, dass ich auf dem Weg zu meinem Mythus war... Dieser Typus des Geschehens hat sich bei mir fortgesetzt. Wann immer ich in meinem später Leben stecken blieb, malte ich ein Bild, oder bearbeitete ich Steine, *und immer war das ein rîte d'entrée für nachfolgende Gedanken und Arbeiten*. Alles, was ich dieses Jahr (1957) geschrieben habe, ... ist herausgewachsen aus der Steinarbeit... (Der Tod meiner Frau), und was mir dabei klar wurde, hatten mich ungeheuer aus mir selbst herausgerissen. Da brauchte es sehr viel, um mich wieder zu stabilisieren, und *die Berührung mit dem Stein hat mir geholfen*.«[68] (Jung, 1982, S. 178, Hervorheb. M. R.)

Zurückgezogen in den Bollinger Turm aktivierte Jung im Steinspiel und in handwerklichen Arbeiten seine introvertierte Empfindungsfunktion, die ihn zur tiefen Erkenntnisfähigkeit seiner introvertierten Denkfunktion führte.

b) *Aus der Perspektive von außen*

Von außen gesehen wirkt ein in seinen introvertierten Funktionen aktiver Mensch bedächtig, innerlich beteiligt, ausdauernd und geduldig, überraschend kreativ, eventuell langsam, zögernd, defensiv, abwehrend oder blockiert. Die Sprechweise ist ausholend, Kontexte mit benennend, bemüht um adäquaten Ausdruck, manchmal länger nach passenden Worten suchend. Einem Beobachter mit gegensätzlicher Funktionenkonstellation erscheint er ›andersartig‹, u. U. unverständlich, kompliziert, umständlich, ›unnötig‹ langsam, nicht angepasst. Einer Person mit gleicher Konstellation erscheint der Stil vertraut, sie erkennt Ähnlichkeiten oder findet sich darin wieder.

---

68 Der Stein ist ein Symbol der Ganzheit und des Selbst. Jung beschreibt, wie er zu ›seinem Stein‹ kam, ›dem Stein, den die Bauleute verworfen haben und der zum Eckstein geworden ist‹ (vgl. Ps 118, 22). Auf drei der vier Seiten brachte er Inschriften und Bilder an, in welchen der Stein über sich selber aussagt.

Extravertierte Funktionen

a) *Aus der Perspektive subjektiven Erlebens*
Im Allgemeinen werden die extravertierten Funktionen subjektiv als problemlos, selbstverständlich, vertraut und immer verfügbar erlebt, da sie meist gut trainiert sind durch frühe Anpassung an die Umwelt. In Situationen, in denen schnelles Reagieren notwendig ist, werden sie spontan aktiviert. Dazu trägt bei, dass das Ich die Objekte nicht nur schnell und ohne Berührungsangst aufgreift, sondern auch schnell loslassen kann, da es sich nicht nachhaltig mit ihnen verbindet. Sehr langes Verweilen in diesen Funktionen lässt das Interesse erlahmen und wirkt erschöpfend, was jedoch oft nicht unmittelbar, sondern nachträglich bewusst wird und den Eindruck hinterlässt, sich selbst verloren zu haben, sowie den Wunsch, wieder ›zu sich‹ zu kommen.

b) *Aus der Perspektive von außen*
Schnelles Redetempo ist ein Kennzeichen extravertierter Funktionen. Oft werden gängige, zeittypische Redewendungen, auch Floskeln gebraucht, die dem kollektiven Bewusstsein entstammen. Der Redende setzt unbewusst voraus, dass er verstanden wird und seine Wortwahl dem Common Sense entspricht. Das trifft zu, wenn die Gesprächspartner in einem gemeinsamen kollektiven Feld verbunden sind. Extravertierte Funktionen wirken nach außen hin selbstverständlich, mühelos und zielstrebig. Einzelne Objekte werden fokussiert, was sich auch in einer sachlichen, eher knappen Sprechweise ausdrückt. Die Reaktionsschnelligkeit kann beim Gegenüber u.U. zum Eindruck führen, überfordert, überrollt oder ›zu-getextet‹ zu werden, insbesondere wenn dessen entsprechende Funktionen introvertiert sind.

Überblick

Die introvertierten Funktionen

- sind durch den subjektiven Faktor des Betreffenden geprägt, der nicht identisch ist mit dem Ich, sondern mit dem Bewusstsein *und* dem Unbewussten verbunden.

- verbinden das Ich mit der eigenen Mitte, dem Selbst und vermitteln ihm dessen Signale.
- ermöglichen dem Betreffenden, sich zu regenerieren und Erfahrungen zu verarbeiten
- sind persönlich geprägt, originell, kreativ, schöpferisch.
- ›leiden‹, wenn sie sich ausschließlich vorgegebenen Normen anpassen müssen; sind u. U. mit Befürchtungen verbunden, Normen nicht erfüllen zu können.
- können sich nicht entfalten, wenn die Person unter innerem oder äußerem Druck steht; u. U. werden dabei unbewusste Komplexe aktiviert, welche die Funktion belasten.
- benötigen eine Spanne, um mit dem Objekt Kontakt aufzunehmen, da es mit Inhalten des Unbewussten verbunden wird.
- verweilen dann beim Objekt, ergründen Bedeutung, Kontext und Wurzeln.
- wechseln bedächtig von einem Objekt zum anderen.
- speichern Erinnerungen und Erfahrungen, die bedeutungsvoll für die Person sind. Es ist anzunehmen, dass das Langzeitgedächtnis vorrangig auf ihnen basiert.
- werden eher in der verbindenden ›Mond‹- oder ›Eros-Sprache‹ verbalisiert, beziehen Zusammenhänge und subjektive Bezüge in die Beschreibung ein
- wollen zum Wesentlichen gelangen. »Jedes Erlebnis muss sofort zur Erfahrung erhoben werden, und aus der Summe der Erfahrungen muss auch sofort ein Gesetz für alle Zukunft hervorgehen.« (Jung, GW 6, § 135)

Die extravertierten Funktionen

- sind auf das objektiv Gegebene bezogen und erfassen dieses relativ adäquat.
- der Energiefluss ist direkt auf das Objekt gerichtet, die Reaktion unmittelbar und direkt.
- fokussieren das Objekt und lassen sich nicht durch andere Faktoren davon ablenken.
- heben einzelne Tatsachen hervor.

- ermöglichen die Anpassung des Einzelnen an das kollektive Bewusstsein und das umgebende Kollektiv, an Normen, Vorschriften, Traditionen, Stile etc.
- das jeweilige Objekt wird direkt, ohne Berührungsangst auf- bzw. begriffen, ohne Einbezug des subjektiven Faktors.
- das Objekt kann schnell wieder losgelassen werden; der Betreffende ist nicht persönlich betroffen.
- der Wechsel von einem Objekt zu anderen fällt leicht; u. U. wird der Wechsel gesucht, kann als Abwehr innerer Leere zur Sucht werden.
- speichern Inhalte relativ genau, neutral und sachbezogen, unabhängig davon, ob sie eine Bedeutung für den Betreffenden haben oder nicht; die Erinnerung verblasst schnell.
- drücken sich in der unterscheidenden und präzisen ›Logos‹- oder ›Sonnensprache‹ aus, sind geeignet für Tatsachenbeschreibung, schnelle Kommunikation und knappen Austausch auf der Basis des Common Sense.

5.4 Introvertierte und extravertierte Modi im Verlauf der Geschichte

In der Geistesgeschichte gab es in Zusammenwirken mit dem jeweiligen Zeitgeist wechselnde Dominanzen der Einstellungsmodi:

> »Die großen Gegensätze der menschlichen Natur überhaupt – Extraversion und Introversion – spielen in der Geschichte der Alchemie, wie auch in der Geschichte jeder anderen Wissenschaft eine enorme Rolle. Die griechischen Theoretiker der Naturphilosophie waren eher introvertiert und die ägyptischen Techniker eher extravertiert, aber als diese beiden Ströme sich trafen, geschah eine seltsame Wendung. Die Griechen fanden Interesse an der konkreten Materie und die Ägypter an deren psychologischen inneren Aspekt. Trotz dieser Entwicklung blieben die inneren Gegensätze und das Spiel der introvertierten und extravertierten Haltung weiter bestehen.« (v. Franz, 2009, S. 15)

Auch in der Psychologie gab es einen Wechsel von *introspektiver* und *von außen beobachtender* Forschungsperspektive und korrespondierender

Einstellungsmodi. Introspektion war die Standardforschungsmethode der frühen wissenschaftlichen Psychologie. In den Versuchen wurde das subjektive Erleben der Versuchspersonen bei Wahrnehmungs- oder Denkprozessen erfasst, jedoch bald mit Verhaltensbeobachtungen kombiniert. Der im frühen 20. Jh. in den USA etablierte Behaviorismus verwarf die Methode der Introspektion als »nur subjektiv« und beschränkte die Forschung programmatisch auf beobachtbares Verhalten; nicht-beobachtbare psychische Prozesse und subjektives Erleben wurden als nicht relevant für die Psychologie ausgeschlossen. Die introvertierten Funktionen kommen durch diese Ausgrenzung entweder gar nicht oder voreingenommen in den Blick, die Forscher selbst stützen sich zwangsläufig nur auf ihre extravertierten Funktionen. Die Auswirkungen auf das Menschenbild des Behaviorismus und die darauf basierenden verhaltenstherapeutischen Vorgehensweisen sind gravierend, wobei anzunehmen ist, dass bereits ein psychisch verarmtes Menschenbild dem Behaviorismus zugrunde lag.[69]

Eine neue Wende begann Ende des 20. Jh., als in universitären »Projekten zur Wiederbelebung der Introspektion« diese Forschungsmethode einer ›qualitativen Psychologie‹ zugrunde gelegt wurde. Basierend auf der ›Dialogischen Introspektion‹ wird diese, seit der Kritik des Behaviorismus vernachlässigte Methode neu fundiert und das innere Erleben als Forschungsfeld wieder zugänglich.

Die zunehmende Dominanz rationalen[70] Denkens in der abendländischen Geistesgeschichte generierte eine – im wahrsten Sinne – ungeheure Verstärkung des extravertierten Modus. Die Fokussierung auf materielle

---

69 Aus der Schrift »Psychological Care of Infant and Child« (1928) von Watson, Begründer des Behaviorismus, geht hervor, dass ausschließlich Erfolg in der Außenwelt als Orientierungspunkt für psychische Entwicklung gilt, kindliche Grundbedürfnisse und subjektives Erleben werden diesem geopfert, der introvertierte Modus wird unterdrückt: Watson forderte dem Zeitgeist entsprechend (USA war stärkste Wirtschaftsmacht der Welt), dem Kind solle die Mutterliebe vor dem achten Lebensjahr entzogen werden, da Mutterliebe das Kind abhängig mache und daran hindere, die Welt zu erobern. Er war der Auffassung, dass übermäßige Liebkosungen das psychische Wachstum einschränkten und spätere Erfolgschancen behinderten.

70 ▶ Kap. 4.2.4 Gefahren der Denkfunktion; lat. ›ratio‹ = Rechnung, Berechnung, Erwägung, Vernunft

5 Die polaren Einstellungsmodi der Grundfunktionen

Quantität durch die extravertierte, berechnende Vernunft verleitet das kollektive und individuelle Bewusstsein zu extremer und ausschließlicher Orientierung an Menge und Expansion, was zur Maßlosigkeit von Besitzansprüchen führt, verbunden mit wachsendem Druck zu Effizienz-Steigerung und Beschleunigung. Psychodynamisch führte diese Entwicklung in hochtechnisierten Gesellschaften zur Ausbildung schneller extravertierter Funktionen und Abwertung des introvertierten Modus, damit zur Vernachlässigung der Innenwelt der Menschen. Die extremste, explizit subjektverachtende Zuspitzung dieser Entwicklung entfesselte der Faschismus mit dem Leitspruch: »Du bist nichts, dein Volk ist alles!« Bereits in der Schule war dieser allgegenwärtig und gewährleistete die Unterordnung des Einzelnen unter die Hitler-Diktatur, die erklärtermaßen auf maßlose Eroberungen in »Blitzkriegen« ausgerichtet war. Ein junger Soldat beschrieb, wie diese Infiltration in sein jugendliches Bewusstsein ›*eindrang*‹, sein Denken beeinflusste, sodass er sich begeistert zum Kriegsdienst meldete, was er bald als existentielle Verblendung bereuen musste (vgl. Klümper, 2012). Die manipulative Unterdrückung des individuellen Werts eines Menschen wirkte gemäß Hitlers Erziehungs-Maxime: »Lehret sie, dass sie nicht um ihrer selbst willen sind, sondern um ihres Volkes willen« bis in die frühkindliche Sozialisation und war weiterhin auch in der Psychodynamik nachfolgender Generationen wirksam.[71] Diese unbewusste transgenerationale Traumatisierung sollte heute in der therapeutischen Arbeit beachtet werden.

---

71 Das Standard-Werk der NS-Erziehung »Die deutsche Mutter und ihr erstes Kind« (Haarer, 1934) wurde nach 1945 formal bereinigt, aber in der Grundtendenz unverändert bis 1996 aufgelegt. Bis 1987 wurden 1,2 Millionen Exemplare verkauft. Alle Erziehungsmaßnahmen sind darauf angelegt, das Kind in seiner Bindungs- und Liebesfähigkeit zu brechen und sich selbst als ›nicht wichtig‹ wahrzunehmen. Ziel war, es zu Disziplin, Gehorsam und Fügsamkeit zu erziehen, es sollte so früh wie möglich lernen, sich passiv allen Forderungen anzupassen und das zu schlucken, was man ihm zuteilt. (vgl. o. Anm. 60: Introjektion = Schlucken, ohne das Geschluckte zu verdauen). Alle elementaren kindlichen Gefühlsregungen – Lachen, Schreien, Weinen oder Zorn – waren zu unterdrücken. Experten gehen heute davon aus, dass dieser Ratgeber eine der folgenreichsten Buchveröffentlichungen des Dritten Reiches war.

Auch nach Kriegsende setzte sich die Dominanz des extravertierten Modus im kollektiven Sog des sog. Wirtschaftswunders in allen Bereichen fort. Es gab keinen Raum für die innere Verarbeitung der schrecklichen Ereignisse und persönlichen Traumata. Vor diesem Hintergrund ist die Diagnose »Volkskrankheit Depression« (Bundesministerium für Bildung und Forschung, BMBF) als ›*schwarzes Loch der Erfolgsgesellschaft*‹ (Hell, 2013) und als dringliches Signal zu verstehen, die das Gleichgewicht von Psyche und Natur zerstörende Tendenz zu korrigieren.

5.5 Missverständnisse

Angeregt durch eine Veröffentlichung zu Introversion – Extraversion (Cain, 2011) wird heute im öffentlichen Diskus die Dominanz des extravertierten Modus problematisiert. Die Autorin geht von ›extravertierten‹ bzw. ›introvertierten Persönlichkeitstypen‹ der Persönlichkeitspsychologie aus, die aus Jungs Ausführungen – jedoch missverständlich - abgeleitet wurden. Sie kritisierte die Dominanz der ›Extravertierten‹ in der amerikanischen Wirtschaft und plädierte für die Anerkennung des Werts der ›Introvertierten‹. Die Typisierung basiert auf einer willkürlichen, äußerlichen Beschreibung von sog. Persönlichkeitseigenschaften. Aus dem Typus ist gar ein Archetypus geworden: »Der archetypische Extravertierte handelt lieber, als nachzudenken, ist eher risikofreudig als fürsorglich und zieht Gewissheit dem Zweifel vor... (Ihm wird) die Introversion ... mit ihren Attributen der Empfindsamkeit, Ernsthaftigkeit und Schüchternheit« gegenübergestellt (Cain, 2011, S. 15 f.). In den Diskurs gehen bedauerlicherweise oberflächliche Schematisierungen ein, die ein Verstehen der introvertierten und extravertierten Einstellungsmodi behindern und sie von ihrem Verbundensein mit den Grundfunktionen abstrahieren. Dass *alle* Menschen über den intro- und extravertierten Modus verfügen, geht damit verloren. Das Funktionensystem als Ganzes kann im Diskurs nicht erkannt und wirksam werden, die Individuen bleiben auf Einstellungstypen festgelegt, und die gesellschaftlichen Bedingungen, die zur Übermacht des extravertierten Modus führten, bleiben unberührt. Die Resonanz zeigt dennoch, wie befreiend die Kritik an der Bevorzugung des extravertierten Modus wirkt, und wie sich ein Wandel des kollektiven Bewusstseins ereignet.

Auch die aus Jungs typologischen Untersuchungen abgeleiteten Tests, die im Coaching verwendet werden, führen zu Missverständnissen und typologischen Festlegungen (vgl. Adam, 2011, S. 95 f). Testfragen, die extra- oder introvertierte Persönlichkeitstypen ermitteln sollen (vgl. Löhken, 2014), betreffen die einzelnen Grundfunktionen unterschiedlich häufig, was den Testautoren nicht bewusst ist. Ob jemand als ›extravertiert‹ oder ›introvertiert‹ charakterisiert wird, hängt demnach davon ab, welche Funktion ›zufällig‹ häufiger abgefragt wird. Einige der Fragen betreffen eher mögliche Komplexbelastungen oder Beziehungsstörungen statt Einstellungsmodi der Funktionen.

Therapeutische Relevanz

Werden die Begriffe ›introvertiert‹, ›extravertiert‹ als abstraktes Persönlichkeitsmerkmal diagnostisch eingesetzt, hat es dysfunktionale Auswirkungen für eine Psychotherapie. Jung war anfangs davon ausgegangen, es handle sich um typologische Persönlichkeitsmerkmale, er korrigierte dies jedoch bald und definierte sie als Eigenschaften des energetischen Modus der Funktionen. Die Merkmale ›introvertiert‹ und ›extravertiert‹ realisieren sich *immer* durch zwei der vier Funktionen, aus dem Zusammenhang gelöst sind sie leere Begriffe und verstellen die Sicht auf die grundsätzliche Ganzheit des Funktionensystems. Jeder verfügt über beide Einstellungsmodi, realisiert in der Vierheit seiner Grundfunktionen. Auf den ersten Blick kann ein Mensch durchaus extravertiert erscheinen. Das bedeutet jedoch nur, dass sich sein Ich vorrangig der beiden extravertierten Funktionen bedient, während die introvertierten nicht aktiviert sind. Der Betreffende ist jedoch nicht anlagemäßig darauf festgelegt. Der therapeutische Prozess sollte diese Einseitigkeit auflösen, indem die introvertierten Funktionen beachtet, unterstützt und alle vier Funktionen miteinander verbunden werden.

Selten ist dagegen, dass ein Mensch nur seine introvertierten Funktionen aktiviert und die extravertierten verdrängt. Werden Personen als

»introvertiert« bezeichnet, liegen meist Beziehungsstörungen und Komplexbelastungen vor, die ihre Integration ins soziale Umfeld behindern. Sie erscheinen distanziert, unbezogen, zurückgezogen und beziehungsscheu. Zugrunde liegt nicht eine Dominanz ihrer introvertierten Funktionen, das Ich ist meist hinter seiner Beziehungsbarriere vorrangig in seinen extravertierten Funktionen ›unterwegs‹: beim Chatten und Surfen im Internet, ausgiebiger Beschäftigung mit anderen Menschen in der eigenen Vorstellungwelt oder am Fernseher. Ihre Persönlichkeit kann sich gerade nicht in ihrer Subjektivität in ihre Umgebung einbringen oder die eigene Innenwelt vermittels der introvertierten Funktionen erkunden. Auch hier wirkt die Festlegung auf ein angebliches Persönlichkeitsmerkmal dysfunktional, indem sie verhindert, dass Beziehungsstörungen und Komplexe erkannt und bearbeitet werden.

Autistische Störungen sind ebenso wenig auf das Vorherrschen der introvertierten Funktionen zurückzuführen. Vielmehr ist anzunehmen, dass es sich um frühe Beziehungsstörungen handelt, was sich in einem verletzten, komplex-belasteten, verdrängten Fühlen und einem kompensatorisch überladenen Denken niederschlägt. Der Betreffende hat sich von allem Bezogen-sein zurückgezogen, gleich ob seine Fühlfunktion intro- oder extravertiert eingestellt ist. Dafür spricht u. a., dass der unmittelbare Kontakt mit Tieren diese Menschen meist veranlasst, spontan aus ihrer Zurückgezogenheit heraus zu gehen. Tiere aktivieren unmittelbar ihr Fühlen, ohne dass frühere Verletzungen berührt würden.

6 Phänomenologie der Funktionen in ihrer jeweiligen Einstellung

»Unser Ziel ist, einander zu erkennen, und einer im anderen das zu sehen und ehren zu lernen, was er ist: des anderen Gegenstück und Ergänzung.«
(H. Hesse)

Es ist grundsätzlich schwierig, sich eine Funktion vorzustellen, die gegensätzlich ist zur entsprechenden eigenen, noch schwieriger, sie zu verstehen. Daher wird empfohlen, sich im Folgenden zunächst die Beschreibung der eigenen und erst dann der entgegengesetzten Funktionen anzusehen, die wie eine ›fremde Welt‹ erscheinen mögen. Je weniger die Besonderheit der eigenen Konstellation bewusst ist – desto überraschender ist die Entdeckung, dass die eigene Funktion auch ganz anders ausgeprägt sein kann. Wie Kinder gehen wir davon aus, dass unser Nächster ebenso erlebt wie wir selbst. Je näher wir verbunden sind, desto stärker wirkt diese Erwartung. Interpersonelle Konflikte, die sich an scheinbaren Nichtigkeiten zwischen Partnern entzünden, gehen oft auf die Gegensätzlichkeit der Funktioneneinstellung zurück - Kehrseite des geflügelten Worts ›*Gegensätze ziehen sich an*‹, das eigentlich besagt, dass wir unbewusst auf der Suche nach Ganzheit sind. Der Reichtum dieser Gegensatzspannung kann sich jedoch nur entfalten, wenn wir das Anderssein des anderen respektieren. In Selbsterfahrungsgruppen zeigt sich die große Spannweite einer Funktion, ihrer unterschiedlichen Ausprägungsmöglichkeiten und der archetypischen Bilder, was immer als bereichernd erlebt wird.

Zur Einstimmung kann Ihnen diese Selbsterfahrung Aufschluss über die Einstellung Ihrer Empfindungsfunktion geben:

Imagination: »Die Schlammpfütze«

Sie atmen entspannt und stellen sich vor, Sie gehen auf einem Waldweg allein oder in Begleitung spazieren. Es hatte geregnet, jetzt scheint die Sonne und lässt das Sie umgebende Grün leuchten. Wie Sie so vertieft in diesen Anblick nebenbei mit Ihrem Schlüsselbund spielen, rutscht er Ihnen aus der Hand und fällt in eine Schlammpfütze. Sie sehen ihn nicht mehr, das Wasser ist undurchsichtig. Was machen Sie jetzt?

(Die Interpretation finden Sie am Ende des übernächsten Kapitels (▶ Kap. 6.2). Lesen Sie diese *erst*, nachdem Sie den Test gemacht haben, und entscheiden Sie dann, ob Sie zunächst mit Kapitel 6.1 oder 6.2 fortfahren.)

6.1 Introvertiertes Empfinden

Vorbemerkungen

a) *Wertfreie Beschreibung – Basis adäquaten Verstehens*
Gilt für jede Funktion, dass sie nur aus sich heraus zu verstehen ist und frei von Wertungen beschrieben werden sollte, so besonders für das introvertierte Empfinden. Da seine Aktivitäten, das praktische Umgehen mit der konkreten Welt, immer sichtbar sind – was bei den anderen Funktionen nicht immer gegeben ist - liegt es nahe, sie am Leitbild des extravertierten Empfindens zu messen, das in unserer auf Effizienz ausgerichteten Gesellschaft dominiert. Damit wird sichtbar, wenn es dem kollektiven Leitbild nicht entspricht, seine ›Güte-Kriterien‹ nicht erfüllt. Zwar dominiert das extravertierte kollektive Leitbild auch bei der Denkfunktion, doch sind Denkprozesse unsichtbar, und außer bei Schulaufgaben und Prüfungen zeigt sich kaum nach außen, ob ein Denken von diesem Leitbild abweicht. Kollektive Leitbilder für Fühlen und Intuieren gibt es hingegen in unserer Kultur nicht. Basiert die Beschreibung der introvertierten Empfindungsfunktion auf dem Ver-

gleich mit der extravertierten Variante, so wird sie als defizitär abgewertet, was Formulierungen zeigen wie, sie registriere *weniger* exakt Daten der Umgebung, brauche *mehr* Zeit, es dauere *länger*, motorische Abläufe einzuüben (vgl. Adam, 2011, S. 114). Selbst die Aussage, dass eine »*hoch differenziert(e) und ... bewusst eingeschaltet(e)*« introvertierte Empfindungsfunktion *so schnell* funktioniere wie die extravertierte (ebd.), verweist auf die inhärente Wertung und kann nicht maßgebend sein für eine förderliche Entwicklung dieser Funktion. Unbemerkt würde damit die ungeheure Beschleunigungstendenz der Moderne verstärkt, der Gegenpol dieser Tendenz – der introvertierte Modus – wäre gezwungen, sich dem Diktat der Schnelligkeit des extravertierten Modus unterzuordnen. Sein ursprünglicher Wert und seine wichtige Bedeutung als Gegenkraft gegen diese gesellschaftliche Entwicklung ginge damit verloren.[72] Jung war es möglich, aus eigenem Erleben diese Funktion zu beschreiben und kam nicht in Gefahr, sie durch den Vergleich mit der extravertierten Variante zu definieren, da er über ein introvertiertes Empfinden verfügte.

b) *Unmittelbarkeit des Subjektiven Faktors*
Die Wirksamkeit des subjektiven Faktors im Bereich einer introvertierten Funktion ist primär gegeben, er kommt nicht als sekundärer Faktor additiv hinzu, wie es die Formulierung ›*Koppelung* von Funktion und Einstellung‹ nahelegt (vgl. Eschenbach, 1996; Adam, 2011). Im Hinblick auf Sinneswahrnehmungen ist es wesentlich, diese Unmittelbarkeit zu beachten. Jung betonte, dass der subjektive Faktor »eine unbewusste Disposition (ist), welche die Sinnesperzeption schon in ihrem Entstehen verändert und ihr dadurch den Charakter einer reinen Objekteinwirkung wegnimmt.« (Jung, GW 6, § 719) Somit gibt es bereits ursprünglich je nach Einstellungsmodus unterschiedliche Objekteinwirkungen und Sinnesperzeptionen und nicht primär gleiche, die erst sekundär durch den introvertierten Modus verändert würden. Dafür sprechen auch neurobiologische Befunde, wonach der Thalamus bei hochsensiblen Personen anders funktioniert als bei nicht-

---

[72] Vgl. den wichtigen Diskurs zur Gefahr der Beschleunigung bei Rosa (2005 und 2013), Han (2014), Fusaro (2010) u. a.

hochsensiblen. Zudem gibt es organische Signale, die als erhöhte thalamische Aktivität bei Hochsensiblen gedeutet werden könnten (vgl. Klages, 1991). Kants Verständnis des Begriffs ›Modus‹ als Zustand einer Substanz ist hier hilfreich, wodurch das *anfängliche Gegeben-sein* von Sinneseindruck treffend wiedergegeben wird.

Dieser Grundzug gilt für alle Funktionsvarianten, wird jedoch hier erwähnt, weil - aufgrund der irrtümlichen ›Leitbildfunktion‹ des extravertierten Empfindens - die Gefahr besteht, die Sinnesperzeptionen des introvertierten Empfindens als abweichend von ursprünglich ›objektiven‹ zu betrachten. Dadurch entstünde eine Disparität des Verständnisses von intro- und extravertierter Empfindungsfunktion, indem angenommen würde, introvertiertes Empfinden verändere die Sinnesdaten, während das extravertierte diese objektiv aufnehme. Auch der extravertierte Modus rezipiert keine ›objektiven Daten‹, vielmehr ist das extravertierte sinnliche Wahrnehmen stark kollektiv geprägt, was v. a. im Vergleich unterschiedlicher Kulturen und mit früheren Epochen auffällt.[73] Bereits im Tierreich zeigt sich, wie variabel die Objektwelt sinnlich wahrgenommen werden kann.

Geht unter die Haut

Die Inhalte aller introvertierten Funktionen gehen im übertragenen Sinne ›unter die Haut‹, für das introvertierte Empfinden gilt dieses auch wörtlich. Das Subjekt ist unmittelbar berührt vom Wahrgenommenen und kann sich schwer davon distanzieren. Es reagiert empfindsam bis empfindlich auf alle Sinneseindrücke. Eine Vielfalt von Nuancen der konkreten Welt – auch des eigenen Körpers – wird differenziert wahrgenommen und gegebenenfalls künstlerisch gestaltet, etwa bei Proust:

---

[73] Leider hier nur der Hinweis auf die wichtige Thematisierung der ›*Zerstörung der Sinnlichkeit*‹ mit Beginn der Industrialisierung (vgl. Nietschke, 1981), sowie der kulturellen Prägung der Sinne (vgl.»Der Sinn der Sinne«, 1989).

»Dann kamen andere Blüten, dichter beieinander, die bleicher, weniger glatt, körniger, faltiger und vom Zufall in so anmutigen Gewinden angeordnet waren, dass man gelöste Moosrosengirlanden im melancholischen Zerflattern nach einer Fête galante glaubte dahinschwimmen zu sehen.« (Proust, 2011, S. 248)

Die Sensibilität bedingt jedoch, dass sich die Person durch starke oder viele Reize überfordert erlebt, wovon sie sich kaum abgrenzen kann. Sie lösen starke innere Unruhe aus und werden ihr unerträglich.[74] Allerdings wechselt die Toleranzfähigkeit situativ, da sie abhängig ist von der jeweiligen inneren Stabilität, was mit zum subjektiven Faktor gehört. Eigene innere Unruhe verstärkt das Erleben von Beunruhigt-Sein durch äußere Reize, v. a. wenn sie unbewusst ist, während inneres Zur-Ruhe-Kommen auch die Toleranz gegenüber äußeren Reizen erhöht. Die Fähigkeit zu Reiztoleranz ist jedoch grundsätzlich bei allen Menschen davon abhängig, wieviel Reizschutz das Kleinkind durch seine Umgebung erfahren hat. Ein Defizit verstärkt zusätzlich die Empfindlichkeit der introvertierten Empfindungsfunktion.

Die Kenntnis der Sensibilität des introvertierten Empfindens macht Phänomene verständlicher, die heute unter dem Stichwort *Hochsensibilität* thematisiert werden. Es wird deutlich, dass sie weder pathologisch noch Merkmal genereller Hochbegabung sind, sondern Ausdruck der Verbindung von introvertierter Empfindungsfunktion, die möglicherweise verletzt oder komplexbelastet ist, mit einer libidostarken extravertierten Intuition, die dem Ich eine Vielfalt von Signalen aus dem Unbewussten vermittelt.

Tiefendimension – der Geist der Materie

»Das introvertierte Empfinden erfasst ... mehr die Hintergründe der physischen Welt als ihre Oberfläche.« (Jung, GW 6, § 720). Durch die Verbundenheit mit dem Unbewussten, gelangt der Betreffende über seine Sinne zur Symbolik und Sinnhaftigkeit der konkreten Welt (s. o. Proust). Mit der Wahrnehmung des Objekts wird mehr oder weniger bewusst sein

---

74 Proust zog sich in seine mit Korkplatten gegen den Lärm der Außenwelt abgedichtete Wohnung zurück, um zu schreiben.

Kontext verbunden: der Apfel ist mit dem Baum, der Schönheit der Apfelblüte, dem Herkunftsland Persien des Baumes, mit der Erinnerung an früher verspeiste Äpfel, mit der verbotenen Frucht des Paradieses usw. verbunden. Entsprechend formuliert Jung:

> »Die introvertierte Empfindung vermittelt ein Bild, welches weniger das Objekt reproduziert, als dass es das Objekt überkleidet mit dem Niederschlag uralter und zukünftiger subjektiver Erfahrung. Dadurch wird der bloße Sinneseindruck entwickelt nach der Tiefe des Ahnungsreichen« (Jung, GW 6, § 720).

Die Funktion vermittelt einen unmittelbaren Zugang zum Geist der Materie. Ein Ingenieur formulierte, er höre, »wie die Materie leidet«, wenn er über eine Brücke fahre, die Haarrisse habe. Die Materie wird als lebendiges Ganzes erlebt, insbesondere in meditativem Absinken des Bewusstseins. Befindet sich das Ich jedoch in einem instabilen Zustand innerer Unruhe, Angst, Zerrissenheit oder unter Druck, erlebt es die materielle Objektwelt als feindselig, gegen die es zu kämpfen habe, obgleich es wünscht, von ihr unterstützt zu werden. Zwar kann das Denken erkennen, dass die materielle Welt eigenen Gesetzmäßigkeiten folgt, gegen die das irritierte Ich in seiner inadäquaten Aktivität verstößt und dadurch in Widerstreit mit den Objekten gerät, dennoch kann es erst in Resonanz mit der materiellen Welt kommen, wenn es selbst zu innerer Ruhe gelangt. Essentielle Notwendigkeit des introvertierten Modus ist somit das Freisein von Druck.

Traumtexte

Durch die Tiefe des sinnlichen Erlebens gerät das Ich an Bereiche, die schwer in Worte zu fassen sind. Am ehesten können sie in künstlerischer Gestaltung oder in Traumprozessen zur Erscheinung kommen:

Das Unaussprechliche

> »Bei einer Vernissage wurden Stricksachen ausgestellt ... In einem Schrank waren wunderbare Grüntöne in Wolle und Seidengarn zu sehen. Unbeschreiblich grüne Wolle; gar nicht in Worte zu fassen, wie die Farbe war.« (Ausschnitt)

Das grüne Wiesenstück

»Ich sehe einen breiten Wiesenstreifen zwischen zwei Äckern, leicht ansteigend mit hohem wunderschönem silbrig blühendem Gras. Es trifft mich so tief, dass ich den Traum kaum aushalte und mit Herzklopfen aufwache.«

Im Ergriffensein der Träumerin durch einen zunächst unscheinbaren Inhalt wird die Numinosität der darin enthaltenen archetypischen Energien spürbar. Van Gogh, der eine introvertierte Empfindungsfunktion hatte, malte in seiner Spätzeit verschiedene grüne Wiesenstücke, die dem Traum bemerkenswert ähnlich sind.[75]

Zeiterleben – Eigenzeit

Kann sie ihrem eigenen Rhythmus folgen, entfaltet die introvertierte Empfindungsfunktion ihr Potential, subtil, adäquat und kreativ mit der Materie umzugehen und deren Geist wirksam werden lassen. Ihre Fähigkeit, sich in die Materie ›zu vertiefen‹ und geduldig mit ihr zu beschäftigen, kommt zum Tragen. Nur auf diesem Hintergrund ist die Bezeichnung ›langsam‹ zutreffend und frei von negativen Konnotationen, etwa wie die Bezeichnung »Langsamer Satz« in der Musik verwendet wird, um eine spezifische Qualität zu bezeichnen.

Das Erleben von Zeit ist vorrangig ein qualitatives[76], jede Tages- und Nachtzeit hat ihre eigene Qualität, die immer auch eine spezifische Symbolik enthält. Eigene Aktivitäten werden den Zeitqualitäten entsprechend organisiert, wozu auch Phasen zeitlosen Versunkenseins gehören. Entsprechend schwer fällt es dem Betreffenden, Zeitabläufe quantitativ exakt zu planen oder gemäß der linearen Zeit pünktlich zu sein.

---

75 Vgl. Grün als Symbol-Farbe der Empfindungsfunktion (▶ Kap. 3.1, Abschnitte: Symbolik; sowie ▶ Kap. 5.1, Abschnitte: Traum vom Grünen Mann; Jungs Vision vom Grünen Mann)
76 Vgl. zur qualitativen archetypischen Erfahrung von Zeit: v. Franz, 1981.

Metaphorische Bilder wie ›Die blaue Stunde‹, ›Morgenstund‹ hat Gold im Mund‹ oder französisch: ›Bonne heure‹ [77] drücken spezifische Zeit*qualitäten* aus, übereinstimmend mit dem archetypischen Wissen: »Ein jegliches hat seine Zeit« (Pred 3,1). Zur Bezeichnung dieses Zeiterlebens bietet sich der Begriff ›Eigenzeit‹ an in Anlehnung an die Ausführungen von Nowotny (1989), jedoch verschieden von dessen Verständnis in der modernen Physik. Biologische Rhythmen der Natur und des Menschen, Verhaltensweisen der Tiere und Rhythmen der Psyche korrespondieren mit spezifischen Zeitqualitäten. Die ausschließliche Orientierung am quantitativen Zeitaspekt in der Moderne fesselt das kollektive Zeitempfinden an die forteilende Uhrzeit und generierte als Ausdruck psychischer Verarmung das Motto: ›Zeit ist Geld‹. Der Druck, möglichst viel schnell zu tun, führt zu Verwirrung und Überforderung der Individuen, das Bedürfnis, dem qualitativen Zeiterleben zu entsprechen, muss dabei unterdrückt werden. Davor warnte schon Salomon: »Man mühe sich ab, wie man will, so hat man keinen Gewinn davon.« (Pred 3,9) Soziologische Untersuchungen zeigen die krankmachenden Auswirkungen einer überbordenden ›Erlebnis-Kultur‹ (Rosa) heute, in der keine Zeit bleibt, das Erlebte zu verarbeiten.

6.2 Extravertiertes Empfinden

Relativ objektiv

Die extravertierte Empfindungsfunktion erfasst die gegenwärtige, offensichtliche Erscheinung der Objekte, sowohl im wahrnehmenden wie wörtlich im handgreiflichen Sinn. Sie fokussiert ihre Aufmerksamkeit auf

---

[77] Womit Prousts Roman »Auf der Suche nach der Verlorenen Zeit« beginnt, was jedoch in der deutschen Übersetzung verloren ging und in die quantitative Bezeichnung ›früh‹ verändert wurde. Vgl. Han (2014, 15) und seine Ausführungen zum ›Duft der Zeit‹ und der ›Kunst des Verweilens‹ (a. a. O.).

die Sachwelt, die ihr als Welt der objektiven Tatsachen erscheint. Geologen, Historiker, Techniker, Ingenieure, Handwerker, Köche, Börsianer usw. verfügen über diese Funktion meist in ausgeprägter Weise. Sie perzipiert flüssig und unabhängig vom subjektiven Faktor die Objekte der konkreten Realität, soweit diese durch die Sinne und/oder technische Geräte wahrgenommen werden. Diese sind das Medium, das die Wahrnehmung vermittelt, begrenzt und fokussiert, wodurch auch im extravertierten Modus die Wahrnehmung nicht objektiv ist, wie irrtümlich häufig beansprucht wird (vgl. Jung, GW 6, § 674), was zu interpersonellen Konflikten führen kann. Zudem ist das extravertierte Empfinden von Konventionen, Normen und Werten des kollektiven Bewusstseins geprägt, das bereits unbewusst bestimmt, worauf die Aufmerksamkeit gerichtet wird. Im interkulturellen Vergleich der sinnlichen Wahrnehmung von indigenen Kulturen mit jener von hochtechnisierten Gesellschaften wird dieses besonders deutlich.

Differenzierungsfähigkeit

Die Funktion ist gekennzeichnet durch ein weites Spektrum von Differenzierungsmöglichkeiten: Transgenerationale Weitergabe von spezifischen Fertigkeiten, verfeinerte handwerkliche Traditionen, Anforderungen im Arbeitsleben und individuelles Training tragen zu unterschiedlichen Ausformungen und Entwicklungen der einzelnen Sinne oder auch ihrer Vernachlässigung bei. Je differenzierter die Sinne eines Menschen sind, desto genauer kann er die konkret gegebene Welt wahrnehmen und gestalten. Eine fast unerschöpfliche Differenzierungsfähigkeit gilt für alle Grundfunktionen, doch wird das Empfinden besonders durch die unermessliche Welt konkreter Erscheinungen und ihre sichtbaren Gestaltungsmöglichkeiten dazu angeregt. Dem Charme eines hochdifferenzierten extravertierten Empfindens liegt die Fähigkeit zugrunde, sich sicher und frei in dieser konkreten Welt zu bewegen, sich flexibel ihren Veränderungen anzupassen und Lösungen zu finden für auftauchende Probleme. Es kann sich gewandt und dem Konsens entsprechend in der konkreten Realität orientieren und handeln. Da der Betreffende nicht in seinem inneren Sein berührt wird, kann er sich mit einer Vielzahl von materiellen

Gegenständen und Fakten, ihren Details und Unterschieden beschäftigen, ohne schnell ermüdet oder überfordert zu sein. In handwerklichen Bereichen, in denen präzise Handarbeit gefordert ist, im Kunsthandwerk und bei vielen Künstlern ist ein kundiger Umgang mit dem Material als Ausdruck einer entwickelten Empfindungsfunktion zu bewundern. In der Kunstgeschichte ist überliefert, welch differenziertes Materialwissen die reiche Fresko-Malerei der Renaissance erforderte. Die Konsistenz der verwendeten Farben musste dem spezifischen Klima gemäß auf den Untergrund (Putz, Mauerwerk) abgestimmt sein, sonst schimmelten sie bald. Als Michelangelo von Florenz nach Rom kam, musste er seine Farben neu dem dortigen Klima anpassen.

Fallvignetten
Eine Patientin erzählte begeistert im Verlauf der Differenzierung ihres extravertieren Empfindens durch Anbindung an das Fühlen von Farben, die sie aus Naturmaterialien herstellte, vom entsprechenden Untergrund aus selbstgeschöpftem Papier und den zugehörigen Maltechniken.

Ein Arzt berichtete, bei Hausbesuchen erkenne er bereits bei Betreten des Krankenzimmers am Geruch, an welcher Krankheit der Kranke leide.

Diese Beispiele zeigen die vielfältigen Entwicklungsmöglichkeiten der Funktion.

Anschaulich wird die Bindung dieser Funktion an die konkrete Objektwelt in Noldes Autobiographie. Überraschend beginnt er mit einer genauen Beschreibung von Objekten:

> »Während meiner frühen Knabenzeit noch ragten neun Eichenpfähle etwa einen Meter aus der Erde empor. Der Knecht Christian Rasmussen an Sonntagen dort grub, und mit Hilfe anderer Knechte hob er diese, bis zu fünf Meter langen, schlank zugespitzten Pfähle aus der Tiefe hervor. Sie wurden als Heckpfähle verwendet. Einige quadratische, metergroße, behauene Granitblöcke, auch dort gefunden, wurden vor dem Gehöft Adolphs am Hoftor flankierend hingestellt.« (Nolde, 1993, S. 9)

Er zeichnet ein konkretes Bild mit genauen Maßangaben, nur indirekt vermittelt sich, wie klein und beiläufig das Kind sich in dieser Welt großer

Objekte und Männer erlebte.[78] Noldes extravertierte Empfindungsfunktion war – mit Ausnahmen – zunächst bestimmend für seine Malweise. Durch das Malverbot der Nationalsozialisten und seinen dadurch bedingten Rückzug ins Innerste des Hauses gab es in Noldes künstlerischem Schaffen einen bemerkenswerten Wechsel zu seiner introvertierten Intuition. Es entstanden die kleinformatigen »*Ungemalten Bilder*« seiner inneren, intuitiv erfassten mythologischen Welt, während die früheren Werke meist Ansichten der materiellen Welt gestalteten.

Extravertiertes Empfinden im Traum

Sachliche, genaue Details der physischen Welt im Traumtext sind Ausdruck einer extravertierten Empfindungsfunktion des Träumers:

> »Ich habe ein Gartenbeet angelegt, fünf auf zwei Meter groß. In der Mitte habe ich quadratische Wegplatten gelegt immer im gleichen Abstand«. (Ausschnitt)

Hier wird die Fähigkeit deutlich, quantitative Eigenschaften wie Maße, Gewichte, Anzahl usw. genau zu beachten und zu speichern, sowohl beim Traum-Ich wie in der Erinnerung des Ichs an den Traum.

Interpretation zur Imagination »Schlammpfütze«

Im Allgemeinen werden zwei unterschiedliche Vorgehensweisen gewählt:

1) Die Person greift sofort und spontan in die Schlammpfütze und holt den Schlüsselbund heraus – nach dem Motto: ›Wo ist das Problem?‹
   → Hinweis auf eine extravertierte Empfindungsfunktion mit direktem Objektbezug und schnellem Zugriff, keine Berührungsangst, frei von weiteren Konnotationen.

---

78 »Für die extravertiert eingestellte Funktion ist das Objekt ... wichtiger als das wahrnehmende Ich.« (Eschenbach, 1996, S. 352)

oder

2) Die Person ist ein wenig ›betreten‹, überlegt und sucht ein Instrument, etwa einen Stock, um damit nach dem Schlüsselbund zu stochern.

→ Hinweis auf eine introvertierte Empfindungsfunktion mit grundsätzlicher Berührungsscheu, hier verstärkt, weil sie ein mögliches Berührt-werden durch unerkennbare Objekte befürchtet – nach dem Motto: ›Welche Ungeheuer (Würmer, Kaulquappen) könnten mich da berühren?!‹ > Verbindung von konkretem Objekt (= Pfütze) mit eigenen unbewussten Inhalten; je ›geheimnisvoller‹ (undeutlich wahrnehmbar), desto mehr ist es mit unbewussten Projektionen aufgeladen. Allerdings kann die ursprüngliche Reaktionsweise überlagert sein durch ein anerzogenes Training, die Scheu zu übergehen, was jedoch die grundsätzliche Qualität der Funktion nicht verändert. Ein Test-Teilnehmer berichtete, er könne schnell in die Schlammpfütze greifen, obwohl er eigentlich davor zurückschrecke. Als Notarzt habe er sich dazu erziehen müssen, schnell Verletzte zu berühren.

6.3 Introvertiertes Intuieren[79]

Das introvertierte intuitive Wahrnehmen ist Gegenpol des extravertierten Empfindens. Es ergänzt dessen subjektunabhängiges Wahrnehmen der konkreten Sachwelt durch ein Gewahr-Werden der immateriellen Wirklichkeit, die auf den eigenen Lebensprozess bezogen ist. Sie erscheint in symbolischen Bildern von Dingen, »die in der äußeren Erfahrung nicht

---

[79] Die Verbform wird verwendet, um den energetischen Prozess der Funktion auszudrücken. Bei den anderen ist ihre Prozesshaftigkeit im Substantiv enthalten, während *Intuieren* befremdlich klingt. Dem könnte zugrunde liegen, dass ihre Aktivitäten unsichtbar bleiben, und dass unser kollektives Bewusstsein kaum mit ihrem Wirken vertraut ist. Auch die Zwischenstellung des lat. Verbs ›intueri‹ zwischen Aktiv und Passiv mag dazu beitragen (▶ Kap. 3.2).

anzutreffen sind, sondern die Inhalte des Unbewussten, in letzter Linie des kollektiven Unbewussten, ausmachen.« (Jung, GW 6, § 726). Die Bilder wurzeln in der archetypischen Dimension und haben persönliche Bedeutung für den Betreffenden. Ist das Ich mit dieser Funktion verbunden, nimmt es sie ständig und relativ deutlich – als Hintergrundvorgänge des Bewusstseins – wahr. Es bewegt sich in mäandernder Einbildungskraft »von Bild zu Bild, allen Möglichkeiten des gebärenden Schoßes des Unbewussten nachjagend« (Jung, GW 6, § 728).

Von allen Funktionsvarianten ist diese Funktion diejenige, die am intensivsten mit dem Unbewussten verbunden ist: durch die primäre Nähe der Intuition zum Unbewussten wie durch den subjektiven Faktor des introvertierten Einstellungsmodus.[80] Sie ist die Funktion, die »der äußeren Welt die allerfremdeste ist, (jedoch) im psychischen Gesamthaushalt unerlässlich.« (Jung, GW 6, § 728).

Im Bewusstsein kann sie als Ahnung, Eingebung, Idee, Vision etc. erscheinen und wegweisend für das eigene Leben werden. Gaugins Vision einer natürlichen und ursprünglichen Menschlichkeit wurde bestimmend für sein Leben, indem er um die Lebensmitte zu seiner ersten Reise nach Tahiti aufbrach. Vier Jahre zuvor hatte er das Bild »Die Vision nach der Predigt« gemalt, an dem die diagonale Teilung in eine konkret-irdische und eine visionär geschaute spirituelle Dimension auffällt. In letzter wird der nächtliche Kampf Jakobs gegen einen Unbekannten dargestellt, dessen göttliche Natur und Überlegenheit Jakob am Morgen (an-) erkennen muss, um gesegnet zu werden – während bretonische Bäuerinnen auf der anderen Seite dessen ansichtig werden.[81] Treffend wird dieses Gemälde, auf dem Gauguin die innere visionäre Wirklichkeit wie auch jene der die Vision Schauenden gestaltete, als ›die Vision einer Vision‹ bezeichnet. Auf doppelte Weise stellt er sein eigenes Ergriffen- und Überwältigt- werden durch eine transzendente Macht und das Ringen des

---

80 D. h. nicht, dass Personen von vornherein mit dieser Funktionsvariante intensiver mit dem Unbewussten verbunden wären als Personen mit extravertierter Intuition. Bestimmend ist hierfür zunächst die generelle Beziehung des Ichs zum Unbewussten.
81 vgl. 1. Mo. Kap. 32

Ichs mit dieser dar: im *Gesicht der Bäuerinnen* und in der *Gestalt Jakobs*. Damit gelingt ihm, das unsichtbare Wirken der introvertierten Intuition in zweifacher Spiegelung sichtbar zu machen.[82] In Jakob stellte er auch sein eigenes Ringen mit den eigenen Eingebungen dar, die ihn zur Veränderung seines Lebens drängten, rezipiert durch die Bäuerinnen als erdverbundene Aspekte seiner Anima-funktion. Das Gelb als symbolische Farbe der Intuition hebt die Flügel des Engels hervor, und taucht zart als Widerschein auf dem Gesicht einiger Bäuerinnen, am trennenden Baumstamm und in dessen Laub auf. In Unkenntnis des Wirkens dieser psychischen Funktion wird Gauguins Gemälde in der Kunstgeschichte häufig als Darstellung eines Rivalitätskampfs mit Künstler-Kollegen interpretiert und nach rationalen und materiellen Gründen seiner Lebensumstellung gesucht.

Zugang zum persönlichen Mythos

Am Leben Gauguins, der immer auf der Suche gewesen sei, wird sichtbar, wie unmittelbar Bilder und Ahnungen der introvertierten Intuition den ›*persönlichen Mythos*‹ des Einzelnen fokussieren und seinen Lebensweg begleiten. Der folgende Traum hebt ebenfalls die Verbundenheit von mythologischem Bild und persönlicher Botschaft hervor:

> »Ich bin in einem dämmrigen Raum mit anderen Personen. Im Zentrum ist eine Figur aus der ägyptischen Mythologie, groß, ganz in Schwarz, nur der Kopf ist weiß wie bei einer Katze. Der Kopf verwandelt sich in einen Menschenschädel. *Ich weiß, das geht mich etwas an.*«

Die Stimme der Träumerin ließ beim Erzählen eine numinose Atmosphäre entstehen, in der Gegenübertragung auch Verwunderung und den Eindruck, in eine Pyramide versetzt zu sein. Im Hinweis auf Bastet, ägyptische Schutzgottheit der Mütter in Katzengestalt, lässt der Traum den Mutterkomplex der Patientin anklingen und dessen Wandel von einer dunklen zu einer lichteren und humanen Qualität. Typisch für das nicht kausal be-

---

82 Die Zahl Zwei ist ein Symbol der Bewusstwerdung.

gründbare Wissen der Intuition ist die Formulierung »*ich weiß*«. Taucht sie in Traumtexten auf, ist das ein Hinweis auf das Wirken der Intuition.

Traumserie

Diesem o. g. Traum war eine Phase vorhergegangen, in der sich die Patientin vermehrt ihrer introvertierten Funktion zuwandte, die - auch durch gesellschaftlichen Druck - verdrängt war. Vier frühere Träume illustrieren, wie das Ich allmählich mit seiner Intuition vertraut wird (Texte leicht gekürzt, Hervorheb. M.R.):

Traum I

»Ich bin nur Beobachterin des Geschehens: In der Wüste steht ein Raumschiff, zum Abflug bereit. In unmittelbarer Nähe befinden sich 2 Männer und 1 Frau. Die Frau wird heute ins All fliegen. Sie sagt den Männern sehr eindringlich, dass sie die Raumkapsel nach ihrer Landung erst nach 30 Stunden öffnen dürfen, egal was passiert. Es ist sehr wichtig. Ich *weiß*, dass die Frau tot zurückkommen wird. Ich *weiß*, dass die Männer die 30 Stunden nicht abwarten können. Als sie die Tür geöffnet hatten, kam ihnen vom Körper der Frau ein starker Wind entgegen, von welchem sie zurückgeprallt werden.«

Traum II (sechs Tage später)

»Ich sitze in einem ›Luftschiff‹. Es ist viereckig, ca 3x3 mtr. groß, und 2 Holzbänke auf 2 gegenüberliegenden Seiten.[83] Mit mir sind jüngere Menschen in diesem Schiff und meine Therapeutin sitzt mir gegenüber. Wir sehen uns kurz an, aber reden nicht miteinander. Mir ist das Recht so, denn ich bin damit beschäftigt mich links an einer scheinbar wackeligen Holzlatte, festzuhalten. Ich denke: ›ob die wohl hält?‹ ich hoffe es sehr, denn sonst werde ich wohl aus dem Schiff fallen. Wir

---

83 Genaue Beschreibung der extravertierten Empfindungsfunktion

befinden uns nämlich in luftiger Höhe und ich habe Angst hier drinnen zu sein. Die jungen Menschen bei mir unterhalten sich und haben wohl keine Angst.«

Traum III (drei Wochen später)

»Ich befinde mich in einer großen Halle. Es kommt kaum Tageslicht herein, weil Fenster fehlen. Spärlich ist diese Halle ausgeleuchtet mit Kunstlicht. Ich muss hier raus! Ich bin nun im vollen, sonnigen Tageslicht. Es tut mir gut. Ich kann nicht sagen, an was für einem Verkehrsmittel ich gleich hängen werde: Es fährt, ist schnell und bewegt sich in der Luft und vielleicht auch auf Schienen, manchmal? Ich, auf jeden Fall, hänge umklammert mit meinen Händen an einer verchromten Stange dieses Vehikels, und habe eher das Gefühl, durch die Lüfte zu fliegen, als zu fahren. Starke Fliehkräfte bewirken, dass ich kurz an meiner Kraft zweifle, mich hier gut festhalten zu können, aber ich vertraue mir und *weiß* dass ich das schaffen kann! Bin nun wieder zurück in der dunklen Halle, gehe zu meinem Platz, halte ein kleines Öl-Portrait mit E.'s Abbild in den Händen, bin sehr erstaunt darüber. Denn es ist kein genaues Abbild, aber trotzdem sind ihre wesentlichen Züge festgehalten, ich erkenne sie darauf wieder. Mich macht dieses Werk sehr glücklich, denn ich selber muss es gemacht haben. Den Pinsel dazu halte ich noch in den Händen.«

Traum IV (fünf Monate später)

»Ich sitze in einem kleinen Flugzeug. Die Räumlichkeit und Atmosphäre haben etwas Privates.«

Im ersten Traum[84] ist der Bezug des träumenden Ichs zur Intuition – symbolisiert im Bild des Raumschiffes – distanziert. Es sieht nur das geheimnisvolle Manöver, erst am Ende ist es involviert, indem es intuitiv die existentielle Gefahr und das Ende erahnt. Eine Skizze der Patientin

---

84 Aus Platzgründen hier nur eine kurze Interpretation.

zum zweiten Traum zeigte das Luftschiff einem Kinder-Sandkasten ähnlich, was der kindlichen Atmosphäre des Traumgeschehens entsprach, die auch in der Gegenübertragung wahrzunehmen war. Tatsächlich hatte die Träumerin Zugang zu ihrer Intuition in ihrer Kindheit gehabt. Im dritten Traum steht das Ich im Zentrum des Geschehens und bestimmt es. Es wird sich seiner Fähigkeit bewusst, in einem gefährlichen Prozess inneren Fortkommens[85], der teilweise im luftigen Bereich der Intuition stattfindet, seinen inneren Halt zu bewahren. Das Ich erlebt sich nun stabil genug, um sich den Energien der Intuition anvertrauen zu können, ohne aus der Bahn geschleudert zu werden, d. h. ohne im Sog des Unbewussten unter zu gehen. Dieser Prozess ist verbunden mit wachsendem Selbstvertrauen und Bewusstwerden der eigenen künstlerischen Begabung. Traum IV spricht in diesem Zusammenhang für sich selbst[86].

6.4 Extravertiertes Intuieren

Diese Funktionsvariante ist Gegenpol des introvertierten Empfindens. Da Letzteres über den subjektiven Faktor mit dem Unbewussten verbunden ist und die Intuition durchgängig dem Unbewussten entspringt, ist das Wahrnehmungspotential der Betreffenden zweifach vom Unbewussten bestimmt. Die extravertierte Intuition nimmt relativ unbeeinflusst vom subjektiven Faktor die immaterielle Wirklichkeit ›in‹ der konkreten Realität wahr. Ohne dass es dem Ich immer bewusst ist, sind für es konkrete und symbolische Dimension eins. Die Intuition lässt das Ich geistige Bezüge, Bedeutungen, Potentiale und verborgene Möglichkeiten in vergangenen, gegenwärtigen und zukünftigen Situationen erahnen und

---

85 Fahrzeuge, Fortbewegungsweisen symbolisieren, wie sich eine Person ›durchs Leben‹ bewegt.
86 Hier zeigt sich, wie wesentlich es ist, das Träumen als fortlaufenden Prozess zu verstehen.

vermittelt ihm Kenntnis immaterieller Prozesse und Zusammenhänge der Wirklichkeit, einschließlich des sozialen Umfeldes. Sie nimmt das Atmosphärische wahr und ermöglicht dem Individuum, sich im unsichtbar Gegebenen zu orientieren, sich anzupassen oder gegebenenfalls davon zu distanzieren. Eine Patientin erinnerte sich, wie sehr sie als Kind unter den Spannungen der Eltern litt. Wenn sie Streit erahnte, flüchtete sie in einen Schrank und wurde zu einer Prinzessin im weit entfernten Schloss. Die Intuition verhalf ihr sowohl zum Erahnen des unausgesprochenen Konflikts wie als ›Vehikel‹ zur Flucht aus der konkreten Realität. Der spielerische Umgang mit Möglichkeiten im jeweils Gegebenen wird besonders bei Kindern sichtbar, sie scheinen über einen unerschöpflichen Reichtum intuitiver Ideen zu verfügen.

Orientierung in der Zeit

Die Intuition ist nicht an den messbaren Ablauf der linearen Zeit gebunden. Deren Grenzen sind für sie durchlässig, sie nimmt Inhalte der Vergangenheit, Gegenwart und Zukunft wahr. Die extravertierte Intuition verhilft daher zur Anpassung an Zeitatmosphären, nicht jedoch an die exakt messbare Zeit. Menschen mit dieser Konstellation haben Schwierigkeiten, sich gemäß der kollektiv verbindlichen Uhrzeit zu organisieren, zumal die introvertierte Empfindungsfunktion diese Schwierigkeiten verstärkt, da sie ebenfalls an Zeit*qualitäten* orientiert ist (► Kap. 6.1). Dennoch kann der Einzelne sich zu Pünktlichkeit erziehen, indem er die Intuition benutzt, um als inneres Bild die aktuelle Uhrzeit zu ›sehen‹.

Therapeutische Relevanz: Dieser Hintergrund sollte beachtet werden, wenn Patienten Schwierigkeiten haben, pünktlich zur Therapiestunde zu kommen. Wenn Therapeuten dieses vorschnell als Widerstand interpretieren, statt sich das Funktionen-bedingte Zeiterleben des Patienten zu vergegenwärtigen, besteht die Gefahr, dass sie über dessen wahre Befindlichkeit hinweggehen und ihm eine konventionelle Deutung überstülpen.

Aufgrund ihres Ahnungsvermögens hat diese Funktion etwas Vorauseilendes, u. U. Präkognitives an sich, was zu innerer Unruhe führen kann und zu Schwierigkeiten, sich auf das ›Hier und Jetzt‹ einzulassen. Sie ist immer auf der Suche, neue Möglichkeiten im objektiv Gegebenen zu entdecken, um ihr Ahnungsvermögen zu befriedigen (vgl. Jung, GW 6, § 680). Im positiven Sinne bedeutet es, dass immer Lösungen und gesellschaftliche Entwicklungstendenzen erkannt werden. Falls diese Qualität nicht mit der Empfindungsfunktion verbunden ist, die die konkrete Dimension als Gegenpol realisiert, führt es zu »ewiger Veränderungssucht, (die) ... kaum Erbautes wieder niederreißt« (Jung, GW 6, § 728). Der Betreffende wird zum Sklaven seiner immer neuen Einfälle und übergeht seine eigenen Grenzen, u.U. auch die der anderen, in seinem Getrieben-sein durch diese Tendenz.

Spielerisch

Gelingt die Verbindung von Idee und realer Umsetzung, so entsteht eine leichte, spielerische Atmosphäre. Schiller spielt auf diese Ganzheit an: »Der Mensch ist nur da ganz, wo er spielt«. Im kreativen Spiel der Kinder erscheint das Zusammenwirken von Intuition (inneren Bildern) und Empfindung (Materialisierung) selbstverständlich: »*Du wärst jetzt ...Das wär' jetzt...*«.

Symbolische Ebene

Durch ihre Offenheit für die unsichtbaren, hintergründigen Realitäten ist der extravertierten Intuition die symbolische Ebene immer nahe, wie sie sich in Märchen, Sagen, geheimnisvollen Geschichten, Science-Fiction, Mythologie und der Kunst ausdrückt, sie ›lebt‹ geradezu darin. Im Traum oder anderen Gestaltungen aus dem Unbewussten generiert sie bizarre Bilder, die auf originelle Weise Elemente der konkreten Welt scheinbar absurd – doch symbolisch sinnvoll – anordnen, wie dieser Traumtext zeigt:

> »Ich sah vor mir eine düstere Stadt-Ansicht wie aus einem Computerspiel. Da wurden Netze durch den Himmel gezogen. Die Netze wurden auf dem Boden ausgeleert und heraus sprangen und liefen lauter schwarze Katzen und Krähen. – Das freute mich, obwohl doch alles so düster und schwarz in grau war.«

Für die Träumerin war leicht zu erkennen, dass die Krähen und Katzen ihre ›schwarze Gedanken‹ symbolisierten, die ›zu wild durcheinander‹ ihren Nachthimmel erfüllt und ihr den Schlaf geraubt hatten, als sie mit Befürchtungen bezüglich des nächsten Tages zu Bett gegangen war. Die etwas wahnhaften Vorahnungen wurden auf den Boden der Realität zurückgebracht und durch das Wirken der Empfindungsfunktion »sortiert und an ihren richtigen Platz gebracht« – wie sie bei der Besprechung anmerkte.

6.5 Introvertiertes Fühlen

> »Ich bin so traurig, dass die Tränen, die aus meinem Herzen kommen, erst um die Ecke fließen müssen, bevor sie in den Augen sind.«
> (Achtjähriges Mädchen)

Die vielfältigen Nuancen des Fühlens sind grundsätzlich schwer in Worte zu fassen – besonders für die introvertierte Variante: Sie werden als etwas Privates, Intimes erlebt, was kaum mitzuteilen ist, als aus dem Inneren aufsteigende Regungen, wofür keine passenden Worte vorhanden zu sein scheinen. In der ursprünglichen Offenheit und Ganzheit des Kindes drückt sich das Fühlen in dessen Körpersprache, Spiel, Lachen, Weinen, Singen usw. aus. Erwachsene haben es schwerer, ihr introvertiertes Fühlen zu kommunizieren, von außen ist es daher schwer zu verstehen. Ausdruck findet es eher in Musik, Poesie, Malen, Tanz u. a.

Von ihrem Wesen her ist die Fühlfunktion immer Beziehungsfunktion, sie nimmt zu Situationen und Objekten eine emotionale Beziehung auf, wenn auch nicht immer äußerlich sichtbar. In ihrer introvertierten Variante werden Beziehungsqualität, -erleben und -gestaltung maßgeblich durch den subjektiven Faktor bestimmt. Dem Ich ist meist nicht bewusst, dass sein Fühlen zwar situativ durch das Objekt ausgelöst, aber nicht allein von ihm, sondern ebenso von eigenen psychischen Gegebenheiten bestimmt ist. Diese Einflüsse werden irrtümlicherweise dem Objekt zugeschrieben. Das Ich fühlt sich von emotionalen Energien ergriffen, die ihm vom Objekt auszugehen scheinen, obwohl sie aus dem eigenen Unbewussten stammen. Typische Formulierungen lauten: »Du ärgerst mich ... Du verletzt mich ... (Erwachsener zu Kind:) Du nervst...« Rogers' Empfehlung, ›Du-Aussagen‹ zu vermeiden und vom eigenen Erleben zu sprechen, hilft, diese Projektionen aufzulösen und sich den subjektiven Faktor bewusst zu machen.

Paradoxie: Beziehung und Abstraktion

Im Unterschied zur o. g. Auflösung der Projektionen des subjektiven Faktors, kann eine grundsätzliche Paradoxie des introvertierten Fühlens nicht aufgelöst werden – die Paradoxie, dass einerseits Aufgabe des Fühlens ist, Beziehungsfunktion zu sein, und andererseits der Notwendigkeit, als introvertierte Funktion die eigene Energie vom Objekt abstrahierend wieder zurück zu ziehen.

Exkurs: Abstraktionstendenz des introvertierten Modus

Jung fand heraus, dass das Ich in den introvertierten Funktionen grundsätzlich das Bedürfnis hat, zur Erkenntnis des Wesentlichen durch Abstraktion zu gelangen. Diese Tendenz wirkt auf zweifache Weise: Das Interesse des Ichs richtet sich vorrangig auf diejenigen Aspekte des Objekts, die ihm allgemeingültig erscheinen, während es von den eher zufälligen und variablen abstrahiert. Und sie wirkt als energetischer Vorgang, indem das Ich bestrebt ist, einen Teil seiner auf das Objekt gerichteten Energie wieder zu sich zurück zu holen für seine Erkenntnis des Allgemeingültigen, an dem das Objekt teilhat. Das Interesse »zieht sich vom Objekt als Ganzem mit dem herausgehobenen Teil auf mich zurück, d. h. in meine Begriffswelt... (Der Abstraktionsvorgang ist) »eine Zurückziehung der Libido vom Objekt, ... ein Rückströmen des Wertes vom Objekt zum subjektiven abstrakten Inhalt.« (Jung, GW 6 § 748)

Dementsprechend ist die introvertierte Fühlfunktion durch zwei gegenläufige Libidobewegungen charakterisiert: sie stellt einerseits eine emotionale Verbindung zum betreffenden Partner oder Objekt her, andererseits bezieht sie sich nur auf gewisse Merkmale oder Inhalte von ihm, klammert andere aus, und ist bestrebt, einen Teil ihrer Libido zurück zu holen zu ihrem inneren Bild des Objektes und der Beziehung. Zur Verdeutlichung: Eine Person mit introvertiertem Fühlen ist in eine andere ›bis über beide Ohren verliebt‹. Psychodynamisch gesehen fokussiert sie bestimmte Eigenschaften aus der unergründlichen Fülle des Gegenübers, die ihrem inneren Bild von einem Liebespartner und ihrer Vorstellung von Beziehung entsprechen, und vernachlässigt alle anderen Eigenschaften. Sie liebt das Bild, das sie sich vom anderen macht und braucht – ihre Wahrnehmung ist reduziert, wie o. z. Metapher sinnigerweise besagt.

Die Beziehungsgestaltung hat somit etwas Paradoxes an sich: In seiner Bezogenheit auf das Objekt ist das Ich gleichzeitig von ihm distanziert, es ist *verbunden im Rückzug*. Rilkes Liebesschwur »Ich liebe dich, was geht's dich an?« bringt die Paradoxie auf den Punkt. Dazu von Franz: »Das ist Liebe um der Liebe willen! Die Gefühle sind sehr stark, aber sie fließen nicht zum Objekt. Es ist eher, als ob man in einem Liebeszustand in sich selbst wäre... (Diese Menschen wirken gefühllos,) aber sie sind es nicht: die Gefühle sind alle in ihnen drin.« (v. Franz, 1980a, S. 60) Eine bewusst differenzierte introvertierte Fühlfunktion kann sich dennoch den Besonderheiten und einmaligen Eigenschaften des Gegenübers liebevoll zuwenden und ein inneres Gleichgewicht finden von Zuwendung und Rückzug, von eigener Vorstellung und immer neuer Erfahrung, womit die Abstraktionstendenz einen adäquaten Stellenwert bekommt.

Tiefe

Durch seinen Kontakt mit dem Unbewussten sind für das introvertierte Fühlen Tiefe und Intensität charakteristisch. Da diese Qualitäten hinter abwartender Zurückhaltung verborgen und von außen schwer zu erkennen sind, kann dies in Beziehungen zu Missverständnissen führen, zumal der Betreffende selbst seine tiefen Gefühle nicht immer versteht, oder gar mitteilen kann. Die Zuwendung zum eigenen Fühlen, das Vertrautwerden mit ihm und seinen archetypischen Bildern ermöglicht somit auch mehr Transparenz und Verständnis zwischen den Partnern. In künstlerischen Gestaltungen und Traumbildern wird diese archetypische Dimension sichtbar.

Hier ein Traumtext mit Betonung der Fühlfunktion durch die Symbolfarbe Rot:

»Tomaten sollen für ein Gericht vorbereitet werden. Sie werden in Scheiben geschnitten, sodass es einen Querschnitt durch ihre Mitte gibt. Diese Scheibe ergibt ein sehr geheimnisvolles Bild für mich (nicht ganz rund): von der relativ festen roten Mitte gehen im Rot andersfarbig schillernde Farben aus wie von einem Stern nach allen Seiten. Es sieht wie ein geheimnisvolles Kunstwerk aus, das immer schon in der Tomate war, aber erst jetzt durch den Schnitt für Menschenaugen wahrnehmbar ist. Mir wird mitgeteilt, dass man die Tomaten so nicht über Nacht liegen lassen darf, weil bei Nacht ›das Böse / der Böse‹ in die Mitte der Tomate eindringen kann / wird.«

Die Träumerin war zu dieser Zeit emotional belastet, der Traum lenkt ihre Aufmerksamkeit auf das Geheimnis der Mitte und dessen Schutzes, wodurch sie sich ausgeglichener fühlte. Ein anschließender Traum vertiefte den Inhalt und erhellte das Geheimnis: die kreative Kraft des in der Tiefe des Fühlens wirkenden Christusbewusstseins:

»Ich sehe auf ein – mir bekannt erscheinendes – mittelalterliches Bild in welchem die Welt ein großer roter Kreis ist, verschiedene konzentrische Rottöne. Innen eine helle, andersfarbige Mitte. Aus dieser heraus erschafft Christus die Welt.«

In beiden Träumen wird die symbolische Gestalt des Mandalas angedeutet, wodurch sich die Annäherung des introvertierten Fühlens an das Selbst andeutet.

Künstlerischer Ausdruck

>»Freude, schöner Götterfunken,
>Wir betreten feuertrunken,
>Himmlische, dein Heiligtum...«
>(F. Schiller)

In Schillers Gedicht wird der archetypische Charakter des Fühlens künstlerisch gestaltet. Er hatte es 26jährig geschrieben und war sich bewusst, dass »*der dunklen Gefühle Gewalt*« die Quelle seines Schaffens war (Schiller, 1955. S. 1034) und nicht sein Denken, wie die häufige Kennzeichnung seiner Dichtung als ›Gedankenlyrik‹ suggeriert. Von Beethoven vertont ermöglicht die »Hymne an die Freude« vielen Menschen, sich in die transpersonale Weite dieses Gefühls einzuschwingen.

6.6 Extravertiertes Fühlen

»Ich glaube, ich bin ein Sofa, ich weiß, wie du dich fühlst.«
(D. Adams)

Als Anpassungsfunktion ermöglicht diese Funktionsvariante dem Betreffenden, Situationen und Objekte nach Fühlkriterien zu beurteilen und sich darauf einzustimmen, wodurch das extravertierte Fühlen zu einem *differenzierten Anpassungsinstrument* (Jung) wird. Emotionale Zustände von Mitmenschen und Atmosphären werden relativ objektiv erfühlt, um sich adäquat darauf einzustimmen. Wichtiges Kriterium dabei ist ›*Stimmigkeit*‹, d. h. sich stimmig zu verhalten, kleiden usw. Auch andere Personen werden danach beurteilt, wieweit sie dem entsprechen. Im Unterschied zur introvertierten Fühlfunktion werden die Gegebenheiten unabhängig vom subjektiven Faktor erfühlt und erkannt. Ihre Erkenntnispotenz wird in Jungs Formulierung deutlich, wenn er beschreibt, wie er in einem Gespräch mit Freud dessen »Ergriffenheit durch die Sexualität *fühlte.*« (Jung/Jaffé, 1971, S. 172. Hervorheb. M.R.). Für das introvertierte Fühlen wirkt diese Aussage fremd, da sie »das Gefühl nur als einen subjektiven Tatbestand kennt, (und) … das Wesen des extravertierten Fühlens nicht ohne weiteres verstehen (wird)« (Jung, GW 6, § 663). Eine Person mit dieser Konstellation würde entsprechende Erkenntnisse über das extravertierte Denken gewinnen.

Kollektivwert

Der Kollektivwert des extravertierten Fühlens liegt darin, dass es befähigt, harmonische Geselligkeit, kooperative Atmosphären, verbindende und

Beziehung fördernde Situationen etc. entstehen zu lassen. Es erfühlt und gestaltet wechselseitige Resonanz in Beziehungen.»Insoweit ist das extravertierte Fühlen eine ebenso wohltätige, vernünftig wirkende Macht wie das extravertierte Denken.« (a. a. O., § 664). Wenn sie nicht ausschließlich mit ihrem Ego identifiziert sind, knüpfen Menschen mit dieser Konstellation leicht Kontakte, die für transpersonale Ziele förderlich sind.

Gefahren

Defizient und für das eigene Ego missbraucht ist die Funktion, wenn sie ausschließlich für eigene, narzisstische Bedürfnisse benutzt wird, wie etwa im Show-Business.»Ein solch übertrieben extravertiertes Fühlen erfüllt zwar ästhetische Erwartungen, aber es spricht nicht mehr zum Herzen, sondern bloß noch zu den Sinnen, oder – noch schlimmer – bloß noch zum Verstande. ... Es ist steril geworden.« (ebd.). Obwohl die Funktion von ihrer ursprünglichen Anlage her die Fähigkeit darstellt, fühlend das emotionale Befinden der Umgebung zu erfassen und sich darauf einzustimmen, hat sie in dieser Ausprägung ihren Kollektivwert verloren, das Ich ist weder in Beziehung zu sich selbst noch zum Gegenüber, es versteckt sich hinter einer – meist freundlichen – Persona und manipuliert andere durch Pathos und mehr oder weniger subtile Dominanz. Dieses Funktionalisieren des Fühlens hat meist kompensatorischen Charakter, etwa für persönliche Komplexe oder als altruistischer Bewältigungsmodus struktureller Defizite. Der Betreffende wird dabei selbst Opfer seiner missbrauchten Fühlfunktion, indem das Ich mit seinen Bedürfnissen hinter der Maske verschwindet.

Als Anpassungsfunktion ist diese Funktionsvariante stark durch Einflüsse der Erziehung geprägt und an kollektiven Gefühlswerten orientiert, der Betreffende ist bemüht, mit diesen überein zu stimmen, sie fungieren ihm als Norm. Solange er sich nicht mithilfe seiner anderen Funktionen bewusst damit auseinandersetzt, erwartet er, dass sich auch seine Mitmenschen diesen Fühlwerten entsprechend verhalten. Da kollektive Fühlwerte kulturell variieren, gilt es diesen Aspekt in der gesellschaftlichen wie therapeutischen Begegnung mit Menschen aus anderen Kulturen zu beachten und sowohl die eigenen wie die fremden Fühlwerte zu reflektieren.

6.7 Introvertiertes Denken

»Man kann nicht denken, wenn man es eilig hat.«
(Platon)

Als Gegenpol des extravertierten Fühlens verbindet das introvertierte Denken die wertende Dimension mit dem subjektiven Faktor. Es trägt dazu bei, dass sich die Person nicht im Mitfühlen mit dem Gegenüber verliert, was als therapeutische Haltung dysfunktional und ein (hilfloses) Agieren mit dem Patienten wäre. [87] Durch seine Verbundenheit mit dem Unbewussten ist es vom Wesen her kreativ, eröffnet neue Aus- und Einblicke und führt zu eigenständigen Ansichten. Es durchdenkt die objektiv gegebenen Tatsachen auf originelle Weise und fügt ihnen eigene schöpferische Aspekte hinzu. Diese resultieren aus Impulsen der archetypischen Dimension in Form von allgemeingültigen Ideen.

> »Die äußeren Tatsachen sind nicht Ursache und Ziel dieses Denkens, ... sondern dieses Denken beginnt im Subjekt und führt zum Subjekt zurück, auch wenn es die weitesten Ausflüge in das Gebiet realer Tatsächlichkeit unternimmt ... Die Tatsachen sind diesem Denken von sekundärer Bedeutung, von überwiegendem Wert ... erscheint ihm die Entwicklung und Darstellung der subjektiven Idee, des anfänglichen symbolischen Bildes, das mehr oder weniger dunkel vor seinem inneren Blick steht. Es strebt ... nach einer Ausgestaltung des dunklen Bildes zur lichtvollen Idee. ... seine schöpferische Kraft bewährt sich darin, dass dieses Denken auch jene Idee erzeugen kann, die nicht in den äußeren Tatsachen lag und doch deren passendster, abstrakter Ausdruck ist. Seine Aufgabe ist vollendet, wenn die von ihm geschaffene Idee als aus den äußeren Tatsachen hervorgehend erscheint und auch durch sie als gültig erwiesen werden kann.«
> (Jung, GW 6, § 700)

Jungs Werk ist durchdrungen von der schöpferischen Qualität dieses Denkens, das bei ihm angelegt war. Sein Konzept der archetypischen Dimension ist ein Beispiel für die denkerische Ausgestaltung dessen, was »nicht in den äußeren Tatsachen lag und doch deren passendster, abstrakter Ausdruck ist« (s. o.): Die Idee des ›*Archetyps an sich*‹ liegt *unanschaulich* den ausge-

---

87 Es ist hilfreich, diesen Zusammenhang in der Ausbildung, ggf. in Supervisionen zu beachten.

stalteten archetypischen Bildern zugrunde. Die Rezeptionsgeschichte des Archetypenkonzepts lässt erkennen, dass das extravertierte Denken sich schwerer tut, es zu verstehen, es erscheint ihm fremd. Durch quantitative Methoden ist das Archetypenkonzept nicht zu falsifizieren oder verifizieren. Im wissenschaftlichen Diskurs, der an messbarer Überprüfbarkeit orientiert ist, wird dieser essentielle Bereich der Analytischen Psychologie kaum beachtet, im populärwissenschaftlichen Diskurs häufig missverstanden. In internationalen Kollegenkreisen, deren Wissenschaftsparadigma nicht von rationalem, quantifizierendem Denken dominiert ist, wird die Archetypenlehre dagegen aufgegriffen und weiter ausgearbeitet.

Ähnlich wie das introvertierte Fühlen ist das schöpferische introvertierte Denken oft schwer in Worte zu fassen. Der Denkprozess vollzieht sich in der Begegnung von unbewusstem Geschehen und bewusster Aktivität, der Betreffende wird von ihm erfasst, bevor die Inhalte in klaren Gedankengängen zu formulieren sind. Es wirkt wie das Aufscheinen einer sich innerlich entfaltenden Erkenntnis, die allmählich, begleitet von einem Moment der Erleuchtung, im Bewusstsein erscheint. Ein Kollege beschrieb es so: »Ich sitze abends am Schreibtisch, mache die Lampe aus – und denke und denke ...«, wobei sich die inspirierte Atmosphäre der Situation nur im Klang seiner Stimme mitteilte. Die Entfaltung eines lange abgewerteten introvertierten Denkens in Therapieprozessen mitzuerleben, ist eine bemerkenswerte Erfahrung, es scheint sich ein Glanz oder Leuchten auf dem Gesicht der betreffenden Person und im ganzen Raum auszubreiten.[88]

›Schicksal‹ des introvertierten Denkens

»Ich weiß nicht, was ich denke – aber ich denke etwas, was mich abhält, Ruhe zu finden«
(Patientin)

Unter dem Druck des in unserer Gesellschaft dominierenden extravertierten Denkens kann sich die introvertierte Funktionsvariante meist nicht frei entwickeln. Bereits als Schüler kommen Menschen mit dieser Kons-

---

[88] Vgl. die psychoanalytischen Metaphern des »*now moment*« (Stern) und »*Moment der Begegnung*« (Davis)

tellation im konventionellen Schulsystem ›unter die Räder‹, das schnelle Denken favorisiert. Durch enge Zeitrahmen bei Klassenarbeiten werden schon Grundschüler »auf Schnelligkeit getrimmt«, um sie auf weiterführende Schulen vorzubereiten (Aussage eines Lehrers). Die Leistungsnoten zeigen meist deutlich eine Schere zwischen Noten, die Kinder mit extravertiertem bzw. introvertiertem Denken in Fächern wie Mathematik und Physik erzielen. Wenn Schüler hier scheitern, wird dieses fälschlicherweise auf mangelnde Begabung zurückgeführt, statt zu beachten, dass sich das introvertierte Denken unter Zeitdruck nicht entfalten kann. Die Betroffenen verlieren das Vertrauen zu ihrem Denken und der sich entwickelnde Minderwertigkeitskomplex belastet die Funktion. Das abgewertete Denken kann sich nicht entwickeln, es sinkt unter die Schwelle des Bewusstseins, lädt sich mit unbewussten Inhalten auf und beunruhigt das Ich.

Von Franz beschreibt, wie unbewusste Gedanken das Ich irritieren, wenn das Denken in den Schatten des extravertierten Fühlens gerät. Sie bezeichnet diese treffend als »Vogelgedanken, die auf (dem) Kopf landen und dann wieder wegfliegen. Bevor (man) denken kann, ›an was denke ich eigentlich‹, ist der Gedanke schon wieder weg.« (v. Franz ,1980a, S. 68).

Ein Traumausschnitt lässt das Bedrohliche derartiger Vogel-Gedanken deutlich werden:

> »Wir sitzen in einem kleinen roten ([89]) Auto. Wenige Meter von uns weg steht ein Mann mit einem Hund. Es kommt ein sehr großer Geier angeflogen. Der Mann wird unruhig, hat Angst. Der Geier ist wegen dem Mann gekommen und macht mit dem Hals drohende Gebärden in die Richtung des Mannes. (Das rote Auto ist Teil vom Bild, aber wir werden von niemandem wahrgenommen und fühlen uns unbeteiligt, beobachten). Der Mann hat Angst vor Bestrafung, weil er in der Vergangenheit etwas getan hat...«

Die Dynamik ist zentriert auf den stummen Austausch zwischen Geier und Mann, auf die bedrohliche Macht des Vogels. Als aasfressender Vogel

---

89 (▶ Kap. 6.5), Rot = Symbolfarbe des Fühlens

symbolisiert er sowohl Reinigung wie Gefahr und Ankündigung des Todes. Im Traum zielt seine Drohgebärde auf Schuld und Strafangst ab, er symbolisierte für die Träumerin ihre Zweifel an ihrer geistigen Potenz[90], die sie infolge der wortlosen Abwertung ihres Denkens durch Blicke des Vaters verinnerlicht hatte. Dennoch hatte ihr introvertiertes Denken sie veranlasst, aus der Familie auszubrechen, worauf sie nun die Schuld und Strafangst bezog. Im Traum wird die Dissoziation zwischen bisheriger Identifikation des Ichs mit dem extravertierten Fühlen (rotes Auto als schützende, aber auch abschottende Hülle, ihr bisheriges ›Unterwegs-Sein‹) und einem bedrohlichen, aber auch reinigenden Prozess innerhalb der introvertierten Denkfunktion sichtbar.

Die Ermutigung, sich in einem wertschätzenden Rahmen dem eigenen Denken und den darauf lastenden Komplexen zuzuwenden, wirkt erleichternd für Patienten mit dieser Konstellation und lässt den Reichtum und die Kreativität ihres Denkens zur Entfaltung kommen. Eine Patientin, in deren Schulzeugnis gestanden hatte: »faul, träumt zum Fenster hinaus«, erzählte stolz gegen Ende der Therapie, dass sie »zur Vor-Denkerin wegen meiner guten Ideen« in ihrer Firma avanciert sei, auf ihrer Visitenkarte stehe »Think-Tank«

6.8 Extravertiertes Denken

Unsere allgemeine Vorstellung von Denken ist allermeist an der extravertierten Funktionsvariante orientiert.

> »Dieses rührt einesteils daher, dass in der Regel alles Denken, das an der Oberfläche der Welt sichtbar wird – in Form von Wissenschaft und Philosophie… -, entweder direkt vom Objekte stammt oder in die allgemeinen Ideen mündet. Aus beiderlei Gründen erscheint es, wenn auch nicht immer als evident, so

---

[90] Vögel als dem Luftraum zugehörig symbolisieren geistige Kräfte. Der Mann ist symbolisches Bild einer Animus-Facette der weiblichen Träumerin.

doch im wesentlichen als verstehbar und mithin als relativ gültig. In diesem Sinne lässt sich sagen, dass eigentlich der extravertierte Intellekt, nämlich eben der, der sich am objektiv Gegebenen orientiert, bekannt sei.« (Jung, GW 6, § 645)

Umso wichtiger erscheint es, sich die *nur* für die extravertierte Funktionsvariante gültigen Merkmale zu vergegenwärtigen.

Orientierung und Urteilsmaßstab

Das extravertierte Denken ist unabhängig vom subjektiven Faktor unmittelbar an den Objekten orientiert. Es strebt nach gedanklicher Rekonstruktion der konkreten Tatsächlichkeit, auch wenn es wie alle psychische Aktivität letztlich auf unbewussten Prozessen beruht. Merkmal des extravertierten Denkens ist nicht allein, dass es sich mit konkreten Gegenständen befasst, denn auch das introvertierte Denken wendet sich ihnen auf seine Weise zu, sondern die kollektive Prägung seiner Urteilskriterien. Es orientiert sich an kollektiven Übereinkünften, um zu ermitteln, ob Aussagen als richtig oder falsch anzusehen sind. Entspricht das Denken diesem Konsens, gelten seine Erkenntnisse als objektiv zutreffend. In Zeiten als die Erde als Scheibe vorgestellt wurde oder als Mittelpunkt der Planeten, galten davon abweichende Feststellungen als ›falsch‹ und waren z. T. bei (Todes-)Strafe verboten.

Im Alltag ist diese Funktionsvariante bereits daran zu erkennen, dass den Betreffenden häufig im Gespräch das Wort »Richtig!« von den Lippen geht, oder sie es mit Kopfschütteln / Nicken begleiten, ohne dass ihnen bewusst ist, wie ihr Denken ständig die Kommunikation begleitet und sich selbstverständlich als Maßstab setzt.

Intention der Denkprozesse

Ein weiteres Kriterium zur Unterscheidung von extravertiertem und introvertiertem Denken ist die Intention der Denkbewegungen. Die extravertierte Variante beginnt nicht nur beim konkreten Objekt, sondern kehrt am Ende des Prozesses zu diesem oder zu allgemeinen, bereits gegebenen Begriffen zurück. Die Denkakte bestätigen oder kritisieren, ergänzen oder verwerfen bisher angenommene Gesetzmäßigkeiten, etwa in Wissenschaften und Philosophie. Das Denken intendiert allgemeingültige Aussagen und bewegt sich in als verbindlich geltenden Kategorien und Ordnungsstrukturen. Im Unterschied dazu beginnt das introvertierte Denken ggfs. zwar ebenso bei konkreten äußeren Objekten[91], der Gedankengang ist jedoch immer vom subjektiven Faktor begleitet und hat die natürliche Tendenz, »das objektiv Gegebene zu subjektivieren d. h. an das Subjekt zu assimilieren«. (Jung, GW 6, § 646) Es intendiert *nicht*, diese Tendenz zu vermeiden, denn darin besteht sein Individualwert, der Gedankengang zielt auf subjektive Ideen und führt somit zur eigenen Subjektivität zurück. Die extravertierte Funktion verfügt neben dem konkreten *Tatsachendenken*, das im gesellschaftlichen Leben einen weiten Bereich einnimmt, auch über rein *ideelles Denken*, dessen Ideen durch Tradition, Erziehung und Bildungsgang vermittelt sind. Extravertiertes ideelles Denken und introvertiertes ideelles Denken unterscheiden sich durch die Art ihres zugrundeliegenden Maßstabs des Urteilens: »ob er von außen vermittelt oder ob er subjektiven Ursprungs ist« (Jung, GW 6, § 643).

Stärken und Gefahren

Aufgrund der kollektiven Dominanz des Denkens und seiner dadurch bedingten Einseitigkeit ist es für diese Funktion essentiell, mit den anderen Funktionen - insbesondere dem introvertierten Fühlen – zusammen zu arbeiten, um sich gemäß ihrem ursprünglichen Potential zu entwickeln. Auf diese Weise kann sie ihren eigentlichen Wert und Reichtum als ›Team-Player‹ in einem weiten Ich-Bewusstsein entfalten. In Therapie- und Selbsterfahrungsprozessen zeigt sich, wie sehr sich ein dominantes, einseitiges Denken verändert und an Wert gewinnt, wenn die anderen Funktionen ins Bewusstsein gelangen und ein gleichwertiger Austausch beginnt. Ein solcherart entwickeltes und lebendiges Denken hat humane Qualität und verhilft dem Betreffenden zu Klarheit, auch beim Erkennen der eigenen Komplexstruktur und in Konflikt-Situationen. Es transzen-

---

91 Hier zeigt sich, wie irreführend es wäre, ›introvertiert‹ gleichzusetzen mit ›nach innen gerichtet‹.

diert den kollektiv vorherrschenden rational-logischen Denkstil und öffnet sich für tiefere Sinnzusammenhänge und spirituelle Dimensionen. Auf andere Menschen wirkt dieses differenzierte Denken vitalisierend, anregend, erhellend, Horizont-erweiternd und bestenfalls begeisternd.

Die gesellschaftlichen Auswirkungen der extravertierten Funktionsvariante wurden o. beschrieben (▶ Kap. 4.2.4), da sie dem heute dominierenden Denken zugrunde liegt. Ihre Gefahr für den Einzelnen besteht darin, dass die »gesamte Lebensäußerung in Abhängigkeit von intellektuellen Schlüssen« geraten kann (Jung, GW 6, § 652). Das Denken wird dann rationalisierend und ggf. zur Abwehr anderer Funktionen, insbesondere des introvertierten Fühlens eingesetzt. Es bekommt einen harten, kalten, u.U. dogmatisch-starren und rechthaberischen Charakter, der sich für den Betreffenden und seine Mitmenschen einengend und einschüchternd auswirkt. Alle Phänomene werden rational-reduzierend hinterfragt und dadurch ihres Werts beraubt, insbesondere Fühlqualitäten und intuitive Wahrnehmungen. Der Betreffende steht unter Druck, sein Erleben und Handeln rational rechtfertigen zu müssen, auch vor sich selbst. Ist das Denken ausschließlich der konkreten materiellen Dimension verhaftet, verengt sich das Ich-Bewusstsein und wird allem Psychischen, v. a. dem eigenen entfremdet ist. U. U. kreist das Denken negativ-grübelnd um Defizite des eigenen Lebens und sucht im Außen nach vermeintlichen Ursachen, was für gewisse depressive Störungen typisch ist. Der Versuch, durch therapeutische Interventionen dieses Denken ›umerziehen‹ zu wollen und ›positives Denken‹ dagegen zu setzen, ist dysfunktional, denn diese Interventionen setzen das Verhaftet-sein im Denken fort. Stattdessen ist es hilfreich, die verdrängten Funktionen zu beleben und den inneren Dialog der Funktionen zu fördern, denn die Defizite hängen mit dem inneren Ungleichgewicht zusammen.

Teil IV: Ausblick

7 ›Schatten‹ und gegenseitige Ergänzung

»In der Alchemie wie auch in der Persönlichkeitsentwicklung ist das Lösen des Funktionenproblems der erste Schritt, aber es ist ungeheuer schwierig, nur schon so weit zu gelangen.«
(v. Franz, 1980a, S. 93)

Die Goldkörner in Jungs Werk (▶ Kap. 2), finden sich auch in seinen Ausführungen zum Verstehen des extravertierten bzw. introvertierten Denkens, die erhellen, wie er seine eigene persönliche Gleichung reflektierte und transzendierte. Obgleich zwischen den Zeilen im Kapitel »Der extravertierte Denktypus« (Jung, GW 6, § 651 ff) deutlich wird, dass in dessen Charakterisierung auch Jungs schmerzlichen Erfahrungen bei der Auseinandersetzung mit Freud eingeflossen waren[92], relativierte er bereits zuvor im Kapitel »Das Denken« seine Perspektive der Beschreibung

»(als) bloße(n) Eindruck der Erscheinung des extravertierten Denkens auf den Beobachter...Infolge seines andern Standpunktes sieht er auch bloß die Erscheinung und nicht deren Wesen. Wer aber im Wesen dieses Denkens selber drin steht, vermag wohl sein Wesen, nicht aber seine Erscheinung zu erfassen. *Die Beurteilung nach der bloßen Erscheinung kann dem Wesen nicht gerecht werden, daher sie meist entwertend ausfällt.* Dem Wesen nach aber ist dieses Denken *nicht minder fruchtbar und schöpferisch* als das introvertierte Denken, nur dient sein Können anderen Zielen als dieses.« (Jung, GW 6, § 648. Hervorheb. M.R.)

Jung beleuchtet, wie beide Funktionsvarianten dort an ihre Grenzen kommen, wo sie sich mit dem genuinen Bereich der entgegengesetzten Variante befassen. Das extravertierte Denken muss scheitern, wenn es eine *subjek-*

---

92 Introvertierte Denkfunktion bei Jung, extravertierte Denkfunktion bei Feud.

tive Überzeugung aus objektiven Tatsachen oder als Ableitung aus objektiven Ideen analytisch zu erklären versucht – das introvertierte Denken da, wo es objektiv Gegebenes in objektiv nicht gegebene Zusammenhänge zu bringen versucht, d. h. einer subjektiven Idee unterstellen will.»Beides wird als Übergriff empfunden und dabei tritt dann jene *Schattenwirkung* hervor, welche die beiden Denkarten aufeinander haben.« (ebd., Hervorheb. M.R.) Als Resümee formuliert er, dass »*beide Orientierungen an sich einseitig und nur von beschränkter Gültigkeit sind, und darum eben ihrer gegenseitigen Beeinflussung bedürfen.*« (a. a. O. § 649, Hervorheb. M.R.), womit er auch die Grenzen seines eigenen Denkens benannte. Indem er diese essentielle Einsicht bezüglich der Denkfunktion ausarbeitete, bereitete er den Schritt vor, für alle Funktionen die Definitionsmacht einer einzigen Perspektive zu relativieren bzw. zu entmachten.[93] Heute erscheint uns dieses als ein erkenntniskritischer Kerninhalt der Forschungen Jungs zu den Grundfunktionen, woraus sich für die theoretische und praktische Beschäftigung mit ihnen eine integrale Betrachtungsweise eröffnet, alle acht Funktionsvarianten als zum kollektiven Bewusstsein der Menschheit gehörig zu erkennen, was der heute anstehenden Mutation zu einem *integralen Bewusstsein* (Gebser) entspricht.

---

93 ▶ Kap. 5.3 »Zwei verschiedene Perspektiven der Beschreibung«. Eine interessante Lösung des Problems im Bereich der Kunstgeschichte zeigt Belting durch kontinuierlichen ›Blickwechsel‹ zwischen westlicher und orientalischer Kunst (Belting 2009).

8 Transformation – die ›Mittlere Ebene‹

»Wer zugleich seinen Schatten und sein Licht wahrnimmt,
sieht sich von zwei Seiten,
und damit kommt er in die Mitte.«
(C. G. Jung)

Das Bewusstwerden und Beleben der eigenen Funktionenkonstellation führt zu einer Transformation des Ichs, das nun frei über seine vier Funktionen verfügt, mit keiner allein identifiziert ist, sondern die Qualitäten aller in sich enthält und verbindet. Jung verwandte zur Beschreibung dieser neu gewonnenen Qualität die Metapher der *Mittleren Ebene* (vgl. v. Franz, 1980a, S. 88). Sie beschreibt das Ich *in der Mitte* mit gleicher Distanz zu allen Funktionen, weder ganz im subjektiven Faktor (introvertierter Modus) noch in der völligen Anpassung an das Kollektiv (extravertierter Modus) aufgehend, sondern *dazwischen*, in der schwierigen Lage, beide Pole zu verbinden. Wie Jung sagt, ist es dafür unerlässlich, beide Seiten der menschlichen Persönlichkeit bewusst zu halten: »Diese beiden Aspekte dürfen sich nie in Hybris oder in Feigheit trennen.« (Jung, GW 12, § 148) Die Metapher bezeichnet das energetische Feld der Vermittlung, das dem Ich ermöglicht und von ihm fordert, das Gleichgewicht zwischen den Funktionen immer wieder neu auszubalancieren. Paradoxerweise schafft die bewusste Nähe zu ihnen zugleich die nötige Distanz, um sich ihrer Relativität bewusst zu sein und die egozentrische Annahme aufzugeben, die eigene Funktionenkonstellation sei allgemeingültig.

»Wer Distanz zu sich gewinnt, gewinnt zugleich Distanz zur Welt. Distanzierung schließt Toleranz ein … Jeder kann sich heute über die Bedingtheiten… und Begrenztheiten seines Fühlens, Denkens und Handelns Rechenschaft ablegen.« (Gebser, 1992, S. 674 f)

Die Transformation des Ichs vollzieht sich im Prozess der dynamischen Wechselwirkung zwischen intro- und extravertierten Funktionen, wodurch sich diese energetisch und qualitativ austauschen, ohne ihr ursprüngliches Wesen zu verändern, wohl aber ihre aktuelle Qualität. Je freundschaftlicher das Band ist, das sie verbindet, desto mehr bereichern sie sich gegenseitig. Jung zitiert einen alten alchemistischen Text, der den Prozess der Integration und Wandlung symbolisch beschreibt, wodurch die Mittlere Ebene erreicht wird. Er beginnt mit den Worten:

> »Nimm die Schlange und lege sie auf den Wagen mit den vier Rädern« (Jung, GW 14, I, § 254).

Jung kommentiert:

> »Der Wagen als sphärisches Gefäß und als Bewusstsein ruht auf den ... Grundfunktionen. Die Räder sind natürlich außen am Wagen und sind dessen motorische Organe, genau wie die Funktionen..., welche die Beziehung der Psyche zu der Umgebung ermöglichen«. (a. a. O., § 254 f)

Nach weiteren Schritten (Untertauchen ins Meer, Trocknung durch Verdampfen etc.) empfiehlt der Text:

> »danach mögest du den Wagen vom Wasser ins Trockene führen und du hast *die vier Räder auf den Wagen geladen* und du erreichst das Ergebnis, ... laufend ohne Lauf, bewegend ohne Bewegung.« (a. a. O., § 254)

Das Aufladen der Räder symbolisiert das ›Heraufholen‹ der Funktionen ins Bewusstsein, sodass man nicht mehr nur unbewusst mit ihnen ›unterwegs‹ und ihren eigenmächtigen Dynamiken und Unwuchten ausgesetzt ist, sondern Gleichmaß und Ruhe in der Bewegung erreicht. Damit wird ein Zustand innerer Stille und Gleichmuts erreicht, der etwa der Haltung des *Wu-Wei* im Daoismus entspricht, in welcher zur richtigen Zeit gelassen und leicht das Notwendige getan wird, wie im I-Ging formuliert: ›Ohne Absicht bleibt doch nichts ungefördert; denn man ist nie im Zweifel, was man zu tun hat‹. »Wenn jemand ... durch diese Umwandlung durchgegangen ist, ist (er) nicht länger von einer dominanten Funktion *besessen*. Das Ich kann eine bestimmte Funktion aufnehmen und sie wie ein Werkzeug wieder ablegen, im Bewusstsein seiner eigenen Realität außerhalb der vier Funktionen.« (v. Franz, 1980a, S. 88) Die Mittlere Ebene wird zum Bereich, »wo die Ich-Selbst-Beziehung ... eine lebendige

Ganzheit bildet« (a. a. O., S. 87). Die Gestalt der Goldmarie im Märchen ›Frau Holle‹ veranschaulicht dieses Vermögen, zur richtigen Zeit das Richtige zu tun, und das sie umgebende Gold veranschaulicht die Ausstrahlung und den Schutz durch diese neu gewonnene Qualität.

Integration der Tiefen-Funktion

»Sokrates: Eins, zwei, drei! Wo aber blieb uns, lieber Timaios, der vierte ...?«
(Platon)

Besonderen Stellenwert hat in diesem Prozess die Integration der *Tiefen-Funktion*[94] als vierte Funktion. Es ist diejenige introvertierte Funktion, die eine Brücke zu den tieferen Schichten des Unbewussten darstellt, bzw. »ihren Sitz im Unbewussten« hat, wie Jung lapidar bemerkt (Jung, GW 14/I, § 270) ›Tief‹ ist hier nicht räumlich, sondern metaphorisch zu verstehen, um die Tiefendimension der Psyche, ihre Grenzenlosigkeit und nie endgültige Erforschbarkeit zu realisieren.[95] Noch vor Heraklit wurde in der griechischen Lyrik Tiefe als wesentlichstes Merkmal der Psyche durch Worte wie ›tiefsinnend‹, ›tiefdenkend‹ zum Ausdruck gebracht. Heraklit führte dies weiter: »Die Grenzen der Seele kannst du nicht finden, und gingest du jede Straße. So tiefen logos hat sie.« (Vgl. Snell, 1986, S. 26) Seitdem wird mit *Tiefe* die Qualität und ureigene Dimension der Psyche bezeichnet, was in dem von Bleuler eingeführten Begriff der Tiefenpsychologie offensichtlich wird. »Um die Seele kennen zu lernen, müssen wir tief gehen« (Hillman, 1983, S. 28).

Da die *Tiefen-Funktion* vermittels des subjektiven Faktors mit dem kollektiven Unbewussten als Niederschlag der Menschheitsgeschichte verbunden ist, kann sie ein Wissen erschließen, das über die unmittelbare Erfahrung des Individuums hinausgeht. Sie hat Anteil an einer numinosen

---

94 Bei Jung, von Franz u. a. als ›minderwertige‹ oder ›inferiore‹ Funktion bezeichnet, dort Gegenfunktion der sogen. ›Hauptfunktion‹, Begriffe die wir für nicht mehr adäquat halten (▶ Kap. 2, Anm. 9)

95 Jung bezeichnet es als Hybris des Bewusstseins, dass der moderne Mensch sich einbilde, seine Seele völlig »erfasst« zu haben und absurderweise annehme, »dass der Intellekt, der ja nur Teil und Funktion der Psyche ist, genüge, das viel größere Ganze der Seele zu erfassen.« (Jung, GW 11, § 141)

Atmosphäre – dem kollektiven Bewusstsein befremdlich erscheinend – und archaisch wirkende Elemente, in denen für den tieferen Blick »bedeutsame symbolische Beziehungen und Bedeutungen zu erkennen (sind)«. (Jung, GW, 11, § 244) Wird sie dem Ich als Individualwert bewusst, entfaltet sie eine unerwartete inspirierende Wirkung. Numinose Erfahrungen werden durch die Tiefen-Funktion vermittelt[96], weshalb diese ein ganz individuelles, von der persönlichen Funktionen-Konstellation bestimmtes Erleben sind: für die introvertierte Intuition als Phantasie oder Stimme; für das introvertierte Fühlen als numinoses Gefühl; für das introvertierte Denken als ›göttliche‹ Idee und für die introvertierte Empfindungsfunktion als in der sinnlichen Wahrnehmung aufscheinendes Numinoses, wie etwa bei van Gogh, für den die menschliche Gestalt jene von Christus hindurch scheinen ließ. Aus diesem Grund wollte er ›vor der Natur‹ malen, um das darin enthaltene Transzendente auf seine Bilder zu bringen. (Vgl. Ruprecht, 1987, S. 63)

> »Was am schwächsten und verworrensten scheint in euch,
> ist das Stärkste und Entscheidendste.«
> (Khalil Gibran)

Als Gegenpol zu der extravertierten Funktion, derer sich das Ich vorrangig zur Anpassung an sein soziales Umfeld bedient, erscheint ihm die *Tiefen-Funktion* wenig geeignet, nach außen hin sichtbar werden zu lassen. Das Ich ist geneigt, sie zu ›verstecken‹, insbesondere wenn es früh in seinem So-sein zurückgewiesen oder abgewertet wurde. Je weniger es sich des Individualwerts dieser Funktion bewusst ist oder wagt, sie in ihrer ›Unangepasstheit‹ zu zeigen, desto unbelebter und unentwickelter bleibt sie. Je mehr sie im Schatten existiert, desto intensiver ist sie mit dem Unbewussten kontaminiert und desto ›störender‹ wird sie vom Ich erlebt. So berichtete eine Patientin: »Ich habe vier Stimmen in mir – eine davon ist

---

96 Auf seiner mystischen Wanderung wendet sich der Alchemist Michael Maier (1568-1622) schließlich seiner »dunkelsten« und »am meisten unbewussten« Tiefen-Funktion zu – da »hat er plötzlich die Vision des Paradieses als des Urbildes der Ganzheit, womit ihm gewissermaßen angezeigt wird, dass das Ziel seiner Reise eben in der Erreichung der Ganzheit bestehe.« (Jung, GW 14/I, § 269)

ein Quälgeist!« (Noch) nicht bewusst war ihr, dass diese Stimme ihre eigene innere Qual und ihr verdrängtes Fühlen ausdrückte. Den für unsere Kultur typischen Ausschluss der Tiefenfunktion aus dem Bewusstsein bezeichnete Jung als die immer blutende Amfortas-Wunde des modernen Menschen. (Vgl. Jung, GW 6, § 109)

Viele Märchen thematisieren einen Spannungsbogen zwischen scheinbarem Unwert und tatsächlichem Wert: der Außenseiter, Dummling, Verachtete, Blinde, Arme, Jüngste ... alle Gestalten, denen zu Anfang des Märchens nichts zugetraut wird, denen alle anderen überlegen erscheinen, führen am Ende die Lysis des Problems herbei. Werden derartige Märchen subjektstufig interpretiert, steht der Anti-Held für die Tiefen-Funktion, die so ›ungeschickt‹, ›unpassend‹ erscheint, dass sie für den kollektiven Maßstab als minderwertig gilt. Dass gerade der Verachtete z. B. ›das Wasser des Lebens‹ findet, erhellt, dass es diese Funktion ist, die den Zugang zur schöpferischen Libido aus dem Unbewussten schafft, um das ›kranke‹ Ich (kranker König) neu zu beleben. Die anschließende Heirat von Außenseiter und Prinzessin veranschaulicht, dass die sichere Verbindung des Bewusstseins (in diesem Beispiel des männlichen) zur Animafunktion erst möglich ist, wenn das Ich Zugang zu allen 4 Funktionen hat und die neurotische Einseitigkeit überwunden ist. Die Krönung des Dummlings als Nachfolger des alten Königs zeigt die neue Wertschätzung der archaischen Funktion und Anerkennung ihres Individualwerts für das erneuerte Bewusstsein. Wenn es der Verachtete ist, der den Schatz findet, zeigt sich, dass es gerade diese scheinbar zu Scham Anlass gebende Funktion ist, die den Zugang zum Selbst ermöglicht. (Vgl. Jung, GW 12, § 31)[97]

Die Märchen wie auch das persönliche Erleben der Tiefen-Funktion zeigen, dass es ein schwieriger, jedoch hilfreicher Prozess ist, sie anzuerkennen und zu beleben. Er bringt mit sich, dass die extravertierten Anpassungsfunktionen etwas ihren ›Glanz‹ verlieren, indem ein Teil ihrer Energie der archaischen Funktion zufließt. Dadurch ergibt sich »eine

---

[97] Die Träumerin des »Grünen-Mann-Traums« (▶ Kap. 5.1) hatte sich in der Zeit der Zuwendung zu ihrer verletzten Empfindungsfunktion schmerzlich an ein Ereignis ihrer frühen Kindheit erinnert: als sie selbstversunken im Garten mit Naturmaterialien spielte, äußerte eine Tante: »an I. ist Hopfen und Malz verloren!«

Ausgleichung (der Funktionen) in einer mittleren Temperatur.« (Jung, GW 6, § 128) Ein symbolisches Bild dieses Prozesses ist im Arkanum XIV »Temperanza« des Tarots zu sehen, auf welchem ein Engel, auf der Erde und im Wasser stehend, Flüssigkeiten zweier Krüge, der eine blau, der andere rot, ineinander fließen lässt. Diese Details verdeutlichen, dass es sich um einen immateriellen Prozess des Austausches und Ausgleichs handelt, durch welchen aus gegensätzlichen Teilen ein Ganzes entsteht.[98]

Beim Prozess des ›Zusammenfügens‹ der vier Funktionen ist der schwierige Übergang von der Drei zur Vier als eine besondere archetypische Konstellation zu bewältigen, der seit der Antike (s. o. Plato) in der Geistesgeschichte als prekärer Schritt bekannt ist. Das ›*Axiom der Maria*‹[99] formulierte ihn als Leitmotiv alchemistischer Operationen: »*Eines wird zwei, zwei wird drei und aus dem dritten kommt das eine als das vierte*«. (zit. nach v. Franz, 1980a, S. 88) Es veranschaulicht den qualitativen Sinn der Zahlenprogression, indem sich die Einheit der Eins in das Gegensatzpaar der Zwei trennt und zum dynamischen Schritt der Drei führt, die als Synthese beide Pole überbrückt und dann aufgefangen und ›beruhigt‹ wird in der Vier, die alle Schritte zurück bezieht auf die umfassende Eins und die Stabilität der Ganzheit neu herstellt.[100] Da der Schritt von eins zu zwei psychologisch die beginnende Bewusstwerdung (Trennung von Bewusstsein und Unbewusstem) markiert, und die Synthese der Drei hauptsächlich ein Akt des Bewusstseins ist, droht die Beziehung zum Unbewussten verloren zu gehen. Sie muss durch die vierte, mit dem Unbewussten und dem Selbst verbundene Funktion auf einer

---

98 von lat. temperare = *richtig bemessen, aus verschiedenartigen Teilen ein einiges geordnetes Ganzes fügen*. Das Arkanum wird deutsch meist missverständlich ›Mäßigung, Maß, Mäßigkeit‹ genannt, da die deutsche Sprache kein dem Kern und dem Umfang des Begriffes ›temperantia‹ entsprechendes Wort hat – eine der vier platonischen Kardinaltugenden

99 *Maria die Jüdin* oder *Maria Prophetissa* (zwischen 1. und 3. Jh.) gilt als Begründerin der Alchemie.

100 Vgl. auch die anregenden Untersuchungen von Brandt (2015) zur »Macht des Vierten«. Leider übersieht er mit seiner Auffassung, bis zu einen Ausführungen 1990 sei die Geschichte der Vierheit in der Form 1, 2, 3 / 4 »nie ausdrücklich benannt und im Zusammenhang aufgeführt« (S. 11) worden, die eingehenden Studien von Jung, v. Franz u. a.

neuen Ebene gefestigt werden. Durch den Rückbezug zum Unbewussten erscheint die Tiefenfunktion jedoch dem progressiven Impetus des Bewusstseins fremd und hinderlich, das Ich erlebt sich irritiert in seinem Unvertraut-sein mit der Andersartigkeit des Unbewussten. Doch ermöglicht gerade die Tiefenfunktion dem Ich, in seiner Mitte verankert zu sein, sich nicht in einer einzelnen Funktion zu verlieren, sondern das kreative Zusammenspiel aller zu bewahren.

Therapeutische Relevanz

»Auszusprechen, was man glaubt, am wenigsten aussprechen zu können, verbessert die Kommunikation.«
(C. Rogers)

Die vorangegangen Erläuterungen lassen die zentrale Bedeutung der Tiefenfunktion für den therapeutischen Prozess erkennen. Für den Therapeuten ist sie die grundlegende Funktion, um das Geschehen zu begleiten. Durch sie ist er mit seiner Mitte verbunden, er kann die Haltung ›wohl-temperierter Aufmerksamkeit‹ der Mittleren Ebene einnehmen und gerät nicht Gefahr mit-zu-agieren mit dem Patienten. Durch ihren Kontakt zum Unbewussten erweitert das ›absolute Wissen‹ dieser Dimension sein Erkennen und Verstehen des aktuellen Therapiegeschehens, auch wenn er es nicht immer ausspricht. Im Zustand der Achtsamkeit nach innen und außen entfaltet sich ihre Kreativität und bereichert die therapeutische Arbeit.[101] Diese Haltung setzt voraus, dass der Therapeut durch eigene Selbsterfahrungsprozesse mit seinem Unbewussten und der eigenen Tiefenfunktion vertraut ist. Er wird trotz des verständlichen Drucks des Patienten sich genügend Zeit für ihr Wirken geben und mögliche Schamgefühle bezüglich ihrer scheinbaren ›Langsamkeit‹ auflösen im Wissen, dass eine ›Beruhigung‹ des therapeutischen Dialogs immer dem Patienten zugutekommt und diesem ermöglicht, ebenfalls seine introvertierten Funktionen zu beleben.

---

101 Vgl. Goethe: »Das Bekannte wird neu durch unerwartete Bezüge, und erregt, mit neuen Gegenständen verknüpft, Aufmerksamkeit...« (1948 ff Bd. 13, S. 162)

Da in der Regel Therapiebedürftige unter der Dissoziation von Bewusstsein und Unbewusstem leiden, ist ihre bewusste Energie einseitig in ihre extravertierten Funktionen verlagert, während die introvertierten Funktionen, insbesondere die Tiefenfunktion, wenig bewusst und belebt sind. Jung war zur Auffassung gekommen, dass jeder neurotischen Dissoziation die Abspaltung der Tiefenfunktion zugrunde liegt (vgl. Jung, GW 11, § 292). Es ist zwar Ziel der Therapie, die neurotische Dissoziation zu überwinden, doch darf keinesfalls die Integration der Tiefenfunktion durch Intervention des Therapeuten forciert werden, schon gar nicht in frühen Therapiephasen. Das Ich des Patienten muss stabil genug sein, um die Irritationen ertragen zu können, die zunächst mit der Annäherung an sie einhergehen. Meist ist sie mit Erinnerung an verletzende Erfahrungen verknüpft (s. Anm. 94) und mit Scham- und Minderwertigkeitskomplexen. Es genügt, wenn der Therapeut sie empathisch ›im Auge behält‹ und ein ›offenes Ohr‹ dafür hat, wie und wann sie sich äußert, ohne sie konfrontativ anzusprechen. Der Weg zu ihrer Belebung und Integration verläuft immer über die allmähliche Differenzierung der übrigen Funktionen, was zugleich eine hilfreiche Methode der Stabilisierung des Ich-Komplexes ist. Es sind oft stille, beglückende ›Begegnungs-Momente‹, wenn der Patient sich in seine lange abgewertete Tiefenfunktion versenkt und ihren und seinen Wert realisiert.

9 Das Rote Buch: »Amor triumphat – Das Rad der vier Funktionen«

»Denke fleißig den Bildern nach, die uns die Alten hinterlassen haben. Sie weisen den Weg des Kommenden.«
(Jung, 2009, S. 236)

Ein rätselhaftes und erschütterndes Bild hat Jung zu den Funktionen hinterlassen. Es trägt den Titel »amor triumphat« und findet sich im Roten Buch, in dem Jung seine Träume, Imaginationen und Bilder aufzeichnete. (Jung, 2009, Faks. S. 127) Seine tiefe Trauer veranlasste Jung, die Arbeit daran zu unterbrechen. Er begann mit dem Bild 1920, dem Jahr seiner Vorrede zu »Psychologische Typen« (Jung, GW 6), und beendete es 1921 nach einer Pause von neun Monaten(!), im Erscheinungsjahr dieses Werks. Dazwischen war er nach Nordafrika gereist, wo ihm die arabische Kultur begegnete, was ihn »überwältigend getroffen« habe und zur Reflexion der Einseitigkeit seines »europäischen Bewusstseins« zwang, wie er in seiner Autobiographie beschreibt. (Jung/Jaffé, 1982, S. 247 f).

Das Bild ist Teil des »Liber secundus«, in welchem Jung dem Tod in verschiedenen Gestalten begegnet, eingebettet in das Kapitel XIX »Die Gabe der Magie«. In ihm fordert die Seele das Ich auf, die Gabe der Magie[102] anzunehmen, was jedoch ein Opfer erfordere. In diesen Kontext könnte das Bild mit seinem Kommentar von Jung gehören:

»dieses bild wurde beendet am 9. Januar 1921, nachdem es an die 9 monate unvollendet gewartet hatte. es drückt, ich weiß nicht was für eine trauer aus, ein

---

102 Aus dem Zusammenhang geht hervor, dass Magie hier Schöpferkraft, neue Qualität bedeutet und schließlich von ›schwarzer‹ in ›weiße‹ Magie verwandelt werden muss. (vgl. Jung, 2009, F. 126 ff / S. 306 ff)

vierfaches opfer. ich konnte mich beinahe nicht entschließen, es zu beendigen. es ist das unerbittliche rad der vier funktionen. das opfererfüllte wesen alles lebendigen.« (Jung, 2009, Faks. S. 127)

Doch scheint es auch in vielerlei Hinsicht mit dem folgende Kapitel XX »Der Weg des Kreuzes« (Jung, 2009, F. 136ff / S. 308 ff) verbunden zu sein, welches u. a. die Einsamkeit und Pein beschreibt bei dem Prozess, die eigene Person anzunehmen.

Zwischen Bildtitel, -inhalt und -text besteht eine Spannung, die schöpferisches Nachsinnen erfordert, um Verständnismöglichkeiten sich entwickeln zu lassen. Vermutlich werden sie – je nach Perspektive – unterschiedlich und keinesfalls endgültig sein. Daher soll hier nur ein erster, vorläufiger Ausblick gegeben werden, beschränkt auf Verbindungen zum Thema der Funktionen und Amplifikation einiger symbolische Bezüge:

Ein große *Radkreuz*[103] umschließt die Fläche des farbigen Bildes und scheint mit seinem schwarzen Rand der Trauer zu entsprechen, von der Jung sprach. Die vier Segmente des Rads zeigen tragische Szenen von Leiden und Tod, in den oberen Mann und Frau, in den unteren die außermenschliche Natur, Pflanze und Tier. Blut rinnt aus den Körpern, zumindest die gekreuzigte Frau (▶ Abb. 6), das liegende Rind (▶ Abb. 7) und der gefällte Baum (▶ Abb. 8) sind ihres Lebens beraubt. Bei dem Mann (▶ Abb. 5) bleibt offen, ob er lebt oder tot ist. Er scheint auf einem Nagelbett zu liegen, wie es z. B. indische Fakire als Meditationshilfe benutzen, doch tatsächlich ist es der natürliche Boden, mit spitzen Steinen gespickt, Blut rinnt am Rücken aus seinen Wunden. In einem vorhergehenden Kapitel hatte Jung seine Begegnung mit dem Sterben beschrieben

---

103 Zur Symbolik des Radkreuzes ▶ Kap. 1, Abschn. »Historischer ... Hintergrund des Modells«. Bereits das vorhergehende Bild im Roten Buch (a. a. O., Faks. S. 125) zeigt ein großes Radkreuz, allerdings mit einer ganz anderen Ausstrahlung schwebend am Himmel wie ein feuriges Zeichen über der Erde. Auch nachfolgende Bilder enthalten Radkreuze bzw. Kreuzräder. War Jung bewusst, dass das Kreuzrad Brandmarkung, Prüfung, Domestikation und Inkarnation symbolisiert? In Athen wurde es als Zeichen wilden Pferden nach ihrer Prüfung für den Gebrauch aufgebrannt. Daraus entwickelte es sich zum Brandzeichen für Leder (= Haut) überhaupt.

und die lapidare Aussage angefügt: »Wir stehen auf den spitzen Steinen von Elend und Tod«. (Rotes Buch, 2009, Faks. S. 14, gedr. S. 266)

Abb. 5: Skizze: Segment oben links im Radkreuz

Segment oben links im Radkreuz (▶ Abb. 5): Ein *Radkreuz* – Wiederholung des umfassenden Rades im Kleinen – liegt auf der Leibmitte des *Mannes* und scheint ihn auf den Boden zu drücken. Dennoch hat es etwas von der Schwerelosigkeit eines Symbols an sich mit dem ungegenständlichen Blau und den weißgelben Strahlen in der Mitte und wirkt wie ein Fenster in eine ›andere‹ Dimension. Der Mann scheint es auf seinem Sonnengeflecht zu balancieren bzw. im Gleichgewicht zu halten. Dabei ergibt sich eine bemerkenswerte Verbindung zum Nagelbrett, denn dessen Pein kann ausgehalten werden, wenn der Fakir sein Gewicht gleichmäßig über die Nägel verteilt.

Segment oben rechts im Radkreuz (▶ Abb. 6): Das Bild der *gekreuzigten Frau* ist sowohl Anspielung auf Christus am Kreuz wie auch Distanzierung davon: Wie dieser ist sie fast nackt, ihr Gesicht ist jedoch verdeckt durch die vornüberfallenden Haare ihres gebeugten Kopfes, eine für Christus untypische Haltung. Das Namensschild darüber ist leer, sie bleibt namenlos. Ist es die ans Kreuz genagelte Weiblichkeit als solche? Kreuzigung symbolisiert qualvolle psychische Spannung, bei der extreme Gegensätze Körper und Seele zerreißen, die Ahnung von Fortdauer und

Teil IV: Ausblick

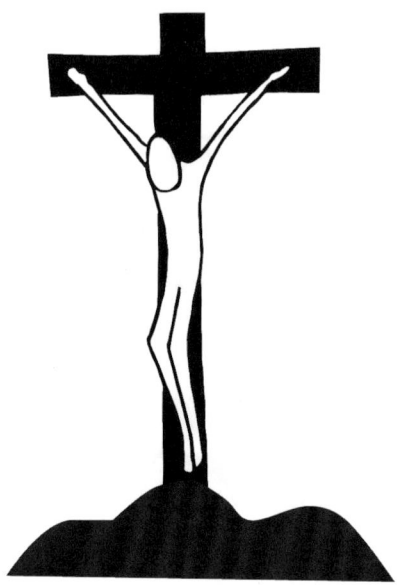

Abb. 6: Skizze: Segment oben rechts im Radkreuz

Unendlichkeit bei gleichzeitiger Erfahrung der Schrecken körperlichen Zerfalls und der Grenzen leibhaftigen Lebens. Die Sehnsucht nach Glück steht der niederschmetternden Unvermeidbarkeit von Leiden und Verlust entgegen. (Vgl. Ronnberg & Martin, 2011, S. 744)

Segment unten rechts im Radkreuz (▶ Abb. 7): Im Segment darunter liegt ein erstochenes *weiß-braunes Rind*[104], ein *Schwert* steckt in seiner Schulter. In der Erscheinung des Ochsen, dem Arbeitstier armer Bauern, symbolisiert es Friedfertigkeit, Geduld, Leiden und gutmütige Stärke. Der Ochse war häufig Opfertier, er nimmt zusammen mit dem Esel an der Geburt Jesu teil und ist Attribut des Lukas, in dessen Evangelium der Opferaspekt im Leben Christi betont wird. In Gestalt der Kuh erinnert es

---

104 Die Bezeichnung ›Rind‹ lässt offen, ob das Tier Ochse, Kuh oder Stier – oder alles – ist, was das Bild nicht eindeutig zu erkennen gibt. Jeder Betrachter wird es für sich interpretieren.

Abb. 7: Skizze: Segment unten rechts im Radkreuz

an die heiligen Kühe Indiens und an die ägyptische Göttin Hathor, die sich als nährende Mond- und Himmelskuh über die Erde wölbt. Verehrung der Allgöttin in Gestalt einer Kuh und Stierkulte sind oft verbunden. Der Heilige Stier vereinigt sowohl sonnenhafte wie mond- und erdhafte Züge in sich. Der legendäre chinesische Weise Laozi wird häufig auf einem Wasserbüffel reitend und lesend dargestellt. In einer taoistischen Geschichte vom Büffel und seinem Hirten symbolisiert er die immer vorhandene und tragende Beziehung des Menschen zum eigenen Selbst. In vielen Mythen gilt das Rind als Geschöpf der ursprünglichen, paradiesischen Ganzheit. Jung erwähnt im Zeitraum, als er das Bild malte, dass Kuh und Stier zusammen ein mythologisches Symbol der Libido bzw. der Schöpferkraft Brahmas darstellen können (Jung, GW 6, § 367 ff). Der Stier allein kann jedoch auch die naturhafte, undomestizierte Form der Libido darstellen (ebd. § 421). Das Schwert – als kleines Kruzifix auf dem Bild sichtbar – ist die typische, zweischneidige Waffe des Helden, Symbol patriarchaler Macht und Rechts, trennenden Denkens und Entscheidens. So könnte dieses Bild sowohl Opfertier, Aufgeben der unbewusst-naturhaften Libido wie auch Trennung der paradiesischen Ganzheit in die Gegensatzspannung des Lebens thematisieren.

Segment unten links im Radkreuz (▶ Abb. 8): Das Bild daneben zeigt ausschnitthaft einen *Nadelbaum* im Fall, im Wurzelstumpf steckt noch die *Axt*. Das Bild erinnert an das Fällen der Wotans-(Donars-)Eiche durch

Teil IV: Ausblick

Abb. 8: Skizze: Segment unten links im Radkreuz

Bonifatius, markantes Signal des Kampfes der Christen gegen die Religion der Germanen.[105] Hier ist es der immergrüne Nadelbaum, Sinnbild der Unsterblichkeit – Anspielung auf den Weihnachtsbaum – oder ahnte Jung, dass v. a. die Nadelbäume das Baumsterben in den folgenden Jahrzehnten signalisieren würden? Im Fallen wird die Rückkehr des Baumes zum Urgrund angedeutet. *Bäume* symbolisieren Wachstum, Leben, Schutz, Alter, Tod und Wiedergeburt. Sie vereinen die Polarität von Männlichem und Weiblichem, Erde und Himmel. Sie wurden und werden als Sinnbild göttlicher Wesenheiten und Aufenthaltsort numinoser Mächte verehrt. Im christlichen Mythos sind Baum des Lebens, der Erkenntnis und Kreuz Christi eng miteinander verbunden.

Die *Axt* wird seit der Jungsteinzeit als Werkzeug für Kampf und Arbeit verwendet. Sie war Machtinsigne früher Gottheiten und Zeichen menschlicher Exekutivgewalt. Sie dient heute als Instrument zur Nutzung der

---

105 Der ausschließliche Erlösungsanspruch des europäischen Christentums »hat Unheil gestiftet. …Das Fällen der Wotanseiche durch Bonifatius haben … (die Glaubensboten) als paradigmatischen Imperativ bis an die Grenzen der Erde getragen«. (Polednitschek, et al. 2009, S. 12)

Natur und des Kampfes gegen sie. Im übertragenen Sinn steht sie für Macht, Durchsetzungswillen, rücksichtslose Absichten und das gewaltsame Erreichen eines Ziels. Sich zu benehmen wie die Axt im Walde bezeichnet ein grobes, unsensibles Benehmen, dem die Verbindung mit dem Fühlen fehlt. Der metaphorische Ausdruck, die Axt an den Stamm oder die Wurzel legen, spricht vom gründlichen Beseitigen von etwas Unerwünschtem.[106] In einem seiner Briefe an Bellarmin schreibt Hyperion, das literarische Alter Ego Hölderlins:

»habe (ich doch manchmal) gerufen, was legst du die Axt mir an die Wurzel, grausamer Geist?« (Hölderlin, 1961, S. 156).

Bei Vergleich aller Bilder fällt auf, dass die menschlichen Gestalten oben auf *festem Untergrund*, (▶ Abb. 5, ▶ Abb. 6) Baum und Kuh dagegen nur auf einem grünen *Streifen* (▶ Abb. 7, ▶ Abb. 8) platziert sind, wodurch sie eher schwebend erscheinen, ihren Symbol-Charakter verdeutlichend, vielleicht auch an das frühe Bewusstsein erinnernd, als man sich die Erde als Scheibe vorstellte.

Ein *bizarres labyrinthisches Muster* von Linien bildet den Hintergrund aller Segmente. Sie schlängeln sich vom Mittelpunkt des Radkreuzes zur Peripherie und lassen nicht eindeutig erkennen, was Figur, was Grund ist[107], ob es rote Linien auf Blau oder blaue auf Rot sind, vergleichbar den ›schwankenden Gestalten‹, die sich Goethe vor Wiederaufnahme des Faust-Dramas aufdrängten: »Ihr naht euch wieder, schwankende Gestalten...« (Goethe, o.J., S.).[108] Dieser bewegte, sich dem (Be-)Greifen entziehende Hintergrund könnte den beständigen subliminalen psychischen Prozess veranschauli-

---

106 Johannes der Täufer prophezeit in der Wüste: »Es ist schon die Axt den Bäumen an die Wurzel gelegt.« (Matthäus 3,10; Lukas 3,9)
107 Vgl. Gleichzeitig das Göttliche verhüllend und offenbarend begleitet der Schleier als paradoxes Symbol den Weg spirituellen Erkennens (▶ Kap. 4.2.5 Denken und Spiritualität).
108 Mit diesen Worten beginnt die an den Leser gerichtete »Zueignung«, die Goethe 1797 dem Werk voranstellte. Sie hat die Form der feierlich-klangvollen Stanze (ital. Raum), die den inneren Bildern der Elegie mit ihrem traurigen Inhalt und der sehnsüchtigen Stimmung Raum gibt.

chen, auch ein Hin- und Herwechseln zwischen Denken und Fühlen, gekennzeichnet durch die Symbolik von Rot und Blau.[109]

Durch seine Teilung in die *archetypische Vier* verweist das *Radkreuz* auf das Funktionen-Modell, doch erscheint es nicht sinnvoll, den Bildern endgültig eine Funktion zuzuordnen. Jeder Betrachter wird dieses von seiner eigenen Perspektive und Konstellation aus tun. Die hier gegebene Interpretation ist nur als Anregung zu verstehen.

Die am Kreuz hängende Frau (▶ Abb. 6) könnte Aspekte der *Fühlfunktion* symbolisieren, die *Intuition* als dem animalischen Instinkt und Wissen verwandte Funktion im Bild des Rinds (▶ Abb. 7) erscheinen, das Fällen des Baumes (▶ Abb. 8) könnte Aspekte der *Empfindungsfunktion* und der auf dem steinigen Boden liegende Mann (▶ Abb. 5) Weisen des *Denkens* darstellen, welches reflektierend und erkennend das auf ihm lastende ›unerbittliche Rad‹ der Funktionen auszubalancieren hat. Die Wiederholung des Radkreuzes in diesem Segment könnte – entsprechend der Zwei als Zahl der Bewusstwerdung – das bewusste Erkennen der Funktionen als Aufgabe eines selbstreflektierenden Denkens signalisieren. Die spitzen Steine, im sinnlichen Wahrnehmen Hinweis auf die Mühsal des Lebens[110], nötigen es zum ›Nach-Sinnen‹. Die Assoziation des spitzen Untergrunds mit dem Nagelbrett führt zur Symbolik des *Nagels*, die unsere Gebundenheit an die irdische Dimension verdeutlicht. In dem ans Kreuz genagelten Gottes-Sohnes kommt diese Symbolik beispielhaft zum Ausdruck: die Inkarnation des Göttlichen als Zustand des Festgenageltseins an die menschliche Realität, an Schmerz, Angst, Leiden und Tod – aber auch Transzendierung dieser Realität durch ihre Annahme. Die *Kreuzesnägel* gelten in der christlichen Tradition als

---

109 Dieser Hintergrund war der Grund, weshalb das ganze Bild hier nicht (schwarz-weiß) wiedergegeben werden konnte – der psychische Gesamtprozess ist tatsächlich nicht »Schwarz-auf-Weiß« festzuhalten.

110 Vgl.: »…der Erdboden (sei) deinetwegen verflucht: Mit Mühsal sollst du davon essen alle Tage deines Lebens; und Dornen und Disteln wird er dir sprossen lassen« (1.Mose 3,17-18). Aus Platzgründen kann hier nicht auf die reiche Symbolik des *Nagels* eingegangen werden, wie sie z. B. im künstlerischen Werk von G. Uecker, seinen mit Nägeln gestalteten Bildern, oder in den ›Nagelkreuz-Gemeinden‹ zum Ausdruck kommt.

9 Das Rote Buch: »Amor triumphat – Das Rad der vier Funktionen«

Passionswerkzeuge des Leidens ›an der Welt‹, und (!) als ›Waffen Christi‹ zur Überwindung von Sünde und Tod. Sie werden, v. a. im frühen MA, als seine Sieges – und Majestätszeichen angesehen, dienen jedoch auch dem meditativen Nacherleben seiner Passion. Auf diesem Hintergrund sind Nägel häufig Attribute von Märtyrern. Sie leiten über zur Metapher des ›Pfahls im Fleisch‹, der in gewissen Aspekten der Grundfunktionen erfahrbar wird.

Für das ganze Bild gilt wohl, was Jung zu seinem Weg spiritueller Erfahrung im Roten Buch notierte: »Ich war mir selber Mörder und Gemordeter« (2009, S. 241). Aus der Bildunterschrift geht hervor, dass er die Bindung des Bewusstseins an die Grundfunktionen als zum »opfererfüllten Wesen alles Lebendigen« gehörend erlebte. Letzteres wird in jedem Segment dargestellt und Jungs Notiz zufolge haben wir aktiv wie passiv daran Anteil vermittels unserer Funktionen, wir erleiden und fügen es durch sie zu.

»Die Wunde ist der Ort, an dem das Licht in dich eintritt.«
(Rumi)

Hinweis darauf könnte das *Blut* geben, das aus den Wunden und Mündern der Opfer rinnt. Seit Anbeginn der Menschheit gilt Blut als geheimnisvolle Mana-Substanz, die das Leben enthält. Die frühe Erfahrung, dass Menstruationsblut, Schwangerschaft und Geburt – wie auch immer – miteinander zusammenhängen, führte zu der Vorstellung, der Embryo werde aus dem im Körper-Inneren behaltenen Blut gebildet. Der Idee, »dass durch … blutige Opfer, neues Leben bewirkt werde« (Jung, E. & von Franz, 1983, S. 135) liegt diese Erfahrung zugrunde. Trotz späterer patriarchaler Abwertung der menstruierenden Frau als unrein, gilt Blut seitdem als Sitz der Seele, als das göttliche Element im Menschen, welches das ganze Mysterium von Leben und Tod in sich enthält. Solange es in unserem Körper fließt, erinnert es uns, mit unserer persönlichen Aura durchtränkt, pulsierend und wärmend an unsere Lebendigkeit. Wird der Kreislauf verletzt, gerinnt das aus den Wunden strömende Blut zum dunklen Symbol des Todes. Auf dem schmalen Grat zwischen Leben und Tod macht es uns, »bevor wir uns in blutleeren, abstrakten Gedanken davon distanzieren«, unsere Fragilität und zugleich die Heiligkeit des Lebens bewusst (Ronnberg & Martin, 2011, S. 396). Das Mysterium des Blutes wird auch im Opfertod Christi wirksam: Die belebende, den Tod überwindende und sühnende Kraft ist im aus den Wunden fließenden Blut enthalten und hat zentrale Bedeutung im Sakrament der Eucharistie. In der Betroffenheit bei Betrachten des Bildes schwingt unbewusst dieses kollektive Wissen mit. Ist hier das ausströmende Blut von Tier und Mensch auch Zeichen der Christusnachfolge, des Opfers um der Liebe willen? Die Leere zwischen Stamm und Wurzel des fallenden Baums wirkt wie ein geöffneter Mund, der das Weiß seines Inneren sichtbar werden und nach außen splittern lässt. Es ist dasselbe Weiß wie auf dem Fell des Rinds, dem Namensschild auf dem Kreuz und den weißgelben Strahlen des kleinen Radkreuzes. Die Farbe der Unschuld könnte andeuten, dass Opfer unabhängig ist von der Schuld unserer unschuldig- schuldigen irdischen Existenz. Auf seinem Weg wird jeder Einzelne aus seinem Inneren zu Opfern genötigt, um einen höheren Daseinszustand zu erreichen. Die damit verbundene Transformation ist das Sine-qua-non psychischer Gesundheit, wie Jung betont. Durch den Opfervorgang und das mit ihm verbundene Leiden wird etwas aufgegeben und etwas gewonnen. An anderer Stelle sagt Jung:

> »Mit dem Opfer beweist man, dass man sich hat, denn das Opfern ist kein Sichnehmenlassen, sondern eine bewusste und gewollte Abtretung, welche beweist, dass man über sich selber, das heißt über das Ich, verfügen kann. Damit wird das Ich zum Objekt des sittlichen Handelns, denn ich entscheide dann aus einer Instanz, die *meiner Ichhaftigkeit übergeordnet* ist (Jung, GW 11, § 39) ... Was ich opfere, das ist mein egoistischer Anspruch, womit ich zugleich mich selber aufgebe... Das Selbst ... ist es, das mich zum Opfern veranlasst, ja... zwingt« (Jung, GW 11, § 390 ff)

Bezogen auf die Grundfunktionen bedeutet es zunächst, den Allgemeingültigkeitsanspruch unserer Perspektive, unseres Erlebens und Wissens aufzugeben, der den naiven ›natürlichen Menschen‹ kennzeichnet[111]. Die vier Funktionen selbst können wir nicht opfern, denn unser Bewusstsein basiert auf ihnen, sie sind gewissermaßen unsere psychische Haut, aus der

---

111 An anderer Stelle spricht Jung davon, dass wir genötigt werden, »von aller unbewussten Kindhaftigkeit und Naturhaftigkeit Abschied zu nehmen... Es ist *das Opfer des bloß naturhaften Menschen*, des unbewussten, naturhaften Lebewesens, dessen Tragik schon mit dem Apfelessen im Paradies begann.« (Jung, GW 8, § 751)

wir nicht heraus können. Die Transformation geschieht, indem wir unsere spezifische Konstellation reflektieren[112], die dadurch gegebenen Begrenzungen erkennen und unser Festgelegtsein darauf mit allen Schattenseiten akzeptieren, was schmerzlich sein kann. Darauf bezieht sich im vorhergehenden Kapitel des Roten Buches die Seele, wenn sie zum Ich sagt: »du kannst dich wissen und damit weißt du genug. Du kannst aber nicht den Andern ... wissen. Hüte dich über dich hinaus zu wissen, sonst erstickst du mit der Anmaßung deines Wissens das Leben des Andern, das sich selbst weiß« (Jung, 2009, S. 305). Sind wir nicht in der Lage oder willens, den ego-zentrierten Anspruch aufzugeben, führt unsere Ignoranz zu Rechthaberei, Dogmatismus und Machtstreben, um unser instabiles Gleichgewicht zu kompensieren, meist auf Kosten der anderen. Nur aus dem Wissen um die eigene Unvollkommenheit kann die Liebe zum anderen in seiner ›Andersheit‹ erwachsen. Das solcherart mit-wissende Bewusstsein (lat. con-scientia = Mit-Wissen) verbindet die Einsicht in die eigene Relativität mit dem Interesse am und der Wertschätzung des Anderen. In seiner Studie zum ›Grundanliegen unserer Epoche‹ fügt Gebser einen ergänzenden Aspekt hinzu:

> »...jede Distanzierung..., (die der einzelne) zu sich selber gewinnt, jedes Vorurteil und jedes Ressentiment, die abzulegen er fähig ist, sind notwendige Leistungen, welche die neue Wirklichkeit festigen und ihm und der Allgemeinheit Sinnfülle eintragen werden... Wenn es im Alltag gelingt, das Ganze über sein Ich zu stellen..., wer aus Ichfreiheit heraus zu handeln vermag, dem wird die Welt und selbst der Alltag durchsichtig.« (Gebser, 1992, S. 676 f)

Der auf dem Boden Liegende hält die Last des Funktionenrads auf seiner Mitte (▶ Abb. 5). Sein Bemühen, es beim Erleiden der Tortur im Gleichgewicht zu halten, weist auf die ausgewogene Integration aller Funktionen hin, die zur Transformation führt, sodass er weder aus dem Gleichgewicht kommt, noch die anderen damit überrollt. Bemerkenswerterweise erweitern und differenzieren sich die eigenen Funktionen in diesem Prozess: Indem das einseitige Funktionalisieren einer Funktion für eine glänzende, machtvolle Persona und zur Abwehr anderer Funktionen überwunden wird, indem die – häufig abgewertete – Tiefenfunktion integriert wird,

---

112 Von Jung als *persönliche Gleichung* bezeichnet.

gelangt der Einzelne zu seinem Potential, mit Respekt, Empathie und Liebe teilzunehmen an der Existenz von allem – auch am Leiden, das wir mitbedingen.

Wie ein Leitstern scheint das Motto »*amor triumphat*« über dem Bild zu schweben. Das ist nicht verwunderlich, da Jung über eine ungewöhnlich weit gespannte Liebesfähigkeit verfügt habe. Er »besaß ein ungewöhnliches Maß an Einfühlung, ...an Teilnahme, Mitleid und menschlicher Wärme... Seine Liebesfähigkeit war für ihn auch die Quelle mancher Enttäuschungen und Leiden und ein Grund, weshalb er besonders tief und oft bis zum Rande der Verzweiflung unter den zwei Weltkriegen litt...« (v. Franz, 2001, S. 24).[113]

Das lateinische Motto ist vielschichtig: ›amor‹ kann sowohl Liebe wie den römischen Gott der Liebe bezeichnen. Die Bedeutungen schließen sich nicht aus, sondern enthalten sich gegenseitig. Dem lateinischen ›triumphare‹ entspricht zwar das daraus abgeleitete deutsche Wort[114], doch ist zu betonen, dass es nicht um ›siegen‹ im militärischen Sinne geht. In Rom wurden damit ursprünglich Ehrenfeiern für Bacchus (›triumphi‹) bezeichnet. Es ist nicht im Lateinischen, sondern im Griechischen verwurzelt und könnte auf griech. triambos = ›im Dreischritt‹ zurückgehen, was nicht nur Beiname des Dionysos, sondern auch die Bezeichnung der Festumzüge ihm zu Ehren war.[115] Dionysos' Entstehungsgeschichte – des einzigen Gottes einer menschlichen Mutter – ist auffallend mit Verwundung, Opfer und Liebe verbunden: Er ist der ›zweimal Geborene‹, von den Titanen zerrissen und wieder erstanden bzw. aus der Wunde seines Vaters geboren.

---

113 In der Begrenzung auf unser Thema kann hier weiteren Bezügen zu Jungs Leben nicht nachgegangen werden. Ein sicher interessantes Thema, vgl. etwa Mandacaru Guerra, 2014.

114 mit der Bedeutung von ›Triumph empfinden; einen vollständigen Sieg über jemanden, etwas erringen; sich gegenüber jemandem, etwas als siegreich, sehr erfolgreich erweisen‹

115 Das mythologische Motiv des ›Triumphs des Dionysos‹ wurde später unter dem Einfluss des Neuplatonismus als Triumph der göttlich verstandene Liebe verstanden, während es im Zeitalter der Aufklärung verweltlicht wurde und der ›Triumph des Bacchus‹ die ausgelassene Trunkenheit nach dem Genuss von Alkohol bezeichnete.

9 Das Rote Buch: »Amor triumphat – Das Rad der vier Funktionen«

Die Bedeutung von ›frohlocken, jauchzen, froh sein‹ trifft für das lateinische ›triumphare‹ in der Überschrift des Bildes zu, die demnach besagt: *Gott Amor / Liebe hält freudigen Einzug (– durch Opfer und Wandlung).* Mit seinen vielschichtigen Bezügen weist das Bild über sich selbst hinaus und veranlasst uns, das Rad der Funktionen um die Frage kreisen zu lassen:

»Bist du auf Unendliches bezogen oder nicht?... Auch in der Beziehung zum anderen Menschen ist es entscheidend, ob sich das Grenzenlose in ihr ausdrückt oder nicht.« (Jung/Jaffé, 1982, S. 327 f.)

– in Korrespondenz mit dem zeitlosen Satz der antiken Gestalt der Antigone: ›Ich bin nicht geboren, um endlos zu hassen, sondern um grenzenlos zu lieben‹.[116] (Sophokles, Antigone, Vers 523)

---

116 Ich übernehme die neue Übersetzung des Präfux συν/syn mit: ›völlig‹, ›grenzenlos‹ und des ganzen Satzes durch Petrovic, der bisher übersetzt wurde mit: ›Mitlieben, nicht Mithassen ist mein Teil‹ o. ä. (Petrovic, 2001, S. 360 f)

Literatur

Adam, K.-U. (2011). Therapeutisches Arbeiten mit dem Ich. Denken, Fühlen, Empfinden, Intuieren – die vier Orientierungsfunktionen. (2., überarbeitete und erweiterte Auflage). Stuttgart: opus magnum.
Andersen, H. C. (1985). Der Paradiesgarten. Die schönsten Märchen von Hans Christian Andersen. (2. Auflage). München: Winkler.
Anderson, W. (1993). Der grüne Mann. Ein Archetyp der Erdverbundenheit. Solothurn, Düsseldorf: Walter.
Asper, K. (1991). Verlassenheit und Selbstentfemdung. Neue Zugänge zum therapeutischen Verständnis. (2. Auflage). München: Deutscher Taschenbuch Verlag.
Atmanspacher, H., Primas H. & Wertenschlag-Birkhäuser, E. (Hrsg.). (2013). Der Pauli-Jung-Dialog und seine Bedeutung für die Moderne Wissenschaft. Berlin, Heidelberg: Springer.
Bakhtiar, L. (1987). Sufi. Ausdrucksformen mystischer Suche. München: Kösel.
Belting, H. (2009). Florenz und Bagdad. Eine westöstliche Geschichte des Blicks. München: Beck.
Bird, C. & Tompkins, P. (1977): Das geheime Leben der Pflanzen: Pflanzen als Lebewesen mit Charakter und Seele und ihre Reaktionen in den physischen und emotionalen Beziehungen zum Menschen. (28. Auflage). Frankfurt: Fischer.
Bishop, P. (2017). Visionen von C. G. Jung im Roten Buch. Jung-Journal, 37, 43–49.
Blankertz, S. & Doubrawa, E. (2005). Lexikon der Gestalttherapie. Wuppertal: Peter Hammer Verlag.
Blomeyer, R. (1988). Anmerkungen zur Typologie. Analytische Psychologie 19/2, 98–127.
Bollas, C. (2005). Der Schatten des Objekts: das ungedachte Bekannte: zur Psychoanalyse der frühen Entwicklung. (2. Auflage). Stuttgart: Klett-Cotta.
Brandt, R. (2015). Die Macht des Vierten. Neue Untersuchungen. Marburg: Blaues Schloss.
Cain, S. (2011). Still. Die Bedeutung von Introvertierten in einer lauten Welt. München: Riemann.
Damasio, A. R. (2001). Ich fühle, also bin ich. Die Entschlüsselung des Bewusstseins. (3. Auflage). München: List.

Dürr, H. P. (2008). Das neue Denken [Video]. Zugriff am 11.07.2016 unter https://www.youtube.com/watch?v=qmK80k0B0zw
DWB. Grimm, J. & Grimm, W. (1854-1961). Deutsches Wörterbuch. 33 Bde. Leipzig: Hirzel. Onlineversion zugänglich unter: http://woerterbuchnetz.de/¬cgi-bin/WBNetz/wbgui_py?sigle=DWB [07.09.2017]
Einstein, A. (1935). Physik und Realität. AEA (16, 122-858).
Ekman, P. (2010). Gefühle lesen. (2. Auflage). Berlin, Heidelberg: Springer.
Eliade, M. (1978). Geschichte der religiösen Ideen. I. Von der Steinzeit bis zu den Mysterien von Eleusis. Freiburg: Herder.
Eschenbach, U. (1996). Der Ich-Komplex und sein Arbeitsteam. Topographie der Selbstentfaltung. Leinfelden-Echterdingen: Bonz.
Feild, R. (1991). Die Alchemie des Herzens. (2. Auflage). München: Diederichs.
Fischer, E. P. (2000). An den Grenzen des Denkens, Wolfgang Pauli – Ein Nobelpreisträger über die Nachtseiten der Wissenschaft. Freiburg: Herder
Fischer, E. P. (2003). Die aufschimmernde Nachtseite: Kreativität und Offenbarung in den Naturwissenschaften. (3., erweiterte u. überarbeitete Neuauflage). Lengwil : Libelle.
Fischer, E. P. (2014). Brücken zum Kosmos: Wolfgang Pauli – Denkstoffe und Nachtträume zwischen Kernphysik und Weltharmonie. Lengwil : Libelle.
Fitzthum, Gerhart. Das Auto. Die polemische Gegenoffensive. SWR2-Essay. Erstausstrahlung 15. Mai 2017. [Sende-Manuskript]. Zugriff am 16.10.2017 unter https://www.swr.de/-/id=19347136/property=download/nid=659852/10¬rzsyf/swr2-essay-20170515.pdf
Fleck, L. (2011). Denkstile und Tatsachen: Gesammelte Schriften und Zeugnisse. Frankfurt a. M: Suhrkamp.
Foucault, M. (1971). Die Ordnung der Dinge: Eine Archäologie der Humanwissenschaften. Frankfurt am Main: Suhrkamp.
Fröbe-Kaptayn, O. (Hrsg.). (1950). Eranos-Tagung 1949. Bd. XVII. Zürich: Rhein.
Fusaro, D. (2010.) Essere senza tempo. Accelerazione della storia e della vita. Milano: Bompiani.
Gadamer, H.-G. (1996). Der Anfang der Philosophie. Stuttgart: Philipp Reclam jun.
Gebser, J. (1992). Ursprung und Gegenwart. (4. Auflage). München: Deutscher Taschenbuch Verlag.
Goethes Werke. (o.J.) Auswahl in sechzehn Bänden. Fünfter Band. Berlin: A. Weichert.
Haarer, J.: (1936). Die deutsche Mutter und ihr erstes Kind. München: J. F. Lehmanns.
Han, B. C. (2014). Duft der Zeit. Ein philosophischer Essay zur Kunst des Verweilens. (8. unveränderte Auflage). Bielefeld: transcript.
Haindl, E. (2000). Das Wunder der Bach-Blüten. Augsburg: Weltbild.
Heidegger, M. (2015). Was heißt Denken? Vorlesung Wintersemester 1951/52 (Was bedeutet das alles?) Stuttgart: Philipp Reclam jun.

Hell, D. (2013). Depression als Störung des Gleichgewichts: Wie eine personenbezogene Depressionstherapie gelingen kann. (2., überarbeitete u. erweiterte Auflage). Stuttgart: Kohlhammer.
Hillman, J. (1983). Am Anfang war das Bild. Unsere Träume – Brücken der Seele zu den Mythen. München: Kösel.
Hillman, J. (1980). Das Gefühl und die Fühlfunktion. In: von Franz, M.-L., Hillman, J.: Zur Typologie C. G. Jungs. Die inferiore und die Fühlfunktion. Fellbach: Adolf Bonz. S. 105–214.
Hölderlin, F. (1961). Gedichte – Hyperion. München: Goldmann.
Hüning, H. (2010). Der Parzivalroman Wolframs von Eschenbach. Ein Schicksalsrätsel. Versuch einer alternativen Deutung. Wissenschaftliche Studie. München: Grin.
Jung, C. G. (1985). Gesammelte Werke. Bd. 4. (3. Auflage). Olten / Freiburg im Breisgau: Walter.
Jung, C. G. (1981). Gesammelte Werke. Bd. 5. (3. Auflage). Olten / Freiburg im Breisgau: Walter.
Jung, C. G. (1981). Gesammelte Werke. Bd.6. (14. Auflage). Olten / Freiburg im Breisgau: Walter.
Jung, C. G. (1981). Gesammelte Werke. Bd. 7. (3. Auflage). Olten / Freiburg im Breisgau: Walter.
Jung, C. G. (1982). Gesammelte Werke. Bd. 8. (4. Auflage). Olten / Freiburg im Breisgau: Walter
Jung, C. G. (1974). Gesammelte Werke. Bd. 10. Olten / Freiburg im Breisgau: Walter.
Jung, C. G. (1992). Gesammelte Werke. Bd. 11. (6. Auflage). Olten / Freiburg im Breisgau: Walter.
Jung, C. G. (1980). Gesammelte Werke. Bd. 12. (3. Auflage). Olten / Freiburg im Breisgau: Walter.
Jung, C. G. (1982). Gesammelte Werke. Bd. 13. (2. Auflage). Olten / Freiburg im Breisgau: Walter.
Jung, C. G. (1984). Gesammelte Werke. Bd. 14/I. (4. Auflage). Olten / Freiburg im Breisgau: Walter.
Jung, C. G. (1984). Gesammelte Werke. Bd. 14/II. (4. Auflage). Olten / Freiburg im Breisgau: Walter.
Jung, C. G. (1979). Gesammelte Werke. Bd. 16. (3. Auflage). Olten / Freiburg im Breisgau: Walter.
Jung, C. G. (1985). Gesammelte Werke. Bd. 17. (5. Auflage). Olten / Freiburg im Breisgau: Walter.
Jung, C. G. (1972). Briefe in drei Bänden, 1. Band 1906–1945. Olten, Freiburg: Walter.
Jung, C. G. (1979). Europäischer Kommentar. In: Jung, C. G./Wilhelm, R. Das Geheimnis der Goldenen Blüte. Ein chinesisches Lebensbuch. (13. Auflage). Olten, Freiburg: Walter. S. 5–59.

Jung, C. G. (2005). Traum und Traumdeutung. (12. Auflage). München: Deutsche Verlagsgesellschaft dtv.
Jung, C. G. (2009). Das Rote Buch. Ostfildern: Patmos.
Jung, C. G./Jaffé, A. (1982). Erinnerungen, Träume, Gedanken von C. G. Jung. (12. Auflage). Olten / Freiburg im Breisgau: Walter.
Jung, E./von Franz, M.-L. (1983). Die Graalslegende in psychologischer Sicht. (2. Auflage). Olten u. Freiburg: Walter.
Jung, C. G., von Franz, M.-L., Henderson, J. J. & Jaffé, A. (2015). Der Mensch und seine Symbole (19. Aufl.). Ostfildern: Patmos Verlag
Jungnitsch, G. (2009). Klinische Psychologie (Psychologie in der Sozialen Arbeit). (2. Auflage). Stuttgart: Kohlhammer.
Kamper, D. (1998). Entweder der Sinn oder die Sinne. In: Der Sinn der Sinne. Schriftenreihe Forum / Band 8. Kunst- und Ausstellungshalle der Bundesrepublik Deutschland. Göttingen: Steidl. S. 11–17
Keyserling, A. (1982). Der Körper ist nicht das Grab der Seele, sondern das Abenteuer des Bewusstseins. Wald: Im Waldgut.
Klümper, G. F. (2012). Du bist nichts, Dein Volk ist alles! Erinnerungen eines jugendlichen Zeitzeugen 1937–1941. Baden-Baden: Aquensis.
König, M. E. P. (1981). Am Anfang der Kultur. Die Zeichensprache des frühen Menschen. Frankfurt/M, Berlin, Wien: Ullstein.
Kollbrunner, J. (2001). Der kranke Freud. Stuttgart: Klett-Cotta.
Kübler-Ross, E. (1986). Vorwort in: Jussek, E. G. Begegnung mit dem Weisen in uns. Gespräche mit Yan Su Lu. (3. Auflage). München: Goldmann.
Leisegang, H. (1951). Denkformen. (2., neu bearbeitete Auflage). Berlin: de Gruyter.
Leuzinger-Bohleber, M. & Pfeifer, R. (2013). Embodiment: Den Körper in der Seele entdecken – Ein altes Problem und ein revolutionäres Konzept. In: M. Leuzinger-Bohleber, R. N. Emde, R. Pfeifer (Hrsg.): Embodiment – ein innovatives Konzept für Entwicklungsforschung und Psychoanalyse. Schriften des Sigmund-Freud-Instituts Bd. 17. Göttingen: Vandenhoeck & Ruprecht. S. 14–16.
Löhken, S. (2014). Intros und Extros: Wie sie miteinander umgehen und voneinander profitieren. Offenbach: Gabal.
Magee, B. (2007). Geschichte der Philosophie. (Für die deutsche Ausgabe erweitert von Dr. Bernd Leineweber). München: Dorling Kindersley.
Mandacaru Guerra, M. H. (2014). The Love Drama of C. G. Jung: As Revealed In His Life And In His Red Book. Toronto: Inner City Books.
Marinelli, L. (Hrsg.). (2006). Die Couch: Vom Denken im Liegen. München: Prestel.
Mattanza, G., Meier, I. & Schlegel, M. (Hrsg.) (2005). Seele und Forschung, Ein Brückenschlag in der Psychotherapie. Basel, Freiburg: Karger.
Meyers (1905–1909). Meyers Großes Konversationslexikon. Ein Nachschlagewerk des allgemeinen Wissens (6., gänzlich neubearbeitete und vermehrte Auflage). Leipzig und Wien: Verlag des Bibliographischen Instituts. Im Internet

unter: http://woerterbuchnetz.de/cgi-bin/WBNetz/wbgui_py?sigle=Meyers; [12.09. 2017]
Miller, A. (1983). Du sollst nicht merken: Variationen über das Paradies-Thema. Frankfurt a. M.: Suhrkamp.
Mindell, A. (2005). Traumkörper und Meditation. Arbeit an sich selbst. (2. Auflage). Düsseldorf: Patmos.
Mitscherlich, A. & Mitscherlich, M. (1967). Die Unfähigkeit zu trauern. Grundlagen kollektiven Verhaltens. München: Piper.
Mitzlaff, S. & Niedecken, D. (2014). Zerstörung des Denkens im Trauma. Frankfurt: Brandes & Apsel.
Neumann, E. (1980). Das Kind. (2. Auflage). Fellbach: Bonz.
Neumann, E. (2004). Ursprungsgeschichte des Bewusstseins. Ostfildern: Patmos.
Nitzschke, B. (1981). Die Zerstörung der Sinnlichkeit. (Neue, durchgesehene und erweiterte Auflage der Ausgabe 1974). München: Matthes & Seitz.
Nolde, E. (1993). Mein Leben. (9. Auflage). Köln: DuMont.
Nowotny, H. (1990). Eigenzeit. Entstehung und Strukturierung eines Zeitgefühls. (3. Auflage). Frankfurt a. M.: Suhrkamp.
Novalis (2006): Hymnen an die Nacht. Hymnen, Lieder und andere Gedichte. Köln: Anaconda.
Patterson, C. & Robert, P. (2004). Für die Tiere ist jeden Tag Treblinka: Über die Ursprünge des industrialisierten Tötens. Frankfurt a. M.: Zweitausendeins.
Petrovic, I (2001). Die Bedeutung des Verses 523 in der Antigone des Sophokles: Ein neuer Deutungsversuch. Acta Antiqua 41, 359-62. Zugriff am 29.08.2017 unter https://www.academia.edu/804122/_Die_Bedeutung_des_Verses_523_in_der_¬Antigone_des_Sophokles_Ein_neuer_Deutungsversuch_Acta_Antiqua_41_¬2001_359-62.
Polednitschek, T., Rainer, M. J. & Zamora, J. A. (Hrsg.) (2009). Theologisch-politische Vergewisserungen. Ein Arbeitsbuch aus dem Schüler- und Freundeskreis von Johann Baptist Metz. Münster: LIT.
Porkert, M. (1984). Greifbarkeit und Ergriffensein: Das Körperverständnis in der chinesischen Medizin. In R. Ritsema (Hrsg.) Physische und geistige Körperwert (Eranos 1983 Jahrbuch Vol. 52 S. 389–429). Frankfurt a. M.: Insel.
Portmann, A. (1953). Die Bedeutung der Bilder in der lebendigen Energiewandlung. In: O. Fröbe-Kapteyn (Hrsg.) Mensch und Energie (Eranos-Jahrbuch 1952. Bd. XXI, S. 325 – 357) Zürich: Rhein.
Proust, M. (2011). Auf der Suche nach der verlorenen Zeit. Bd. I. Frankfurt a. Main: Suhrkamp.
Rafalski, M. (2011). Die Haut – Metapher des Lebens im Spannungsfeld zwischen Innen und Außen, Schutz und Blöße. In: Analytische Psychologie, 166. S. 472–298.
Rafalski, M. & Adam, K.-U. (2010). Zur Polarität konkordanter und diskordanter Gegenübertragungsträume in der Dynamik des therapeutischen Prozesses. In: H. Hierdeis, H. (Hrsg.) Der Gegenübertragungstraum in der psychoanalytischen Theorie und Praxis (S.172–193). Göttingen: Vandenhoek und Ruprecht.

Rasche, J. (2015). Mutter – Kind – Musik. Die »Kinderszenen« op. 15 von Robert Schumann in psychoanalytischer Deutung. Unveröff. Manuskript.
Regenbogen, A./Meyer, U. (Hrsg.) (2005). Wörterbuch der philosophischen Begriffe. Hamburg: Felix Meiner.
Riedel, I. (1985). Marc Chagalls Grüner Christus. Ein ganzheitliches Gottesbild – Wiederentdeckung der weiblichen Aspekte Gottes. Tiefenpsychologische Interpretation der Fraumünster-Fenster in Zürich. Olten, Freiburg: Walter.
Ronnberg, A. & Martin, K. (Hrsg.) (2011). Das Buch der Symbole. Köln: Taschen.
Rosa, H. (2005). Beschleunigung. Die Veränderung der Zeitstrukturen in der Moderne. Frankfurt: Suhrkamp.
Rosa, H. (2013). Beschleunigung und Entfremdung: Entwurf einer kritischen Theorie spätmoderner Zeitlichkeit. Frankfurt: Suhrkamp.
Ruprecht, E. (1987). Vincent van Gogh. Maler des Lichts. Stuttgart: Urachhaus.
Schapiro, M. (2002). Vincent van Gogh. Köln: DuMont.
Schiller, F. (1794). Über die ästhetische Erziehung des Menschen. Zugriff am 24.09.2016 unter http://gutenberg.spiegel.de/buch/-3341/16
Seifert, A. L. & Seifert, T. (2006). Intuition – die innere Stimme. Düsseldorf. Patmos. Walter.
Senf, B. (1998). Die Massenpsychologie des Faschismus. Ein Hinweis auf das richtungweisende Werk von Wilhelm Reich. Zugriff am 10.01.2016 unter http://www.berndsenf.de/pdf/Die%20Massenpsychologie%20des%20Faschi¬smus.pdf.
Snell, B. (1986). Die Entdeckung des Geistes. Studien zur Entstehung des europäischen Denkens bei den Griechen. Göttingen: Vandenhoeck & Ruprecht.
Stangl, W. (2017). Stichwort. Lexikon für Psychologie und Pädagogik. Im Internet: http://lexikon.stangl.eu/12609/abc-modell-der-emotionen/ (08.09.2017)
Stangl, W. (2017). Stichwort. Lexikon für Psychologie und Pädagogik. Im Internet: http://lexikon.stangl.eu/1452/kognitionspsychologie/ (08.09.2017)
Steffân, S. (1995). Heilung des Herzens. Sufis über Gesundheit und Ganzwerdung. Bielefeld: Context.
Stein, M. (2009). »…als welche die Göttlichkeit das Selbst ausdrückt…« in: Analytische Psychologie, 158, 4/2009. S. 414–429.
Vaughan-Lee, L. (1996). Transformation des Herzens. Die Lehren der Sufis. Frankfurt: Krüger-Verlag
Villaseñor, D. V. (1981). Mandalas im Sand. Vom Wesen indianischer Sandmalerei. (3. Auflage). Haldenwang: Irisiana.
Vogel, Ralf T. (2013). Menschenbild und Forschungsmethode. Analytische Psychologie und ihr angemessene Forschungsstrategien. Unveröffentlichtes Vortragsskript.
Vogt, M. (o.J.). Philosophie. Eggolsheim: Nebel.
von Cammerloher, C. M. (1935). Die Stellung der Kunst im psychologischen Weltbild unserer Zeit (Ein Beitrag zur Funktionenlehre). In: O. Fröbe-Kapteyn

(Hrsg.) Ostwestliche Symbolik und Selenführung. Eranos-Jahrbuch 1934, S. 449–486. Zürich: Rhein.

von Franz, M.-L. (1980). Zahl und Zeit. Psychologische Überlegungen zu einer Annäherung von Tiefenpsychologie und Physik. Frankfurt a. M.: Suhrkamp.

von Franz, M.-L. (1981): Zeit. Strömen und Stille. Frankfurt a. Main: Insel.

von Franz, M.-L. (1991): C. G. Jungs Rehabilitation der Gefühlsfunktion in unserer Zivilisation. In: Jungiana. Beiträge zur Psychologie von C. G. Jung. Reihe A, Band 3, S.17–32. Verlag Stiftung für Jung'sche Psychologie, Küsnacht.

von Franz, M.-L. (2001). C. G. Jung. Leben, Werk und Visionen. Krummwisch bei Kiel: Königsfurt.

von Franz, M.-L. (2009). Aktive Imagination und Alchemie. Küsnacht ZH: Verlag Stiftung für Jung'sche Psychologie.

von Franz, M.-L. (1980a). Die inferiore Funktion. In: von Franz, M.-L., Hillman, J. Zur Typologie C. G. Jungs. Die inferiore und die Fühlfunktion (S. 6–104). Fellbach: Adolf Bonz.

von Lüpke, G. (2003). Politik des Herzens. Nachhaltige Konzepte für das 21. Jahrhundert. Gespräche mit den Weisen unserer Zeit. (3. komplett überarbeitete Auflage). Uhlstädt-Kirchhasel.

Walther, Thomas (2015). NS-Verbrechen im Gerichtssaal. Eine Prozessbeobachterin blickt zurück [Interviewmanuskript von Ingrid Müller-Münch, SWR2 TANDEM, 10.8.2015]. Zugriff am 01.08.2017 unter https://www.swr.de/-/id=15781160/property=download/nid=8986864/agxdfa/swr2-tandem-20150-810-1005.pdf

Walach, H. (2007). Generalisierte Verschränkung – Ein theoretisches Modell zum Verständnis von Übertragungsphänomenen. In: ZPPM Zeitschrift für Psychotraumatologie, Psychotherapiewissenschaft, Psychologische Medizin 5,2 (S. 9–23).

Wehr, G. (1983). C.G. Jung in Selbstzeugnissen und Bilddokumenten. Reinbek bei Hamburg: Rowohlt.

Westerlund, H. (2000). Kolonialismus oder Pluralismus? In: Zeitschrift für Musik & Bildung 6 (S. 1-6). Zugriff am 04.09.2016 unter http://www.schott-musikpaedagogik.de/de_DE/material/sekundarstufe/nsp/reflexion/westerlund/-show,15980.html

Wittrock, D. (2003). Die sprachliche Unschärferelation. Zugriff am 14.09.2016 unter http://www.integralworld.net/de/wittrock-de.html

Stichwortverzeichnis

A

Abwehr 23, 61, 107–108, 112, 116, 128, 153–154, 161, 198, 221
Abwertung 57, 88, 157, 163, 195, 219
Achse 25–26, 40
Achtsamkeit 58, 79, 209
Affekt 62, 64, 66–73, 77, 80, 82, 116
– Affektdifferenzierung 63
– Affektregulierung 80
Aggression, Wut 64
Ahnungsvermögen 53, 184
Akzeptanz 6, 20, 31, 82, 89, 152
Alchemie 27, 35, 84, 133, 161, 201, 208
Allgemeingültigkeitsanspruch 115, 120, 220
Amfortas-Wunde 207
Angst 61, 64, 67–68, 78–79, 87, 94, 142, 154, 172, 181–182, 194, 218
Anima 46, 62, 83, 93, 117, 180, 195
Anpassungsforderung 129, 151
Anti-Held 207
Archetypen, archetypisch 6, 24, 28, 42, 83, 133, 135–136, 139, 164, 167, 173–174, 179, 188, 192
Aristoteles 27, 42, 94, 102–103
Auge 25, 40, 42, 47, 56, 117, 210
Autistische Störung 166
autonomes Fühlen 63
Axt 215–217

B

Baum 171–172, 212, 216–217
Behaviorismus 98, 162
Beschleunigungstendenz 115, 169
Bewusstseinsstruktur 95, 114, 119
Beziehungserfahrung 81, 106, 151
Beziehungsstörung 165–166
Bindungsforschung 76, 81
Blut 84, 111, 212, 219–220

C

christliche Religion 86–87, 136, 216
Christus 25, 28, 30, 49, 53, 55, 79, 86–87, 105, 189, 206, 213–214

D

Damasio, A. 66–67, 72–74, 80–81
Denken
– berechnend 115
– Denkkollektiv 97
– Denkstil, Denkweise 92, 94, 97–98, 100, 108–112, 115, 119, 197–198
– Denkzwang 97
– dialektisch 110
– kausal 99
– paradoxal 94
– passives Denken 92

- rational-logisch 94, 96
- selbstreferentiell 95
- synthetisch 99, 110
Depression 129, 146, 164
Diagnostik 31, 34–35
Dionysos 222
Dissoziation 90, 128–129, 153–154, 195, 210
Drei 139, 208
Druck 58, 68, 94, 129, 140–142, 152, 154, 157, 160, 163, 172, 174, 181, 193, 198
Dualität 96, 110
Dynamik 19, 21, 57, 107, 110, 115, 129, 149, 153–154, 194

E

Eins 5, 27, 205, 208
Emotion 66, 71–73, 105
emotionale Energie 71–72
Empathie 48, 82, 108, 112, 221
Empfindsamkeit, Feinfühligkeit 75, 164
Engramm 81
Episteme 99
Ergriffensein 147, 173
Erkennen
- diskursiv 56
- intuitiv 55–56
Eros-Raum 60, 64
Erregung 48, 67–72
Erschöpfung 49, 56, 68–69, 108, 129, 149, 154
extravertiert 54, 125–127, 150, 161, 165–166, 177, 197

F

Fließen 53, 64–66
Fluchtmodus 131
Freiraum 44, 96, 129, 141

Freud, S. 7, 33, 58, 125, 127, 158, 190, 201
Fünf 27, 42
Funktionenkonstellation 30–31, 33, 107, 127, 155, 158, 203

G

Ganzheit 22–25, 27, 30, 104, 128, 134, 139, 147, 158, 165, 167, 185–186, 204, 206, 208, 215
- Ganzheitstendenz 22, 30, 42
Gaugin 179
Geborgenheit 64, 152
Gefahr 20, 31, 33, 56–57, 71, 77, 82, 98, 113–114, 119, 150, 155, 169–170, 182, 184, 191, 194–195, 197–198, 209
Gegensatzspannung 63, 167, 215
Geometrie 25, 41–42
Geschmack 49, 82, 132
Gestaltgesetze 40–41
Goethe, J. W. 49, 77, 108, 118, 209, 217
Gott, Göttliches 50, 56, 69, 79, 83–85, 105, 118, 121, 136, 217, 222–223
Grübelzwang 108
Grundfunktion 4, 7–8, 21–26, 28–30, 34–38, 47, 55, 59, 66, 81, 89, 91, 97, 107, 109, 111, 115, 119, 123, 125–129, 141, 147, 150, 164–165, 175, 202, 204, 219–220
Grüner Mann 46, 135–139, 173

H

Haut 40, 49, 112, 142, 170, 212, 220
Heilung 36, 116–117, 134, 154
Heraklit 205
Herz 56, 66, 80, 83–88, 118

I

Ich-Bewusstsein 22–27, 40–41, 56, 63, 91–93, 101, 106, 129, 134, 154, 197–198
Imagination 6, 47, 68, 130, 135, 137, 168, 177, 211
– Aktive Imagination 55, 74
Immanenz 104
immaterielle Wirklichkeit 183
Individualwert 141, 144, 197, 206
Individuationsprozess 7, 30, 35, 120
innere Stimme 58
innere Unruhe 171–172, 184
innerer Dialog 71, 198
Integration 27, 30, 34–35, 40, 64, 104, 113, 143, 151, 166, 204–205, 210, 221
– Integrationsfähigkeit 64, 80
interpersoneller Raum 54, 64, 153
Introjekte 151
Introspektion 161–162
introvertiert 7, 125–127, 139–140, 142, 151, 159, 161, 164–166

K

Kant, I. 75, 91
Kast, V. 33
Katathymes Bilderleben 55
Kind 31, 37, 42, 44, 50, 55, 60, 63–65, 72, 76, 81, 87, 105–106, 113, 129, 140, 150–152, 162–163, 167, 176, 182–185, 187, 194
Kognition
– Kognitionspsychologie 55, 105
Kollektiv 149–150, 161, 203
kollektives Unbewusstes 25, 53, 79, 132, 151, 178–179, 205
Kollektivwert 141, 190–191
Komfortmodus 131
Kompensation 35, 153–154
Komplex 69–71, 92
Komplexfelder 57, 91, 128
Komplextheorie 62
Körper
– Körperhaltung 60
– Körpersprache 74, 186
Kreativität 44, 55, 106–107, 141, 147, 158, 160, 173, 192, 195, 209
Kreuzigung 213

L

Leistungskomplex 88, 153
Leitbildfunktion 170
Libido 22, 33, 125–126, 129–132, 146–147, 156, 187–188, 207, 215
Luftschiff 181–183

M

Macht 50, 69, 94, 114, 134–135, 148, 179, 191, 194, 208, 215–217, 221
Malen 71, 74, 145, 152, 186
Mana-Substanz 219
Mandala 29
Märchen 54, 66, 80, 117, 185, 204, 207
matriarchales Bewusstsein 113
Matrix des Unbewussten 96, 144
Migranten 146
Mindell, A. 70
Minderwertigkeitskomplex 80, 88, 142, 194
Mitscherlich, A. & M. 61
Mitte 25, 27–28, 30–31, 53–54, 103, 134, 141–142, 146, 160, 177, 189, 203, 209, 213, 221
Mittler 73
Muse 141
Musen 141
Mutter und Kind 60

Mythen 49, 54, 90, 101, 180, 215–216

N

Nagel 213, 218
Nase 40, 48, 54
Neurophysiologie 55
Neurose 35
Nolde, F. 176

O

Objekt 24, 52, 65, 95, 132, 134, 140, 142–143, 147–148, 150–151, 154, 160–161, 172, 177–178, 186–188, 196, 220
Ohr 38, 40, 47–48, 210
Opfer 33, 191, 211, 219–220, 222–223

P

Paradigmenwechsel 95, 111
Persona 49, 149, 191, 221
persönliche Gleichung 201, 221
Phantasie 55, 81, 106, 143, 206
Platon 100, 102–103, 110, 192
Pol 8, 25–27, 36, 63, 70, 94, 99, 141, 216
Projektion 48, 65, 178, 187
psychische Gesundheit 116
psychische Störung 88, 116
Psychoanalyse 21, 98, 106, 125
Psychodynamik 31, 62, 108, 152, 163
Psychopompos 120
Psychotherapie 8–9, 21, 30–31, 36, 38, 44, 47, 57, 63, 70, 72, 76, 80–81, 87, 93, 99, 116, 146, 165, 195, 197, 210
– analytische Haltung 54

– therapeutische Haltung 31, 192
– therapeutischer Prozess 71, 73–74, 81, 134, 209
– therapeutisches Arbeiten 31, 109, 116
Pythagoras 101

Q

Quincunx 27, 29

R

ratio 114, 162
Rationalität 61, 71, 86, 94, 96, 115–116, 120, 197–198
Relativität 96, 119, 203, 221
Resignation 88
Rotes Buch 30, 139, 211–213, 219, 221

S

Scham 61, 67, 153, 207, 210
Scheu 143, 178
Schiller, F. 54, 95, 141, 144, 185, 189–190
schöpferische Energie 141
Schuld 61, 87, 195, 220
Schule, Schüler 49, 89, 101–102, 103, 118, 135, 142, 163, 193
Schwert 111–112, 214
Schwingungsfähigkeit 76
Selbst 20, 27, 30, 35–36, 58, 75, 83, 85, 88, 90, 106, 109, 111–112, 118, 134, 136, 146, 155–156, 158, 160, 169, 189, 204, 207–208, 215, 220
– falsches Selbst 97, 155
– Ich und Selbst 24, 62, 85, 88, 111, 153

- Selbsterkenntnis 30, 36, 104, 112, 145
- Selbstidentität 146
- Selbstreflexion 19, 96, 109, 113
- selbstreflexiv 21, 120
- Selbstwertstörung 88, 146
Sinne 19–20, 27, 29, 37, 39–40, 42–44, 47, 49–51, 56, 71, 73, 75, 79–80, 83, 87, 99, 104–106, 120, 126, 128, 144, 147, 162, 170–171, 174–175, 185, 195–196, 208, 216–217, 222
- Sinnesmodalität 42, 44
- Sinnesperzeption 169–170
- sinnlich 25, 52, 56, 170
Sokrates 96, 102, 104, 205
somatisch 67
Spiel 55, 140, 147, 151, 161, 185–186
Spiritualität, spirituell 49–50, 56, 58, 83, 86–87, 104, 119, 217
Stabilisierung, Stabilität 65, 70, 79–80, 143, 171, 208, 210
- Ich-Stabilisierung 31–32
Stimmung 64, 66–67, 71, 73–77, 217
Strukturierung 24, 65, 106, 144
Subjekt 24, 35, 52, 59, 132, 134, 143, 145, 148, 150–151, 170, 192, 197
Subjektivät 23–24, 32, 35, 119, 131, 141, 143, 146, 148, 154, 159, 162, 166, 197
Sufis 84
Symbolik 29, 45–49, 62, 83, 104, 111–112, 171, 173, 212, 218
symbolische Symptome 128

T

Tasten, Spüren 42, 78
Tetraktys 101

Tiefe 73, 105, 133, 144, 147–148, 172, 176, 188, 205
- Tiefenfunktion 34, 205–207, 209–210, 221
- Tiefenpsychologie 9, 205
Tisch 47, 53, 145
Transformation 131, 203–204, 220–221
transgenerational 175
Transzendenz 104
Trauer 53, 61, 67–69, 80, 87, 211–212
Traum 35, 57, 81, 99, 129, 158, 181, 211
- Tagtraum 140
- Traumserie 30, 35, 181
- Traumtext 172, 177, 185, 189
Trauma, traumatisiert 53, 56, 88, 90, 129, 163
- Traumatherapie 70
Typisierung 35–36, 164
Typologie 7, 33–36, 107, 141

U

Uroboros 25
urteilende Dimension 59

V

van Gogh 145, 206
Verbundensein 25, 82, 135, 164
Vier 22, 24–25, 27–29, 97, 101, 104, 179, 181, 208, 218
Vierheit 28, 101, 165, 208
von Franz, M.-L. 25, 27–28, 30, 46–47, 54, 61–62, 83, 111–112, 161, 173, 188, 194, 201, 203–204, 208, 222
von Humboldt, W. 91

W

wahrnehmen 20, 39, 41, 43, 45, 47, 52, 57, 78, 90, 95, 105, 132, 145, 171, 175, 188, 206
wahrnehmende Dimension 39
Wandlung 25, 35, 46, 75, 204, 223
Wertschätzung, wertschätzend 31, 89, 207, 221
Wissenschaft 35, 62, 95, 100–101, 161, 195
– wissenschaftlichen Diskurs 90, 193

Z

Zahl 22, 24–25, 27, 30, 45, 101, 112, 180, 218
Zeit 25, 53, 56, 61, 84, 86, 102, 114, 126, 129–130, 132, 141–143, 145, 151, 169, 173–174, 184, 189, 204, 207, 209
Zwei 112, 156, 180, 202, 208, 218